GERENCIAMENTO ESTRATÉGICO
e
ADMINISTRAÇÃO POR PROJETOS

GERENCIAMENTO ESTRATÉGICO e ADMINISTRAÇÃO POR PROJETOS

Dalton L. Valeriano

© 2001 by Pearson Education do Brasil

Todos os direitos reservados. Nenhuma parte desta publicação poderá ser reproduzida ou transmitida de qualquer modo ou por qualquer outro meio, eletrônico ou mecânico, incluindo fotocópia, gravação ou qualquer outro tipo de sistema de armazenamento e transmissão de informação, sem prévia autorização, por escrito, da Pearson Education do Brasil.

Gerente de Produção: Silas Camargo
Produtora Editorial: Sandra Cristina Pedri
Capa: Marcelo da Silva Françozo
Editoração Eletrônica: ERJ Composição Editorial e Artes Gráficas Ltda.
Impressão São Paulo – SP

Dados de Catalogação na Publicação

Valeriano, Dalton L.

Gerenciamento Estratégico e Administração por Projetos

Makron Books, 2001 – São Paulo – SP

ISBN: 978-85-346-1208-1

Direitos exclusivos cedidos à
Pearson Education do Brasil Ltda.,
uma empresa do grupo Pearson Education
Avenida Francisco Matarazzo, 1400
Torre Milano – 7o andar
CEP: 05033-070 -São Paulo-SP-Brasil
Telefone 19 3743-2155
pearsonuniversidades@pearson.com

Distribuição
Grupo A Educação
www.grupoa.com.br
Fone: 0800 703 3444

Agradecimentos

Meu profundo reconhecimento a

Ana Cecy, *minha esposa, por sua integral dedicação à família, pelo inestimável apoio e incentivo que me tem devotado, durante toda minha vida familiar e profissional.*

Meus agradecimentos vaidosos a

Dalton, Cláudio, Tânia e **Márcio**, *nossos filhos, pelo orgulho e contentamento que nos proporcionam.*

Minhas alegrias e afeições, a

Diana, Mônica e **Silvana**, *nossas filhas do coração, as noras, que completam a família, junto aos netos que nos dão.*

Sumário

Apresentação XV

Prefácio XXVII

1. **Conceitos Preliminares** 1
    1.1. Processo e Sistema 2
        1.1.1. Processo 2
        1.1.2. Enfoque Processual 4
        1.1.3. Sistema 5
        1.1.4. Enfoque Sistêmico 6
    1.2. A Organização 6
        1.2.1. Missão, Política, Recursos, Estrutura e Funcionamento 7
        1.2.2. Administração, Gerência e Gestão 9
        1.2.3. Níveis Gerenciais 10
        1.2.4. Planos, Programas e Subprogramas. Execução e Controle 13
    1.3. Formas de Organização 14
        1.3.1. Organização Departamental 14
        1.3.2. Organização por Projeto 18
        1.3.3. Organização Matricial 19
        1.3.4. Cultura das Organizações 20
    1.4. Projetos *Versus* Operações Correntes 22
        1.4.1. Características Gerais 22
        1.4.2. Finalidades 23
        1.4.3. Equipes 24
        1.4.4. Administração, Gerência e Execução 24
    1.5. O Moderno Gerenciamento de Projetos 25
        1.5.1. Evolução do Gerenciamento de Projetos 26

    1.5.2. O Moderno Gerenciamento de Projetos — MGP 28
 1.6. Conclusão 29
 1.7. Bibliografia 30
 1.8. Apêndice — Resolução de Problemas 30
    1.8.1. Estruturação do Problema 31
    1.8.2. Decisão 34
    1.8.3. Solução do Problema 37
    1.8.4. Bibliografia Complementar 38

2. Gerenciamento Estratégico **39**
 2.1. O Ambiente da Organização 40
    2.1.1. O Macroambiente 40
    2.1.2. O Ambiente Geral 42
    2.1.3. O Ambiente Organizacional 43
 2.2. Estratégia: Uma Visão Geral 54
    2.2.1. Ação Participativa 55
    2.2.2. Sistema de Informações Estratégicas 58
 2.3. Estratégias Setoriais e Estratégias Corporativas 59
    2.3.1. Conceituação 59
    2.3.2. Estratégias Setoriais 60
    2.3.3. Estratégias Corporativas 62
 2.4. O Processo do Gerenciamento Estratégico 65
 2.5. Formulação da Estratégia 65
    2.5.1. Estabelecimento ou Revisão da Missão 66
    2.5.2. Avaliação do Ambiente da Organização (Avaliação Externa) . . . 66
    2.5.3. Avaliação da Organização (Avaliação Interna) 71
    2.5.4. Objetivos de Longo Prazo 73
    2.5.5. Estabelecimento da Estratégia 74
 2.6. Implementação da Estratégia 78
    2.6.1. Objetivos e Planos de Curto Prazo 78
    2.6.2. Seqüenciamento da Implementação 78
    2.6.3. Execução do Plano Estratégico 80
 2.7. Avaliação 80
    2.7.1. Avaliação de Desempenho 81
    2.7.2. Retroalimentação 82
 2.8. Bibliografia 82
 2.9 Apêndice — Roteiro para a Gerência Estratégica 83
    2.9.1. Uma Visão de Conjunto 83
    2.9.2. Coleta de Informações 83
    2.9.3. Redação da Missão 84
    2.9.4. Avaliação do Ambiente da Organização 85

        2.9.5. Avaliação da Organização 86
        2.9.6. Estabelecimento de Objetivos de Longo Prazo 86
        2.9.7. Estratégias Setoriais 87
        2.9.8. Estratégias Corporativas 87
        2.9.9. Formulação da Estratégia 87
        2.9.10. Implementação da Estratégia 88
        2.9.11. Avaliação 88
        2.9.12. Conclusão 88

3. **Administração por Projetos** **90**
    3.1. A Administração por Projetos 92
        3.1.1. Aspectos Caracteristicos 92
        3.1.2. Implantação da Administração por Projetos 95
    3.2. Tópicos Básicos 96
        3.2.1. O Plano Geral da Organização 96
        3.2.2. As "Lições Aprendidas" 97
        3.2.3. Fatores Críticos de Sucesso 98
        3.2.4. O Manual de Gerenciamento de Projeto 100
        3.2.5. Custo Baseado em Atividades 101
    3.3. O Elemento Humano 102
        3.3.1. Potencialização 102
        3.3.2. Equipes Autogerenciadas 102
        3.3.3. Gerenciamento Simultâneo 103
        3.3.4. A Liderança no Moderno Gerenciamento de Projetos 105
        3.3.5. Treinamento 105
    3.4. Escritório de Projetos 107
        3.4.1. Caracterização do Escritório de Projetos 107
        3.4.2. Instalação de um Escritório de Projetos 111
    3.5. Conclusão 118
    3.6. Bibliografia 119

4. **O Projeto** **121**
    4.1. O Projeto como Organização 122
        4.1.1. Missão 122
        4.1.2. Objetivo 122
        4.1.3. Produto 123
        4.1.4. Estrutura 124
        4.1.5. Funcionamento 125
        4.1.6. Recursos 126
        4.1.7. Ciclo de Vida do Projeto 126
        4.1.8. Sistema de Informações Gerenciais — SIG 128
        4.1.9. Conceituações Adicionais 129

4.2. O Ambiente do Projeto 130
　　　　　4.2.1. O Ambiente Externo à Organização Hospedeira 130
　　　　　4.2.2. A Organização Hospedeira 131
　　　　　4.2.3. O Programa 131
　　　4.3. O Gerente 138
　　　　　4.3.1. Atributos dos Gerentes no Projeto 138
　　　　　4.3.2. Atribuições da Gerência de Projeto 140
　　　　　4.3.3. Gerência e Liderança 142
　　　　　4.3.4. Estilos de Gerência — A Grade Gerencial 143
　　　4.4. A Equipe 145
　　　　　4.4.1. Caracterização 145
　　　　　4.4.2. Desenvolvimento de Equipe 145
　　　　　4.4.3. Motivação 147
　　　4.5. Administração de Conflitos 149
　　　　　4.5.1. Os Conflitos na Organização 150
　　　　　4.5.2. Os Conflitos no Projeto 152
　　　4.6. Conclusão 157
　　　4.7. Bibliografia 158

5. **As Gestões Específicas** **159**
　　　5.1. Uma Visão de Conjunto 160
　　　5.2. A Abordagem Processual 161
　　　　　5.2.1. Componentes do Processo 161
　　　　　5.2.2. Elementos do Processo 161
　　　5.3. Apresentação das Gestões 165
　　　　　5.3.1. Gestão da Integração 165
　　　　　5.3.2. Gestão do Escopo 165
　　　　　5.3.3. Gestão do Tempo 165
　　　　　5.3.4. Gestão dos Recursos 165
　　　　　5.3.5. Gestão dos Custos 166
　　　　　5.3.6. Gestão da Qualidade 166
　　　　　5.3.7. Gestão Ambiental 166
　　　　　5.3.8. Gestão do Pessoal 166
　　　　　5.3.9. Gestão das Comunicações 166
　　　　　5.3.10. Gestão dos Riscos 167
　　　　　5.3.11. Gestão do Suprimento 167
　　　　　5.3.12. Referências 167
　　　5.4. As Gestões e as Fases do Projeto 168
　　　5.5. Conclusão 169
　　　5.6. Bibliografia 169

6. Gestão da Integração 171
- 6.1. Desenvolvimento do Plano do Projeto 172
- 6.2. Execução do Plano do Projeto 174
- 6.3. Controle Integrado de Mudanças 175
  - 6.3.1. Entradas 177
  - 6.3.2. Recursos e Atividades 177
  - 6.3.3. Saídas 178
- 6.4. Apêndice A — Sistema do Valor Agregado 178
  - 6.4.1. Introdução 178
  - 6.4.2. Conceituação do Valor Agregado 178
  - 6.4.3. Análise das Variações 181
  - 6.4.4. Bibliografia Complementar 181
- 6.5. Apêndice B — Gestão da Configuração — GC 182
  - 6.5.1. Conceituações 182
  - 6.5.2. Identificação da Configuração 183
  - 6.5.3. Controle da Configuração 184
  - 6.5.4. Contabilização da Situação da Configuração 187
  - 6.5.5. Auditorias de Configuração 188
  - 6.5.6. Plano da Gestão da Configuração 188
  - 6.5.7. Bibliografia Complementar 190

7. Gestão do Escopo 191
- 7.1. Iniciação 192
- 7.2. Planejamento do Escopo 194
- 7.3. Definição do Escopo 196
- 7.4. Verificação do Escopo 198
- 7.5. Controle de mudanças do escopo 199
- 7.6. Apêndice — Estrutura de Decomposição do Trabalho — EDT 201

8. Gestão do Tempo 209
- 8.1. Definição das Atividades 210
- 8.2. Seqüenciamento das Atividades 211
- 8.3. Estimativa das Durações das Atividades 213
- 8.4. Desenvolvimento do Cronograma 214
- 8.5. Controle do Cronograma 216
- 8.6. Bibliografia 217

Gestão dos Recursos 218
- 9.1. Planejamento dos Recursos 219
- 9.2. Recebimento e Distribuição dos Recursos 220

XII   Gerenciamento Estratégico e Administração por Projetos

    9.3. Controle dos Recursos 221
    9.4. Desmobilização 222

10. Gestão dos Custos **224**
    10.1. Estimativa de Custos 225
    10.2. Orçamentação 227
    10.3. Controle dos Custos 228
    10.4. Bibliografia 229

11. Gestão da Qualidade **230**
    11.1. Planejamento da Qualidade 231
    11.2. Garantia da Qualidade 233
    11.3. Controle da Qualidade 235
    11.4. Bibliografia 236

12. Gestão Ambiental **238**
    12.1. Planejamento Ambiental 239
    12.2. Verificação e Ações Corretivas 240
    12.3. Um Resumo da Gestão Ambiental 241
    12.4. Conclusão 248
    12.5. Bibliografia 248

13. Gestão do Pessoal **249**
    13.1. Planejamento da Organização do Projeto 250
    13.2. Aquisição do Pessoal 252
    13.3. Desenvolvimento da Equipe 253
    13.4. Dissolução da Equipe 254

14. Gestão das Comunicações **256**
    14.1. Planejamento das Comunicações 258
    14.2. Disseminação das Informações 259
    14.3. Relatórios de Desempenho 260
    14.4. Encerramento Administrativo 262
    14.5. Bibliografia 263

15. Gestão dos Riscos **264**
    15.1. Planejamento da Gestão dos Riscos 265
    15.2. Identificação dos Riscos 267
    15.3. Avaliação dos Riscos 269
    15.4. Quantificação dos Riscos 271
    15.5. Planejamento de Respostas a Riscos 273
    15.6. Controle de Riscos 275

16. Gestão do Suprimento 277
    16.1. Planejamento do Suprimento 278
    16.2. Planejamento das Solicitações 280
    16.3. Solicitações 280
    16.4. Seleção de Fontes 281
    16.5. Administração de Contratos 283
    16.6. Encerramento de Contratos 284

Índice Analítico 286

Apresentação

Este livro trata das transformações, cada vez mais freqüentes e mais violentas, por que passa nosso mundo em todos os campos de atividade. Estuda, em especial, seus efeitos sobre as organizações sociais, como as empresas e entidades de todos os tipos, e propõe processos para responder a estes desafios: o gerenciamento estratégico e a administração por projetos.

Mudanças no Ambiente

Por volta de 500 a.C. Heráclito disse: "Nada é permanente, exceto as mudanças". Agora Bill Gates nos diz, em seu livro sobre a velocidade das empresas: "Os negócios vão mudar mais nos próximos dez anos do que mudaram nos últimos cinqüenta"[1]. Heráclito verificou que as coisas estavam em movimento e Bill Gates afirma que elas estão e serão mais aceleradas. E como já aceleraram nos últimos cinqüenta anos! Para seguir apenas uma linha de evolução, entre outras, consideremos a que teve início com o transistor. Desta invenção saíram os *chips* e os microprocessadores e, destes, os supercomputadores e os PCs, as comunicações por satélite, a Web, a Internet, a TV interativa e os livros e os jornais eletrônicos. E o que mais virá?

O que complica o problema é não sabermos para onde estamos correndo tanto: "a única certeza quanto ao futuro é a incerteza"[2]. Juntando as coisas, resta-nos uma indagação altamente preocupante: nosso ambiente está evoluindo, de forma acelerada, como constatamos, mas..., para onde?

---

1. GATES, Bill. *A Empresa na Velocidade do Pensamento*. São Paulo, Companhia das Letras, 1999. p. 9.
2. Dito popular.

Por exemplo, já temos angustiadas *perguntas para resolver o amanhã*: precisaremos ir aos bancos para retirar dinheiro de nossas contas? Vamos deixar de ir aos *shoppings* e mercados se já podemos efetuar compras em casa? Como orientar nossos filhos, se as escolas estão passando para a Web? Para que servem mesmo as agências de correio? E o curso que concluímos ainda há pouco, ainda vale? O que chamávamos de emprego agora é trabalho? O que é empregabilidade?

E depois surgem *perguntas para a semana que vem*: o que sucederá nos campos da medicina e da alimentação, com a determinação dos genomas, inclusive o humano, objeto de vários programas de pesquisa em franco progresso no mundo inteiro? Já temos softwares que nos permitem ditar para nosso micro um texto e ele o "digita" imediatamente. Quando teremos a tradução automática e simultânea de artigos de jornais e revistas e livros de qualquer parte do mundo?

E as *perguntas para a semana seguinte*? Não as temos ainda!

Para entender o mundo atual, é preciso voltar as vistas para muito antes. Distinguem-se três grandes fases na recente evolução humana. A primeira foi a era da agricultura, quando os procedimentos eram guiados pelas boas práticas que funcionaram *anteriormente* no cultivo, na pecuária ou nos ofícios que se passavam de pai para filho. Depois, veio a fase industrial, em que os procedimentos deviam ser aqueles que estavam dando certo *naquela ocasião*, tendo como paradigma a linha de montagem de Ford, com o produto fortemente padronizado[3]. Agora, na era da informação, o conhecimento deve ser administrado para ser utilizado naquilo que será sucesso *no futuro*, ainda que este seja apenas o amanhã.

Na fase agrícola, a riqueza era medida pela extensão de terras produtivas, pelo número de cabeças de gado e pela mão-de-obra de servos ou escravos, na maioria das vezes. Depois, fábricas, máquinas e veículos sucederam as terras e seus bens como valores maiores. Assim, há poucas décadas, as empresas eram avaliadas por seus ativos físicos: solo, subsolo, plantações, máquinas, prédios, instalações, matérias-primas e, por que não?, o produto e o mercado. Agora, a lista dos ativos deve iniciar com o capital intangível (capital intelectual, conhecimento, informações, tecnologia, marcas, patentes etc.), o mercado (clientes) e, depois, os demais itens físicos ou tangíveis, que tendem a se tornar passivos.

Mudanças nas Empresas

A globalização, tão execrada por muitos quanto inexorável para todos, força mudanças nas empresas e em nós mesmos, por submeter a todos à competição e ataques, sem distâncias nem fronteiras, desde as comunicações via rádio, durante a Segunda Guerra Mundial, até as ligações atuais fornecedor-cliente, e este está cada vez mais exigente

---

3. Para não alterar qualquer característica de seu automóvel, a fim de mantê-lo barato, Ford disse que os clientes podiam desejá-lo de qualquer cor, contanto que fosse preta.

quanto à qualidade e ao atendimento. Não há grandes segredos; desaparece a influência de fornecedores locais. A qualquer momento, qualquer um de nós pode adquirir um produto, de qualquer parte do mundo, pelo comércio eletrônico, ainda que concorrente do nosso vizinho ao lado.

Novos produtos surgem, conseqüência de novas tecnologias que evoluem cada vez mais rápido, substituindo produtos "tradicionais" e tornando obsoletas instalações de produção e de prestação de serviços, que há pouco foram grandes novidades na área.

As evoluções e mudanças organizacionais, as reestruturações, o abaixamento da pirâmide hierárquica das organizações e, mais recentemente, as diversas formas de associações (*joint-venture*, coligações, parcerias, aquisições e fusões) transformam profundamente o panorama empresarial, às vezes com repercussões em movimentações, dispensas desemprego.

Uma recente apresentação do mundo atual e do futuro inicia com a igualdade[4]:

> Velocidade x Conectividade x Intangibilidade = *Blur*

Seus autores explicam:

"*Velocidade:* todos os aspectos que envolvem negócios e organização ocorrem e mudam em tempo real.

Conectividade: todas as coisas vão se conectando eletronicamente: produtos, pessoas, empresas, países, enfim, qualquer coisa.

Intangibilidade: toda proposta possui valor econômico tangível e intangível. O intangível cresce mais rapidamente.

Blur: O novo mundo em que você irá viver e trabalhar."

Nota: Blur significa "borrão, mancha, vago, sem contornos, indistinto".

Corroborando estas posições, adicionamos alguns exemplos recentes:

Com relação à *conectividade*, cita-se a General Electric, um grande conglomerado altamente diversificado, que compreende várias empresas nos ramos de eletrodomésticos (rádios e TVs, refrigeradores, fornos, fogões etc.), instalações de geração e transmissão de energia (geradores hidrelétricos, reatores nucleares, equipamentos para linhas de transmissão), locomotivas elétricas, lâmpadas etc. Além disso, a GE administra mais cartões de crédito que a American Express e possui mais aeronaves comerciais que a American Airlines[5].

Pois bem, o comércio eletrônico, até então ativado por fornecedores, iniciando com livros, CDs, passando por artigos diversos de uso pessoal, pacotes turísticos, che-

---

4. DAVIS, Stan & MEYER, Christopher. *Blur, Reading*, MA EUA, Longman, Inc. 1997.
5. DAVID, Fred R. *Strategic Management*. 6. ed., New Jersey, Prentice Hall, 1997 p. 54

gando a automóveis etc. passa por uma reviravolta que vai elevar o volume deste comércio por várias ordens de grandeza: em fins de 1999, a GE iniciou a implantação do comércio eletrônico na mais ampla extensão. Jack Welch, seu executivo, disse a respeito da Web[6]:

> Ela vai mexer nas relações com os funcionários. Nunca mais haverá discussões onde o conhecimento é manipulado por uma única pessoa.[...] Ela vai mexer nas relações com a clientela. O cliente terá acesso a tudo. Veja o que a qualidade irá fazer pela Internet e vice-versa. Todo erro cometido será visível na Web. Ela vai mexer nas relações com fornecedores. Dentro de 18 meses todos os nossos fornecedores deverão estar operando na Internet ou não estarão mais fazendo negócios conosco.

Pouco depois, foi a vez de as duas venerandas concorrentes, GM e Ford, unirem-se em torno de "bazares *on-line* para todos os bens e serviços que elas compram — de clipes do escritório a prensas de estamparia e autopeças"[7]. Atente o leitor para a expressão transcrita — de clipes a prensas — e imagine quantas empresas e pessoas precisam estar conectadas para fornecer esta gama de produtos e serviços.

Logo a seguir, no início de 2000, outra corporação gigante, a Matsushita, decidiu "reunir todos os seus fornecedores em um mercado eletrônico de US$ 20 bilhões por ano, apenas no Japão", sendo que, "no futuro, os fornecedores estrangeiros serão incluídos no sistema"[8]. E a escalada prossegue, podendo ser acompanhada regularmente no noticiário corrente.

Observa-se uma inversão de sentido no comércio eletrônico, que passa da exclusiva iniciativa do fornecedor para a iniciativa do comprador. Esta reviravolta tem duas conseqüências imediatas. Primeira, quem não estiver conectado não será fornecedor. Segunda, estando conectado, há que exercer uma cerrada *gerência estratégica*, a partir do levantamento de suas *forças* e *fraquezas* e da determinação constante das *oportunidades* e *ameaças* do ambiente. Ao fazê-lo, surgem inúmeros projetos de diversos tamanhos, custos, naturezas e durações, como será demonstrado neste livro, o que força as empresas a adotarem a *administração por projetos*.

Sobre o crescimento do valor do capital *intangível*, nada melhor que números e datas para dar valores e dimensões: em outubro de 1998, as ações das cinqüenta maiores empresas brasileiras valiam 42% das ações da Microsoft[9], empresa fundada em 1975. Nossas maiores empresas, sabemos, são de mineração, petróleo, geração de energia, comunicações, metalurgia etc.[10] A Microsoft conta com cérebros, patentes,

---

6. Agora é o e-Jack, *Fortune Americas*, 28 set. 1999. p. 11.
7. WHITE, Gregory L. GM e Ford querem sacudir a Web. *Wall Street Journal Americas*, 6 dez. 1999.
8. SHIROUZU, Nourihiko. Matsushita quer reunir todos os seus fornecedores num mercado eletrônico *Wall Street Journal Americas*, 28 jan. 2000.
9. FERREIRA, A. Maiores Empresas do País Valem 42% da Microsoft. *O Estado de S. Paulo*, 31 out. 1998. p. B-8.
10. A comparação, sem implicar em qualquer competição entre a Microsoft e empresas brasileiras, ressalta apenas a posição das ações da Microsoft (uma empresa de intangíveis) em relação a um padrão de referência (todos tangíveis).

bancos de dados e suas ferramentas são computadores e redes de informática. Em julho de 1999, os jornais anunciaram que as ações da Microsoft ultrapassaram a marca de quinhentos bilhões de dólares, valor nunca atingido por qualquer outra empresa. Este número supera o PIB de todos os países latino-americanos, exceto o do Brasil, que é de setecentos bilhões de dólares. Ainda nesta linha, a Embraer, até setembro de 1999, acumulou uma receita bruta que a coloca como primeira no *ranking* das empresas nacionais exportadoras[11]. No início de 2000 já era a maior exportadora da América Latina. Algumas centenas de aeronaves de médio porte valem mais que montanhas de minério, toneladas de soja, de laranja e café porque têm embutidos os intangíveis de conhecimentos, experiências e habilidades de seu quadro de pessoal.

Observa-se que nos dois exemplos, Microsoft e Embraer, a *velocidade* está patente.

Quantas empresas de agora não mais serão necessárias nos próximos anos e terão que desaparecer? E quantas deverão ser criadas para suprir necessidades insuspeitadas hoje? Quais devem mudar seus produtos ou serviços?

A disponibilidade de conhecimentos e de informações, a capacidade de prever acontecimentos e de gerar situações favoráveis no futuro valem mais que montanhas de minérios e milhares de hectares de campos cultivados. Reconhecer problemas e antecipar soluções, eis aí a chave da sobrevivência, para partir para o sucesso. Imagine-se o quanto valeria e o quanto deveria crescer uma fábrica de automóveis (como uma daquelas existentes no início deste século) se tivesse sido instalada algumas décadas antes, já na Revolução Industrial. Basta observar o mundo de hoje, em que muitas empresas que já estão na era da informação, lá chegaram antes da grande maioria.

As mudanças e a competição vêm elevando a taxa de mortalidade de empresas que não se adaptam nem mudam, pois, tal como seres vivos, só podem sobreviver aquelas que forem mais aptas em relação ao ambiente e aos competidores, devido a alguma vantagem competitiva. As organizações e as pessoas precisam ser ágeis e responder rapidamente ou correm o risco de serem devoradas por competidores ou pelo ambiente geral. Como os dinossauros, extintos por não terem tido tempo para as adaptações apropriadas a uma transformação ambiental.

Por esta razão, como parte de uma disciplina muito recente, a *gestão do conhecimento*, temos o estudo das organizações que são capazes de aprender e devem fazê-lo, para não perecer[12]

---

11. EEMPRESA BRASILEIRA DE AERONÁUTICA S.A. — - EMBRAER. *Relatório Operacional — 3º Trimestre de 1999*. out 1999. 12 p.
12. Ver, por exemplo: SENGE, Peter M. *The Fifth Discipline: The Art & Practice of the Learning Organization*. Currency Doubleday, 1990. SCHEIN, E. H. On Dialog, Culture, and Organizational Learning. *Organizational Dynamics*, Autumn, 1993. p. 45-51.

Mudanças nas Pessoas

Como indivíduos, não estamos a salvo do turbilhão. Ao contrário, às modificações do ambiente, devemos acrescentar aquelas relacionadas com o ser humano, em virtude de evoluções recentes.

A expectativa de vida, que não passava de 14 anos para o habitante das cavernas, dobrou para 28 anos nos tempos do Império Romano, atingiu 36 anos no século XIX, 70 anos na década de 1950 e hoje vai além de 80 anos, nos países adiantados. Com isso, o número de pessoas na chamada terceira idade aumentou e continua crescendo muito, criando problemas na administração de pensões e aposentadoria e na administração individual do tempo disponível.

Ao mesmo tempo, o número de horas da jornada de trabalho anual vem caindo. No Brasil de 1913 ele era de cerca de 3.016 horas no setor urbano e, em 1996, caiu para 2.102 horas. Esta jornada anual, ainda em 1996, foi de 1.372 na Holanda, 1.560 na Alemanha, 1.645 na França e 1.951 nos Estados Unidos da América. Nestes mesmos países, em 1891 a jornada estava entre 2.900 e 3.000. Por problemas trabalhistas, está decaindo em todo o mundo.

Estes dois fatores combinados (duração da vida e o tempo dedicado ao trabalho) inverteram a relação tempo de trabalho/tempo disponível, o que leva à procura por serviços e lazer, à oferta de trabalho competente e experiente, à produção técnica, literária e artística. E este tempo disponível precisa ser administrado! Por quem? Pelo próprio indivíduo e não por uma coleção de entidades como clube, agência de turismo, academia de artes ou de ginástica etc. Em todas as idades o tempo disponível deve ser programado, planejado, executado e controlado como uma empresa.

Com muito maior razão, a profissão deve ser cuidadosamente tratada. Muitas profissões estão desaparecendo, por serem desnecessárias, ao passo que surgem outras, antes insuspeitadas. Na era agrícola, 80% da população dedicava-se à atividade agropecuária. Atualmente, apenas 10% da população do Brasil, como a de muitos outros países, estão nos campos, enquanto na Europa este número varia de 4 a 6% e nos EUA fica em apenas 2% da população. O restante do pessoal, em cada região, está exercendo outras atividades que não existiam até então.

Com relação apenas à Internet: há dez anos não havia o cargo de Diretor de Tecnologia da Informação e, muito menos, de Diretor de Conhecimento[13], introduzido há três anos no Brasil. São recentes os cargos de Gerente e de Diretor de Comércio Eletrônico e Diretor de Internet, Gerente de Webmaster etc. A Pontifícia Universidade Católica de São Paulo (PUC-SP) deu início no ano de 2000 a um curso de "Master of Business Information Systems"[14]. Estima-se que metade das profissões do próximo decênio não são conhecidas hoje. Algumas profissões são episódicas, como foi a dos

---

13. Conhecidos, em inglês, por *Chief Information Officer* (CIO) e *Chief Knowledge Officer* (CKO), respectivamente.
14. MBIS - Master of Business Information Systems - www.mbis.pucsp.br.

perfuradores de cartão dos primitivos computadores. E quantas das novas profissões de hoje terão vida curta? Em uma pesquisa feita nos Estados Unidos, com 300 empresas e 184 profissionais, "quase 50% dos participantes reconhecem que seu cargo, tal como é hoje, provavelmente não existirá dentro de três anos"[15].

A prática corrente, quanto à formação profissional, era fazer um curso que servisse para toda a vida, como qualificação profissional. Hoje, a vida útil de um curso é extremamente curta. É imprescindível uma atualização constante, quando não a completa mudança de campo de atuação. O emprego, como o conhecíamos há alguns anos, está sendo substituído pelo trabalho, constantemente em evolução e em mudanças.

Quanto à conectividade, aquele que não tiver acesso à Internet estará mais segregado que um náufrago isolado em uma ilha, como o da conhecida história de Robinson Crusoe. Não usará o comércio eletrônico, bancos remotos, não obterá, por meio de seu micro, seus CDs personalizados, à medida que as lojas destes deverão se restringir a raridades para colecionadores, como o vinil hoje. A Internet e a intranet já são os meios de comunicação em grande número de empresas e cresce a ocorrência de participação em reuniões virtuais, em videoconferências, em cursos à distância etc.

Inúmeras áreas do conhecimento estão sendo envolvidas por estas mudanças, em adição às tradicionalmente voltadas para o desenvolvimento organizacional e que eram a administração e a economia, como a da psicologia organizacional que se estende no estudo do problema e no atendimento ao indivíduo envolvido pelo turbilhão em sua profissão; a do lazer e entretenimento, conseqüente da elevação da expectativa de vida, da redução da jornada de trabalho e da alta mobilidade de hoje. Salienta-se, por sua fundamental importância, a da formação e requalificação profissional, não só com o ensino a distância para suprir estas necessidades sob medida do interessado, mas também com a mudança de ênfase ou enfoque: em vez de ter o papel de ensinar uma profissão passa-se para o de ensinar a pessoa a aprender, para que ela administre suas vidas profissional e particular.

Muitas profissões têm de se adaptar urgentemente à globalização, os administradores, economistas, gerentes de projeto, os advogados etc., todos precisam se universalizar para transpor fronteiras. A respeito, cita-se aqui a famosa Duke University, que deu início, no ano de 1999, a um curso de MBA para administradores globalizados. O treinamento dos trabalhadores está sendo assunto de importância estratégica para as empresas. Muitas já criaram suas Universidades Empresariais, como a Motorola University, a Disney University, a Sears University e a McDonald's Hamburguer University.

O gerenciamento de projetos, há tempos, vem despertando inusitada atenção em muitos países, desde o trato da formulação de trabalhos escolares sob a forma de projetos, ainda nos cursos elementares. Nos EUA, no Japão e em muitos países da Europa,

---

15. BATES, Terence & BLOCH, Susan. O Impacto do Fim do Emprego, *HSM Management*, ano 1, nº 5, nov./dez. 1997. p. 48-52.

um trabalho de campo de História Natural, por exemplo, é conduzido, com a participação dos alunos, como se fosse (e como é, de fato) um *projeto*: com objetivos, atribuições, resultados esperados, cronograma, orçamento, controle etc. De outro lado (e entre nós, no meio), o assunto é muitas vezes negligenciado, mesmo em cursos superiores, em que profissionais são lançados no mercado de trabalho com pouco ou nenhum conhecimento do problema, sendo candidatos ao autoditatismo, sem capacidade de formulação e resolução sistemática de projetos e muito menos de integração neste ambiente de alta permeabilidade. Em muitas de nossas Universidades, os alunos, mesmo os daqueles cursos que, por atribuições legais, têm que planejar e executar projetos, têm sido apresentados apenas aos primórdios da administração científica, ficando no início do século XX, com Taylor e Fayol, se tanto, limitados, portanto, aos aspectos históricos.

Será necessário, cada vez mais, o conhecimento de outras culturas, etnias, costumes, religiões e, sobretudo, outros idiomas, para navegar física, virtual e culturalmente pelo mundo.

Como Responder aos Desafios

Para fazer frente aos desafios, o gerenciamento estratégico e a administração por projetos têm-se expandido, de início separadamente em muitas entidades, mas vêm sendo gradativamente combinados, independentemente do tamanho e do tipo da organização. O gerenciamento estratégico, prática corrente em grandes empresas, passa a ser necessário em empresas menores, chegando agora à pessoa. Sim, cada um de nós, como organização individual, precisa ter sua estratégia pessoal e administrar sua vida particular e profissional. Há diversas publicações voltadas para a administração própria do indivíduo, inclusive no Brasil, como a revista citada na nota de rodapé mostrada no fim desta página, e alguns gurus voltam-se dedicadamente para estes aspectos, como Tom Peters, que trata do desenvolvimento pessoal por meio de projetos (Você = seus projetos)[16].

O **gerenciamento estratégico** (Capítulo 2) é a arte e a ciência de formular, implementar e avaliar linhas de ação multidepartamentais referentes às interações da organização (considerando suas *forças* e *fraquezas*) com seu ambiente (levando em conta suas *oportunidades* e *ameaças*) para atingir seus objetivos de longo prazo, relativos a seus produtos, mercado, clientes, concorrentes, sociedade etc.

A implementação é conseguida por meio da **administração por projetos** (Capítulo 3) para alcançar os objetivos fixados e isso implica em que a organização esteja preparada para administrar multiprojetos e, até mesmo, tratar partes de seus problemas correntes como pacotes de trabalhos, empregando os experimentados processos

---

16. PETERS, Tom. Você é seu projeto, *Você S. A.* São Paulo, Abril, Ano 2, n. 14, ago. 1999. p 34-45. (**www.vocesa.com.br**)

do moderno gerenciamento de projetos (1.5.2), de ampla aplicação a todos os campos de trabalho.

A conjugação da gerência estratégica com a administração por projetos resulta em um efeito sinérgico importante. Ela é o "caminho das pedras" que leva à obtenção de respostas eficientes, em curto espaço de tempo, às intensas e constantes mudanças e seus conseqüentes efeitos não só sobre as organizações sociais, como as empresas, mas também sobre cada pessoa, como organização individual que é, ao administrar sua própria vida.

Uma boa estratégia sem a conseqüente implementação transforma-se na "vã filosofia" de Hamlet e projetos sem embasamento na estratégia parecem ser resultados de geração espontânea, sem raízes, sem nexo e, quase sempre, falhos e conflitantes.

> "Estabelecendo a ligação da estratégia com os projetos - Qual a vantagem?[17]
>
> ♦ Por que os gerentes de projeto devem se preocupar quanto a seus projetos estarem diretamente ligados à estratégia da organização? O que isto acrescenta ao sucesso de seus projetos? E por que o gerente sênior deve esforçar-se para estabelecer esta ligação? Como isto contribui para a realização de suas estratégias?

Este livro integra, de forma harmoniosa e contínua, o gerenciamento estratégico e a administração por projetos, conforme descrito a seguir.

- ♦ Apresenta, de início, os indispensáveis **conceitos básicos** sobre as organizações e suas formas, caracteriza operações correntes e projetos e introduz o moderno gerenciamento de projetos. Expõe, ainda, o processo de resolução de problemas, incluído aí o importante processo decisório.

- ♦ Estuda detalhadamente o **gerenciamento estratégico**, fazendo uma análise tanto do ambiente e seus possíveis efeitos sobre a organização quanto das potencialidades e fraquezas desta. Em conseqüência, racionaliza como determinar as principais estratégias, mostra métodos para selecioná-las e oferece modos de implementá-las.

---

17. COMBRE, Margaret W. *Making the Links from Strategy to Projects*, PROJECT MANAGEMENT INSTITUTE, Connections 2000 - PMI Seminars & Symposium. 7/16 september 2000, Official Registration Catalog. p.12.

- Apresenta a **administração por projetos** e detalha como implementá-la na organização, incluindo um roteiro para a criação de um "escritório de projetos" organizacional, ferramenta imprescindível à administração de multiprojetos.

- Estuda o **projeto como organização**: seu objetivo e seu escopo, a estrutura e o funcionamento. Especial atenção é dada à liderança e às habilitações gerenciais, à formação e condução da equipe, sua motivação e solução de conflitos.

- Para planejar, executar e controlar os projetos, o livro termina com o estudo *do moderno gerenciamento de projetos*, dissecando o gerenciamento do projeto e dividindo-o nas **gestões específicas**, com base na ISO 10006[18] e no PMBOK *Guide*[19], publicação da conceituada organização profissional de gerenciamento de projetos. Inclui, ainda, a gestão ambiental, adiantando-se às duas fontes citadas, por serem anteriores à que regula esta gestão nas organizações (ISO 14001). As gestões estudadas são: integração, escopo, tempo, recursos, custos, qualidade, ambiental, pessoal, comunicações, riscos e suprimentos.

Os quatro primeiros Capítulos contêm exercícios referentes às partes mais importantes do assunto. Sempre que necessário, indica-se a bibliografia complementar e, quando adequado, alguns *softwares* e os *sites* da Internet que permitem ao leitor conhecer as organizações envolvidas com os assuntos aí tratados. Exceto quando salientado no texto, a bibliografia é indicada pela ordem alfabética do nome do autor.

Sugestões para a Leitura

1. O livro deve ser lido, na primeira vez, na seqüência em que seu texto é apresentado e terá constantes indicações de outras partes em que o assunto é tratado, como mostrado no item 6.

2. O leitor é estimulado a tomar, desde o início, uma organização que melhor conheça para que seja objeto dos exercícios. Esta organização pode ser a empresa em que trabalha, a escola ou Universidade que freqüenta, uma empresa que lhe seja familiar, o condomínio do seu edifício e até mesmo sua família, ou seu emprego, caso em que o leitor assume o papel de uma empresa prestadora de serviço (executando uma atribuição) ou uma empresa administradora (chefiando ou coordenando um setor da empresa empregadora).

---

18. INTERNATIONAL ORGANIZATION FOR STANDARDIZATION — ISO. *ISO 10006. Quality management - Guidelines to quality in project management*. 1997. Observação: A denominação ISO é um logotipo que provém da adoção do radical ISO, oriundo do grego *isos*, que significa "igual", e que está presente em inúmeros termos dos idiomas latinos, anglo-germânicos, eslavos etc. Ficou sendo, ainda, um anagrama da sigla de sua denominação em inglês *International Organization for Standardization* que vem a ser IOS.
19. PROJECT MANAGEMENT INSTITUTE. *A Guide to the Project Management Body of Knowledge (PMBOK)*, Pennsylvania, USA, 1996.

3. No decorrer da leitura, ele deve aplicar os conceitos expostos à organização escolhida, procurando identificar nela tudo o que foi apresentado.

4. Especial atenção deve ser prestada às palavras ou expressões destacadas com tipos em itálico, por serem importantes.

5. Quase sempre, as palavras ou expressões em **negrito** acham-se definidas ou conceituadas no mesmo parágrafo (e seguintes, se necessário). Por esta razão, o Índice Analítico foi objeto de especial atenção, pois mostra, em **negrito**, as palavras e expressões definidas no texto, naquelas páginas indicadas também em **negrito**. Assim, o Índice é parte de um *glossário* em que as conceituações (às vezes mais de uma) podem ser lidas no contexto em que se encontram.

6. Gerenciar e executar um projeto é como levar uma legião em linha e não em coluna: todos estão na frente de combate e não em uma fila de um a um. Todos devem ter em mente os problemas e as aflições dos que estão ao lado e não como em uma corrida de revezamento, em que cada um corre seu percurso e entrega o bastão ao próximo. Por esta razão o livro contém inúmeras referências remissivas a tópicos correlatos e que são de três tipos:

   a) uma simples indicação da Seção, Item ou Subitem, em que o assunto também é tratado e que serve para ligar um assunto a outro: (3.1.4) ou (2.2). Para ser visto, se o leitor tiver tempo.

   b) entre parênteses aparece uma palavra (rever 5.2.2), (ver Figura 18.4), sugerindo que uma ida ao local indicado é interessante.

   c) ante uma expressão do tipo: " leitor é convidado a ler item 8.9", convém atender o convite.

Por exemplo: para conferir o item 5 anterior, o leitor é convidado a ir *agora* ao Índice Analítico e escolher uma palavra/expressão em **negrito** e ler sua conceituação no texto.

Boa leitura, bons estudos e bom proveito!

Prefácio

Muitos são os cenários de elaboração e apresentação de uma obra técnica. Conhecendo e tendo o privilégio de partilhar do convívio profissional de Dalton Valeriano em muitas ocasiões, nesta gratificante oportunidade de apresentar sua obra "**Gerenciamento Estratégico e Administração por Projetos**" escolhemos um cenário que valoriza o fruto da perseverança em permanente busca da qualidade. É por este **caminho crítico**, onde poucos passam em seus esforços intelectuais, que conduziremos a apresentação deste trabalho que, em forma e conteúdo, dignifica todas os principais fundamentos da área de Gerência de Projetos no Brasil e no Exterior.

O livro é um típico produto dos grandes profissionais da área de gerência de projeto, pois, além de apresentar os requisitos e formalismos das publicações acadêmicas de referência, evidencia o conhecimento e, por extensão, a aprendizagem que só a experiência pessoal aliada a uma realista leitura das práticas atuais e de suas possíveis e prováveis evoluções futuras no mundo dos negócios podem forjar com clareza no pensamento humano.

O livro também é uma agradável e oportuna leitura para todos os que estão procurando melhor entender as "transformações por que passa nosso mundo em todos os campos de atividades" (palavras do autor), sendo texto obrigatório para todos os profissionais que têm responsabilidades gerenciais em suas atribuições, especialmente aquelas de desenvolver e conduzir projetos industriais ou de serviços.

No plano global, a obra se constitui em uma precisa orientação sobre a necessidade de se pensar, desenvolver e executar um conjunto de projetos de forma associada à idéia de estratégia, pois está claro que freqüentemente estratégia sem projetos é "mera filosofia" e projetos sem estratégia é "fonte de angústia, aumento de riscos". Nos dois casos se produz uma perda, uma redução na probabilidade de sucesso dos projetos como empreendimentos, isto é, diminui a margem de sucesso no controle das variáveis-chave do projeto (custos, prazos, riscos e desempenho).

Em diversos eventos internacionais e nacionais realizados pelos responsáveis por este prefácio, discutiram-se casos no Brasil e no Exterior onde existia um importante número de empresas que estava adotando um abordagem equivocada com relação à prática do design e da implantação de atividades de projetos. Em síntese, tudo começa quando alguém na empresa tem o sentimento que algo deve ser feito para melhorar o desempenho de um conjunto de atividades de projetos e ele "acha" que o melhor caminho é primeiro e imediatamente definindo técnicas e comprando ferramentas sem antes fazer o caminho ("o caminho certo", para sermos mais claros) utilizado pelas corporações mundialmente benchmarking em gerência de projetos, isto é, analisando o negócio e definindo na ordem: "estratégia", "metodologia", "método" e, aí sim, "técnicas e ferramentas" (softwares, sobretudo). Esta inversão de lógica de desenvolvimento de projetos tem se revelado um grande problema para as empresas que, em muitos casos, são obrigadas a quase tudo refazer do ponto zero. A preocupação em caracterizar o fluxo de valor gerado pela interação existente entre estratégia e projeto está clara ao longo de todo o texto.

No plano específico de sua estrutura, o livro é didático, valorizando inicialmente os conceitos básicos da área antes de passar à discussão do gerenciamento estratégico. Na seqüência, a administração por projetos, o projeto como organização e as gestões específicas são tratados na dosagem adequada à facilidade de aprendizagem do leitor, sobretudo quando da escolha da melhor família de projetos para atingir os objetivos da empresa.

Em seus capítulos, entre inserções de variadas e ricas referências e coerentes figuras e notas de rodapé, o texto mantém um importante (e difícil) equilíbrio: o permanente casamento entre a leitura dos problemas sob o rigor do lado acadêmico e do lado da realidade prática

O primeiro capítulo é uma necessária lembrança de fatores que todo responsável de projetos tem que ter em sua formação da base. Projeto caracteriza-se como sistema, envolvendo processos e diferentes alternativas de organização e se diferenciando em sua execução e controle das atividades correntes da empresa.

Os Capítulos 2 e 3 fornecem os conceitos para se identificar elementos internos (forças e fraquezas da empresa) e externos (oportunidades e ameaças do ambiente) associados aos projetos; ao mesmo tempo que dão início a instrumentalização do leitor para os requisitos operacionais da realização de projetos, da forma de "apreender" as lições a partir de uma memória de projetos (onde as gerências de documentação e de configuração são fundamentais e que são itens aos quais o autor dedicou análises específicas em dois capítulos de seu primeiro livro, intitulado "**Gerência em Projetos: Pesquisa, Desenvolvimento e Engenharia**") até à efetiva implantação dos ambientes de design e execução de projetos (escritórios de projetos), passando pelos manuais de projetos.

O Capítulo 4 evidencia as regras e restrições nas quais devem ser pensados, executados e controlados os projetos. A boa compreensão do projeto como organização reduz consideravelmente a margem de conflitos e desilusões da equipe entre si e em suas interfaces ao longo do ciclo de vida. No atual contexto de forte disseminação da filosofia da engenharia simultânea (onde interação de áreas funcionais, comunicação, trabalho em equipe etc são intensivamente enfatizados), sobretudo a partir da organização das empresas organizadas em redes, é fundamental a capacidade da equipe de projetos bem entender esta realidade. Por exemplo, uma grande modificação em um determinado produto industrial com freqüência impõe um (re)design do projeto da supply chain com forte envolvimento de fornecedores de módulos no projeto como organização.

No bloco constituído pelos capítulos seguintes tem-se a demonstração da necessidade da visão de conjunto conjugada com ações gerenciais pontuais em diferentes níveis (integração, escopo, tempo, custos, qualidade, ambiental, pessoal, comunicações, riscos e suprimentos). Esta necessidade de cada vez mais tratar os projetos de uma forma sistêmica tem seus fundamentos modernos apoiados na eficácia da implantação da filosofia da engenharia simultânea como a nova forma de trabalho das equipes de projeto.

Finalmente, pode-se dizer que a obra apresenta uma coerente, prática e funcional forma de compreender dois mundos distintos e complementares: o mundo da estratégia e o mundo dos projetos. Do lado da estratégia, o autor, fortalecido pela visão sistêmica, evidencia que o sucesso no gerenciamento estratégico é fundamental para a eficaz definição de um conjunto de projetos que, por sua vez, para serem implantados com sucesso também precisam de um ordenado suporte organizacional capaz de executá-los com coerência técnico-econômica. A compreensão da importância da estratégia em todos os processos da organização é enfatizada com propriedade: estratégia se aplica não somente em todas as áreas de uma determinada organização, mas também em todos os tipos de organização, desde um grande conglomerado até à simples pessoa.

Do lado do mundo dos projetos, a partir de três níveis de caracterização de problemas, o autor vai até à fase final da análise relativa à implementação do gerenciamento de multiprojetos — aqui, aliás, existe uma clara e importante complementaridade com relação ao seu primeiro livro, onde o autor analisa o problema do desenvolvimento e controle de um único projeto. Do Capítulo 1 ao Capítulo 3 tem-se um conjunto de conceitos e abordagens para suportar a compreensão de base em gerenciamento de projetos e que não pode ser negligenciado por nenhum nível hierárquico do projeto (Diretor, Chefe, Analista de Dados etc, até os estagiários envolvidos!). Nos Capítulos 4 e 5 tem-se uma plataforma de requisitos para a adequada definição de ações superiores, normalmente sob a responsabilidade dos chamados Diretores de Projetos. E nos demais Capítulos (de 6 à 16) tem-se a indicação de um referencial que favorece o sucesso da aprendizagem para se realizar o dia-a-dia operacional dos projetos.

Que tenham, todos os leitores, um ótimo proveito desta relevante publicação.

Darli Rodrigues Vieira e Gilles Caupin

Darli Rodrigues Vieira

- Professor na Universidade Federal do Paraná (UFPR), Ph.D. e Master pela Université Lumière Lyon II (França)
- Consultor nas áreas de Project Management, Logística e Sistemas de Produção
- Conferencista internacional em grandes Fóruns internacionais (Convention AFITEP, Congrès ASLOG, ODETTE Conference etc)
- Primeiro brasileiro membro da Association Francophone de Management de Projet (AFITEP), onde tem participado ativamente de diversas atividades
- Membro da Association Française pour la Logistique (ASLOG)
- Membro do IPMA (International Project Management Association (IPMA)
- Autor de diversos trabalhos sobre Project Management, incluindo a co-autoria do "Dictionnaire de Management de Projet" (Ed. AFNOR, Paris, 2000)

Gilles Caupin

- Atual Chairman do prestigioso Global Project Management Forum
- Consultor Internacional na área de Project Management, com mais de 30 anos de experiência profissional em vários segmentos (nuclear, aeronáutica, militar, telecomunicações etc) e junto de diversas empresas (Dassault Aviation, Procter & Gamble, Thomson Group, EDF, Framatome etc)
- Autor de diversas obras sobre Project Management ("Conduire un projet d'investissement", "Management de projet. Principes et pratiques", "Dictionnaire de Management de Projet" etc)
- Um dos fundadores da Association Francophone de Management de Projet (AFITEP)
- Ex-Chairman e Ex-Presidente do International Project Management Association (IPMA)
- Ex-Chairman do International Cost Engineering Council (ICEC)

1

Conceitos Preliminares

Introdução

O gerenciamento de projeto é uma disciplina que vem sendo formada, há muito tempo, por pessoas de diversas áreas de conhecimento e especializações, em vários países e ambientes, e praticamente em todos os tipos de organizações. Além disso, passou por um período de grande evolução, em conseqüência da enorme extensão das aplicações dos recursos do gerenciamento de projetos nos mais diversos campos, exatamente devido ao alto potencial que proporciona para obter soluções de problemas complexos, em organizações e ambientes dinâmicos, com o emprego de equipes multidisciplinares. É prudente e necessário, portanto, que, precedendo o estudo detalhado da administração por projetos e do processo de gerenciamento de projeto, trate-se de aspectos básicos e de uniformização de conceitos.

Nada mais grave na condução de um projeto do que uma comunicação deficiente, falha e não confiável. Na verdade, tem-se dito que a principal ferramenta do gerenciamento de projeto são as comunicações. Para assegurá-las, será necessário ter-se como ponto de partida um vocabulário consistente, conceitos precisos e uma fluidez de linguagem que permita o entendimento de especialistas de todas as áreas de conhecimento. Este Capítulo é dedicado à exposição de conceitos e definições sobre os pontos mais relevantes, iniciando com os de processo e sistema, de grande importância para o entendimento dos demais assuntos. São ainda estudados, com a necessária extensão, os principais aspectos ligados à organização e as suas interações com o ambiente que a cerca, o que permitirá a boa compreensão do texto que se segue. Outros conceitos mais específicos serão apresentados nos Capítulos apropriados, à medida que novos assuntos venham a ser expostos.

O Capítulo é complementado por um Apêndice que estuda o importante processo de resolução de problemas, do qual faz parte a fase de tomada de decisões, essencial a todos os níveis gerenciais.

Conteúdo

1.1 — Processo e sistema
1.2 — A organização
1.3 — Formas de organização
1.4 — Projetos *versus* operações correntes
1.5 — O moderno gerenciamento de projetos
1.6 — Conclusão
1.7 — Bibliografia
1.8 — Apêndice — Resolução de problemas

Objetivos Gerais

- Conceituar processo e sistema
- Estudar os aspectos principais da organização e apresentar três formas de organização
- Conceituar projetos e operações correntes e focalizar o papel dos projetos na administração
- Apresentar o moderno gerenciamento de projetos
- Estudar resolução de problemas
- Indicar bibliografia

1.1. Processo e Sistema

Atualmente, as conceituações de processo e de sistema são de fundamental importância para a boa compreensão da administração das organizações e para o gerenciamento em geral. Todas as atividades técnicas, gerenciais e administrativas podem ser estudadas sob a forma de processos. Mas o projeto, com as partes constitutivas e a equipe que o executa, a organização que o hospeda e o ambiente que o cerca, também é visto sob o enfoque sistêmico. Esta Seção conceitua estas duas entidades.

1.1.1. Processo

Qualquer trabalho, operação administrativa, função biológica, produtiva, social etc. pode ser considerado como um processo. Entende-se por **processo** um "conjunto inter-relacionado de recursos e atividades que transformam entradas em saídas". As entradas e as saídas são também denominadas insumos e produtos, respectivamente.

Os **recursos** são os meios necessários ao processo e compreendem "gerenciamento, serviços, pessoas, finanças, instalações, equipamentos, técnicas e métodos"[1]. Sinteticamente, os recursos são classificados em três categorias: financeiros, humanos e materiais.

Atividade é "qualquer ação ou trabalho específico"[2] exercido sobre as entradas e executado ou provido pelos recursos, com a finalidade de transformá-los em saídas.

Entrada (ou **insumo**) é tudo aquilo que é fornecido ao processo para:

- utilização (um dado ou informação, uma instrução, um instrumento, um serviço de máquina ou trabalho humano etc.);
- transformação (energia, matéria-prima, por exemplo); ou
- consumo (energia, material de escritório etc.).

Em síntese, pode-se dizer que *entradas* são "documentos ou itens documentáveis sobre os quais as ações serão executadas"[3].

Produto ou **saída** é o "resultado de atividades ou processos, podendo ser: materiais e equipamentos, materiais processados, informações, serviços ou uma combinação destes".

Tanto as entradas quanto as saídas podem ser:

- *tangíveis* (materiais processados, por exemplo); ou
- *intangíveis* (uma informação ou uma decisão, por exemplo).

E o produto pode ser:

- *intencional*, isto é, um bem ou serviço, constituindo o objetivo declarado do processo; ou
- *não intencional*, aquele que se forma e é debitado como resultado não procurado, podendo ter efeitos indesejáveis e perniciosos ou ser valioso (usualmente chamado de subproduto).

O processo e seus componentes podem ser visualizados na Figura 1.1

---

1. INTERNATIONAL ORGANIZATION FOR STANDARDIZATION — ISO. *ISO 10006. Quality management - Guidelines to quality in project management*, 1997. p. 29.
2. HOLANDA, Aurélio B. de. *Novo Dicionário da Língua Portuguesa*. Rio de Janeiro, Editora Nova Fronteira. s.d.
3. PROJECT MANAGEMENT INSTITUTE. *A Guide to the Project Management Body of Knowledge - PMBOK Guide*, Pennsylvania, USA, 2000.

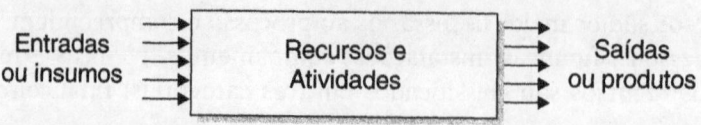

Figura 1.1   Esquema de um processo.

Assim, um processo fica definido quando são descritos ou especificados:

- as entradas;
- os recursos;
- as atividades; e
- as saídas.

Dependendo das conveniências, e segundo uma visão macroscópica, pode-se considerar que um processo seja constituído de vários subprocessos, simplesmente agregando em uma operação de um dado nível (ou complexidade) suas partes constitutivas mais simples. Além disso, é arbitrária a definição sobre qual nível vem a ser um processo, ficando esta decisão dependente do interesse e das conveniências dos que estudam ou manipulam o assunto. Uma grande refinaria de petróleo pode ser considerada um processo, com seus insumos (petróleo, energia, trabalho, conhecimentos etc.) que passam por instalações diversas (os recursos: instalações químicas, mecânicas etc.) segundo técnicas determinadas (as atividades de filtração, destilação, análises, administração/gerência etc.) para produzirem os resultados desejados ou intencionais (os derivados de petróleo) e os não intencionais (resíduos, efluentes etc.). Mas qualquer uma das etapas ou das fases deste grande processo pode ser destacada e considerada isoladamente como um processo em si (a destilação fracionada, por exemplo). A ampliação ou redução do campo de visão pode ser comparada com a utilização de várias cartas topográficas de diferentes escalas: escolhe-se aquela mais adequada da região de interesse, mas pode-se montar um mosaico de partes menores, para construir um todo mais complexo. E em qualquer caso, sempre haverá uma escala inferior e uma superior a esta.

1.1.2. Enfoque Processual

O processo pode ser considerado como a menor entidade que transforma insumos em produto, sendo também utilizada, para isso, a expressão processo unitário.

Grande parte deste livro será dedicada ao estudo das gestões específicas que compõem o gerenciamento de projetos, todas elas apresentadas como uma seqüência de processos, detalhando-se os quatro componentes de cada um: entradas, recursos e atividades e saídas (Capítulo 6 em diante).

Exercício 1.1

A simples operação de "fazer café" pode ser considerada um processo.

- *Descreva este processo, relacionando suas entradas, atividades, recursos e saídas.*
- *Onde possível, classifique estas entidades.*
- *Escolha outro processo de seu interesse e descreva-o segundo seus componentes.*

Sugestão: *Faça o exercício revendo o Subitem 1.1.1.*

1.1.3. Sistema

Sistema é um conjunto organizado, uma combinação ou montagem de entidades, de partes, de processos ou de elementos interdependentes que formam um complexo unitário, podendo comportar diversas dimensões. Nesta acepção, o termo "sistema" cobre um largo espectro, em que o Universo pode ser visto como uma seqüência hierarquizada de *sistemas naturais*, como o nosso sistema solar, um planeta, o sistema da Serra do Mar, uma bacia fluvial, um bosque, uma árvore, um pássaro, um verme etc. Outros sistemas foram construídos por pessoas com fins específicos, os *sistemas artificiais*, como máquinas (um automóvel, um computador ou um liqüidificador), sistemas elétricos (da represa ao consumidor), sistemas de transportes (estradas, aeroportos, estações, veículos), sistemas sociais (clubes, empresas, sindicatos), ramos do conhecimento (matemática, administração) etc.

Sob um ponto de vista mais amplo, ao considerar-se um sistema, é usual incluir seu relacionamento com o ambiente em que está contido. Os sistemas biológicos foram dos primeiros a serem estudados, servindo como ponto de partida para posteriores evoluções para outros campos do conhecimento. Os termos **anatomia**, referente às *partes* constitutivas do sistema e **fisiologia**, que é o estudo do *funcionamento* destas partes, originariamente empregados nas ciências naturais, são hoje de uso geral.

Um sistema artificial é intencionalmente criado como um conjunto de partes, elementos ou componentes inter-relacionados, os subsistemas, e que visa à realização de determinados objetivos ou efeitos situados no meio exterior, no ambiente em que está inserido. Para alcançar os objetivos do sistema, cada subsistema tem seu objetivo próprio e se acha conectado a outro subsistema, do qual recebe os insumos ou entradas.

Para atender as necessidades próprias, com vistas a alcançar seu objetivo, cada subsistema pode atuar sobre o que o alimenta, ajustando as saídas deste, estabelecendo assim, uma cadeia de interdependência de partes interligadas. Esta interdependência foi um dos aspectos estudados inicialmente nas ciências biológicas e constitui o *controle entre subsistemas*, isto é, o sinal ou o comando exercido por um subsistema sobre aquele que o alimenta, a fim de que o recebedor bem desempenhe sua função. Este sinal ou comando é também conhecido como retroalimentação e é a base de tudo quanto se realiza no campo conhecido como da cibernética. Estes assuntos serão desenvolvidos com mais detalhes ao se tratar do planejamento, da execução e do controle do projeto.

Um sistema fica inteiramente definido quando se conhecem:

- seu objetivo, resultado ou efeito sobre o ambiente (sua finalidade e relacionamento externo);
- seus limites ou fronteiras (seu campo de influência e as entidades que o influenciam);
- os subsistemas constitutivos (sua estrutura); e
- as funções e inter-relacionamento de seus subsistemas (funcionamento interno).

1.1.4. Enfoque Sistêmico

Diversas entidades podem ser estudadas sob o enfoque sistêmico, desde que tenham uma finalidade a atingir, uma estrutura (subsistemas) e regras de funcionamento (ações ou atividades e retroalimentações dos subsistemas). Exemplos: uma organização social, um projeto, um microcomputador e seu *software*.

1.2. A Organização

De uma forma sintética, organização "é o ato ou efeito de organizar"[4].

O *ato de organizar* uma entidade consiste em atribuir a ela uma *estrutura* (suas partes — esqueleto e os músculos) e estabelecer as funções das partes (como se interagem, quem faz o que), isto é, seu relacionamento ou *funcionamento* (estrutura organizacional), para que ela cumpra suas missões ou atinja seus objetivos, permanentes ou não.

Como *efeito de organizar*, tem-se a entidade resultante do ato de organizá-la. Sinteticamente, a **organização**[5] é um sistema que tem objetivos específicos e uma estrutura organizacional. Uma definição bastante apropriada para este contexto é a seguinte: "organização: companhia, corporação, firma, empresa ou instituição ou partes destas, pública ou privada, que tem funções e estrutura administrativa próprias"[6].

Em outras palavras, **organizar** consiste em dispor os recursos, os meios materiais e as pessoas e em estabelecer a maneira de interação, de modo a constituir uma entidade pronta para funcionar com vistas a um objetivo determinado. E **administrar**

---

4. HOLANDA, Aurélio B. de. *Novo Dicionário da Língua Portuguesa*. Rio de Janeiro. Editora Nova Fronteira. s.d.
5. O termo *organismo*, sinônimo de organização, é empregado em biologia como organização de um ser vivo. É também empregado para denominar algumas organizações públicas e internacionais.
6. ASSOCIAÇÃO BRASILEIRA DE NORMAS TÉCNICAS — ABNT. *ABNT-ISO-IEC Guia 2 - Termos gerais e suas definições relativas à normalização e atividades correlatas*, 1993. item 4.2, p.3.

(**gerir** ou **gerenciar**), compreende as tarefas de planejar, decidir, implementar as ações conseqüentes com uso dos meios necessários para alcançar seus objetivos.

As organizações como os sistemas, podem ser naturais ou intencionais. As naturais são unitárias: um ser vivo, por exemplo, inclusive cada um de nós — mais chamado de organismo, na biologia — ou sociais (uma família, uma colméia, um formigueiro, um clã de animais, por exemplo). As intencionais ou artificiais compreendem todas as organizações montadas para satisfazer uma necessidade ou cumprir um objetivo, tais como as empresas públicas ou privadas, lucrativas ou não, permanentes (as forças armadas) ou temporárias (um grupo tarefa ou em um projeto) de caráter administrativo (um condomínio residencial) de caráter recreativo ou cultural (clubes, teatros, cinemas).

Este livro volta-se para a aplicação do *gerenciamento estratégico* e da *administração por projetos* em organizações artificiais sociais e em indivíduos, vistos como organização (biológica, social e profissional).

Uma organização artificial social, como já referido, é um instrumento criado por uma pessoa ou um grupo de pessoas e que tem uma missão definida ou uma finalidade a cumprir e objetivos a realizar. A missão da organização pode atender primordialmente às necessidades ou aos desejos dos próprios membros da associação (clube, cooperativa), dos clientes (escola, hospital), dos proprietários ou sócios (empresa privada) ou da sociedade como um todo (partidos políticos, órgãos públicos). É evidente que haverá múltiplos interesses em jogo: um hospital ou uma escola visa atender uma clientela específica mas pode ser, ao mesmo tempo, uma empresa privada ou um órgão público. As partes interessadas em uma organização ou um projeto são estudadas mais adiante (ver parágrafo primeiro de 2.1.3.1).

1.2.1. Missão, Política, Recursos, Estrutura e Funcionamento

Ao se criar uma organização social, deve-se ter em mente a **missão** que ela vai desempenhar, isto é, qual o *propósito* que a impele, o *objetivo* que tem em vista ou qual o *negócio* que pretende realizar. Assim, ao procurar definir a missão de uma organização, é corrente a prática de responder à pergunta: "qual é o nosso propósito?" ou, como é mais comum no âmbito empresarial, "qual é o nosso negócio?".

O texto da missão deve ser feito de forma participativa e deverá ter referências aos clientes (definindo-os), aos produtos e serviços (caracterizando-os), ao mercado (delimitando-o), aos empregados (estabelecendo seus valores para a organização), aos acionistas/proprietários (referindo-se à lucratividade e ao retorno), e a pontos específicos da organização, especialmente quanto à tecnologia, à ética, à cultura e ao relacionamento com a sociedade em geral. Este assunto terá evolução no Capítulo 2, que trata do gerenciamento estratégico.

Uma vez definida a missão, a organização fixa sua **política** que é a arte de estabelecer os objetivos e intenções de uma *organização*, mediante a interpretação de sua missão, seus interesses e aspirações, e de orientar a obtenção ou a preservação daqueles objetivos.

Para aplicar a política e atingir os objetivos, a organização precisa dispor de recursos apropriados, que são as entradas dos processos da organização.

Os recursos podem ser **tangíveis**:

- recursos físicos (instalações, máquinas, equipamentos etc.);
- recursos humanos (técnicos, administrativos, operacionais etc.);
- recursos financeiros (capital, títulos).

E também **intangíveis**, como, por exemplo:

- conhecimentos, habilidades e informações (organizacionais, como um todo, trabalho em equipe, por exemplo, e individuais, de seu recurso humano);
- clientela, relacionamento com o público, com fornecedores, clientes etc.;
- patentes, marcas;
- reputação, crédito etc.

Como parte integrante dos recursos, ressalta-se a **tecnologia**, por sua grande e crescente importância, e que é o conjunto ordenado de conhecimentos científicos, técnicos, empíricos e intuitivos empregados no desenvolvimento, na produção, na comercialização e na utilização de bens ou serviços. Ela é chamada de **tecnologia explícita**, quando existe como conhecimentos ou habilidades de pessoas ou está expressa como informações contidas em documentos tais como relatórios, patentes, instruções, desenhos etc. Há também uma **tecnologia implícita**, aquela que se acha incorporada a bens ou serviços, como em um *"software"*, em uma máquina, um instrumento etc. Um simples condutor elétrico tem nele incorporadas tecnologias de mineração, fusão e refino de cobre, laminação, trefilação etc. A tecnologia existe, portanto, nos recursos humanos e físicos da organização. Mas com recurso financeiro pode-se criar, comprar e alugar tecnologia, pois ela é uma mercadoria como qualquer outra: é produzida, protegida por direitos de propriedade intelectual, vendida, cedida, copiada, roubada, sofre desgaste e torna-se obsoleta.

A aptidão de um conjunto de recursos em executar uma tarefa ou uma atividade para obter um resultado constitui uma dada **capacidade** da organização, tal como uma capacidade produtiva, gerencial, de *marketing* etc. As capacidades, para terem uma utilização racional, precisam estar organizadas, isto é, elas devem estar dispostas em uma estrutura e possuir regras para interagir, ou seja, é necessário que se defina seu funcionamento. Por esta razão, a organização (seja uma grande, pequena ou microempresa, uma instituição pública, uma organização não lucrativa, um clube etc.) é constituída segundo uma **estrutura**, que são as partes integrantes da organização, e tem regras de **funcionamento**, que definem as funções e o relacionamento entre as partes da organização e entre esta e o ambiente. Do ponto de vista da organização estes são seus aspectos essenciais.

Exercício 1.2

Nota: *Este exercício é o primeiro de uma série que visa à aplicação dos conceitos mais importantes aqui expostos. Escolha uma organização que lhe seja familiar (sua empresa, sua escola/universidade etc.) e, se possível, procure conhecê-la melhor a fim de poder realizar os exercícios.*

Qual a missão dessa organização? Apenas delineie por enquanto, para haver coerência na resolução dos exercícios. O tema será refinado em exercício no Capítulo seguinte.

Quais os principais recursos existentes na organização? Identifique-os nas categorias citadas.

Esboce o organograma (a estrutura) e resuma o funcionamento da organização.

Veja se as Figuras 1.2, 1.3 e 1.4 ajudam quanto à estrutura. Se não conseguir esboçar o organograma agora, deixe para depois de ler o Item 1.3.3.

1.2.2. Administração, Gerência e Gestão

Administração, gerência e gestão são sinônimos que estão diferindo apenas quanto ao nível em que se aplicam em uma organização. Adotando a tendência geral, este livro aplica estes termos como se segue:

Administrar e seus derivados (administrador, administração), referem-se aos problemas típicos das organizações: finanças (contabilidade, taxas e impostos etc.), pessoal (efetivos, contratações, direitos e deveres etc.), patrimônio (imóveis, máquinas, veículos), vendas etc.

Gerenciar e seus derivados (**gerente**, gerenciamento, gerência) referem-se às ações situadas em um nível específico da organização: seja um *departamento*: gerência de produção, gerência de *marketing*, seja um *projeto*: gerência de projeto ou no mais elevado nível, voltado para a interação da organização com o ambiente: gerência estratégica.

Gerir e seus derivados (gestor, gestão) referem-se, no âmbito do projeto ou no da administração da organização, a parcelas das atribuições do gerente do projeto ou do administrador, respectivamente. No projeto, a **gestão** é uma das partes da gerência, geralmente delegada pelo gerente, das quais este livro destaca o que chama de *gestões específicas*: gestão dos custos, gestão dos riscos, gestão da qualidade etc. Algumas delas são objeto e títulos das normas ISO, abrangendo toda a organização, como a da qualidade (família de normas ISO 9000), a gestão ambiental (família de normas ISO 14000); ou no âmbito do projeto, como a gestão da qualidade do projeto (norma ISO 10006), a gestão da configuração (norma ISO 10007) etc.

> **Advertência**
>
> Este livro distingue os termos gerenciamento e gerência. **Gerenciamento** é uma disciplina, uma área de conhecimentos: gerenciamento estratégico, gerenciamento de projeto, gerenciamento de marketing etc. E **gerência** é uma função, em que se aplicam objetivamente os conhecimentos, habilidades e recursos de um dado gerenciamento: gerência estratégica, gerência de projeto, gerência de marketing etc.

Assim, o **gerenciamento estratégico** é a arte e a ciência de formular, implementar e avaliar linhas de ação multidepartamentais referentes às interações da organização com seu ambiente para atingir seus objetivos de longo prazo, relativos a seus produtos, mercado, clientes, concorrentes, sociedade etc.

E **gerência estratégica** é a aplicação dos conhecimentos, habilidades e recursos do gerenciamento estratégico em uma organização.

De forma idêntica, o *gerenciamento de projeto* pressupõe, em conseqüência, a definição de um conjunto de conhecimentos, enquanto a *gerência de projeto* consiste na aplicação destes conhecimentos, apoiada por habilidades e aptidões do gerente, para conduzir um determinado projeto.

Renomadas instituições internacionais dispõem de definições precisas destes conhecimentos e, com base nelas, certificam profissionais em gerência de projeto. Todas elas, entretanto, estão desenvolvendo esforços para unificar conceitos, critérios, metodologias etc. a fim de uniformizar a profissão de gerente de projeto. Entre elas, citam-se duas de maior expressão: o Project Management Institute — PMI[7], que edita *"A Guide to Project Management Body of Knowledge* — PMBOK *Guide"*[8] e o International Project Management Association — IPMA[9], que publica o *"IPMA Competence Baseline"*. O PMI, até o momento da edição deste livro, dispunha de três organizações brasileiras já constituídas[10] (*"Chapters"*) e outras em fase de constituição.

1.2.3. Níveis Gerenciais

Uma vez constituída a organização, ela precisa ser posta a funcionar e seus responsáveis, para alcançar as finalidades e em face dos acontecimentos, precisam resolver problemas, tomar decisões e, para implementá-las, devem utilizar os recursos humanos, materiais, habilidades e conhecimentos etc. Para isso fazem uso de técnicas de

---

7. Endereço: PROJECT MANAGEMENT INSTITUTE, Four Campus Boulevard, Newtown Square, PA 19073-3299 USA. Endereços eletrônicos: Sites — Geral: www.pmi.org. Livraria: www.pmibookstore.org. E-mail: pmihq@pmi.org.
8. Traduzido para o português pelo PMI em S. Paulo como "PMBOK — Guia para o corpo de conhecimento em gerenciamento de projetos".
9. Endereço: INTERNATIONAL PROJECT MANAGEMENT ASSOCIATION, PO Box 30, Monmouth NP25 4YZ, United Kingdom. Site: www.ipma.ch. E-mail: ipma@btinternet.com.
10. Endereços eletrônicos: S. Paulo - sabbag@fgvsp.br. Rio de Janeiro – abrantes@promon.com.br. Minas Gerais – rvargas@aec.com.br.

administração, entendida esta como o processo de tomar decisões sobre objetivos e recursos e implementá-las. É uma definição muito ampla que cobre um espectro muito largo. Para distinguir partes ou facetas da administração, ela recebe qualificativos, como administração da produção, administração dos recursos humanos, administração financeira etc.

Convém abordar a administração segundo três níveis, mais correntemente chamados de gerências:

- **Gerência estratégica**, incumbida de formular, implementar e avaliar linhas de ação multidepartamentais referentes às interações de uma organização com seu ambiente para atingir seus objetivos de longo prazo, relativos a seus produtos, mercado, clientes, concorrentes, sociedade etc. O Capítulo 2 é dedicado ao gerenciamento estratégico[11].

- **Gerência administrativa**, voltada para que a estrutura e o funcionamento da organização proporcionem condições para a obtenção dos melhores resultados na consecução de seus objetivos. De um lado, cuida dos recursos ligados à *estrutura*, como os financeiros, materiais e humanos, sua obtenção, desenvolvimento, utilização etc. De outro lado, trata de aspectos relacionados ao *funcionamento*, como autoridades e responsabilidades, fluxos de trabalho e de comunicações etc.

- **Gerência operacional**, vem a ser o processo de decidir e maximizar a conversão dos recursos e capacidades da organização em produtos ou serviços, dedicando-se às operações correntes, conceituadas logo a seguir. Envolve-se com as áreas operacionais, linhas de produção e de prestação de serviços, controle e garantia da qualidade etc.

Os gerentes de cada um dos níveis citados estão continuamente resolvendo problemas, para o que devem tomar decisões de diversas naturezas, distinguindo-se assim as decisões estratégicas, as administrativas e as operacionais.

A resolução de problemas, assunto desenvolvido no Apêndice deste Capítulo, é um processo que comporta as seguintes fases:

- *estruturação do problema*: reconhecimento e identificação do problema e estabelecimento de alternativas de solução;
- *tomada de decisão*: escolha de uma das alternativas; e

---

11. O termo **estratégia** refere-se ao emprego de recursos e seleção de rotas para enfrentar situações existentes no ambiente da organização. Por extensão, ele é aplicado a todos os tipos de problemas (internos à organização, familiares, pessoais etc.), com o mesmo significado, abrangendo meios e modos de atingir um objetivo. O Capítulo 2 é dedicado a este assunto.

♦ *implementação da solução*: execução da alternativa selecionada e verificação dos resultados.

A execução da alternativa selecionada pode caracterizar-se como sendo:

1. *Ato administrativo ou operacional*. Em geral são providências um tanto rotineiras, cuja execução seja de pequena complexidade revestindo-se de contornos muito simples, não requerendo maiores preparações. Como exemplo citam-se a aquisição de um bem, a contratação de uma pessoa, uma pequena mudança de disposição interna, fechamento de um contrato, uma pequena substituição de material etc.
2. *Operação corrente*. Quando a solução é obtida por meio de uma atividade permanente ou de longa duração, no mais das vezes, sem prazo para conclusão: operação de uma nova linha de produção ou de prestação de um novo serviço.
3. *Projeto*. Aqui a solução envolve a realização de um projeto, isto é, um empreendimento executado por uma equipe temporária e que visa criar um produto ou serviço singular, geralmente com restrições de prazos e custos. Como exemplo, citam-se modificações de certa monta na linha de produção, uma campanha de *marketing*, expansão de mercado, introdução de um novo produto, uma reestruturação de parte da organização, o preparo de um esforço de capacitação de recursos humanos etc.

Mas é comum a combinação de duas ou mais modalidades destes tipos, na implementação da solução: um projeto da nova linha de produção, incluindo vários atos administrativos e, uma vez pronta, passa-se à operação corrente da nova linha.

As **operações correntes** (ou simplesmente operações) são constituídas de vários processos produtivos e/ou administrativos executados por equipes permanentes dedicadas a cada um dos processos, metodicamente repetidos, com o objetivo de produzir os mesmos bens ou serviços. As operações constituem o trabalho característico das fábricas de bens de consumo (automóveis, medicamentos, produtos eletroeletrônicos de entretenimento etc.), das instituições prestadoras de serviços (saúde, ensino, transportes, comunicações), das empresas fornecedoras de energia (eletricidade, combustíveis), do comércio, dos bancos etc. Outros tipos de operações são as atividades da administração: administração de pessoal, finanças, compras etc.

O **projeto**[12], como já visto, é "um empreendimento temporário realizado para criar um produto ou serviço singular"[13]. Compreende ações não rotineiras, não repe-

---

12. Embora sendo termo de acepção mais abrangente, sem as características peculiares de projeto, como sua temporariedade e seu produto singular, há quem utilize "empreendimento" como referindo-se a projeto.
13. PROJECT MANAGEMENT INSTITUTE. *A Guide to the Project Management Body of Knowledge — PMBOK Guide*, Pennsylvania, USA, 2000, p. 4 e 6.

titivas, que visam à criação de bens ou serviços singulares sendo que cada projeto consiste em um "pacote de trabalho" distinto dos demais trabalhos. Por singular, entende-se que seus produtos são *diferentes* de tudo quanto tenha sido obtido antes. Mas pode ser necessário produzir mais de um exemplar, como uns poucos protótipos de um veículo para ensaios e aceitação ou milhares de drágeas de medicamento ou de balas de metralhadora.

Como exemplo de projetos, citam-se as tarefas das empresas de engenharia de construção, da indústria espacial, dos laboratórios de pesquisa e centros de desenvolvimento de novos produtos ou processos, o preparo de uma campanha de *marketing*, de um ciclo de treinamento etc.

1.2.4. Planos, Programas e Subprogramas. Execução e Controle

Cada nível gerencial está empenhado em alcançar os objetivos estabelecidos no processo decisório, e que se realizam especialmente por meio de projetos e de operações correntes.

O documento que consubstancia as decisões, tomadas em um determinado momento, em cada um dos níveis, e que visa à consecução de objetivos finais a serem alcançados em determinado período denomina-se **plano**, geralmente com um qualificativo referente ao respectivo nível. Assim, uma organização disporá de um plano estratégico, um plano operacional e um plano administrativo. Cada plano será composto de *projetos* e de *operações correntes*, normalmente estruturado em **programas** que são subdivisões que permitem agrupar as decisões e as ações por áreas afins ou por objetivos setoriais ou objetivos relacionados entre si. Se conveniente, os programas ainda podem ser subdivididos em **subprogramas**, estes, então, com seus respectivos projetos e operações. Neste conceito de programa, como parte de um plano, a administração descentralizada poderá ser feita por gerentes de programas. Como exemplo, um plano administrativo poderá ter um programa denominado "Recursos humanos", do qual farão parte *projetos* de preparação de cursos e treinamentos que, por sua vez, darão origem a *operações* de realização propriamente dita destes cursos e treinamentos. "Manutenção" poderá ser outro exemplo de programa.

Embora sempre inter-relacionados, a organização poderá ter outros tipos de planos, como, por exemplo, os planos setoriais, referentes a partes da organização. Os planos poderão compreender diferentes períodos de tempo, como planos qüinqüenais, trienais, anuais etc.

As operações e os projetos, uma vez planejados, entram em **execução**, que é a fase em que se cumprem as prescrições e os requisitos expressos no plano. Simultaneamente à execução, concorre outra fase, a de **controle**, que é um processo que tem por objetivo ajustar o realizado, durante a execução, com o planejado e que consiste nas seguintes partes:

1. **Acompanhamento** (ou monitorização) — coleta ou aquisição de dados ou informações sobre o andamento;
2. **Avaliação** — comparação da situação real com a planejada, identificação de desvios, alternativas de correções;
3. **Decisão** — seleção das alternativas de correções e determinação das providências decorrentes; e
4. **Retroalimentação** — ação sobre a execução e, se necessário, replanejamento.

O controle estará presente em todas as partes do projeto, sendo cerradamente coordenado pelo sistema geral de controle de mudanças, a cargo da gestão da integração (6.3).

As **auditorias** complementam o controle, pois elas determinam se atividades, processos e seus resultados estão de acordo com as disposições planejadas, se estas foram implementadas com eficácia e se são adequadas à consecução dos objetivos. Elas são feitas pelo pessoal da organização — *auditorias internas* — e podem ser executadas por pessoas ou grupos estranhos à organização e ao projeto — *auditorias independentes*. Da mesma forma, as revisões internas são complementadas pelas revisões independentes (ver 2.2.1.2).

Exercício 1.3

Identifique, na organização objeto de sua escolha, onde se situam os níveis da gerência estratégica, da gerência administrativa e o da gerência operacional.

Identifique as operações em curso e verifique se há projetos em andamento.

Identifique, mesmo que não explícitos, os planos e programas.

1.3. Formas de Organização

Como foi visto, as organizações têm uma *missão* declarada, uma *estrutura* e um modo de *funcionamento* estabelecidos e recursos para obtenção de resultados ou produtos. A combinação de variações dos três aspectos básicos determina alguns modelos ou formas de organizações. A seguir, serão brevemente mostrados os aspectos fundamentais da organização departamental ou funcional, da organização por projetos e da organização matricial.

1.3.1. Organização Departamental

Uma das formas de organização mais antigas e que foi enfatizada com o advento do tratamento científico da administração, por volta do início do século XX, é a que se baseia na divisão do trabalho, por categorias, especializações ou funções, sendo a autoridade distribuída em níveis hierárquicos e com ênfase na supremacia do órgão, com pouca atenção para as pessoas. Esta é conhecida como organização departamental, funcional ou formal e o chefe de cada um destes níveis é denominado **"gerente funcional"** ou gerente departamental, no mais das vezes, reservado à chefia dos departamentos, como os níveis funcionais mais elevados. Mais tarde, outros enfoques tiveram efeitos maiores ou menores sobre esta forma de organização, como os aspectos humanistas e os da ênfase sistêmica, tingindo a organização departamental com estes aspectos.

A organização departamental parte do princípio de que a administração de um empreendimento que se propõe a permanecer operando sem prazo previsto para seu término, ou seja, incumbido de operações correntes, como visto, torna-se mais eficiente quando se separam as funções que compõem o espectro do trabalho da organização.

1.3.1.1. Estrutura

Esta divisão de trabalho ou diferenciação pode ser *horizontal*, quando se incumbem partes específicas dos trabalhos da organização a "departamentos"[14] nos quais os recursos humanos e materiais, os conhecimentos e habilidades são agrupados de acordo com características bem determinadas, segundo alguns critérios. Desta forma, os "departamentos" são organizados:

- por especializações profissionais: contabilidade, engenharia, produção, vendas;
- por produtos: as diferentes "marcas" de automóveis de uma montadora;
- por clientela: roupas masculinas, femininas, de crianças etc.;
- por processo: fundição, pintura, soldagem; e
- por região geográfica: serviços na capital, no interior do Estado, no exterior.

A diferenciação também pode ser *vertical*, subdividindo os "departamentos" em unidades menores, observados os critérios mais convenientes para cada caso: um departamento de vendas pode ser subdividido em seções que atendem diferentes regiões geográficas: regiões sul, centro-oeste, nordeste etc.

A organização departamental tem uma estrutura típica correspondente ao organograma da Figura 1.2, que reflete a divisão de trabalho ou as diferenciações em que foi baseada.

---

14. Departamento é um nome genérico, podendo compreender, em um alto nível, vice-presidências ou diretorias, geralmente em nível superior aos comumente denominados por departamentos, mas também seções, escritórios, oficinas, depósitos etc. abaixo destes.

Figura 1.2 Estrutura departamental ou funcional.

1º Nível → DIREÇÃO
 — ASSESSORIA
2º Nível →
3º Nível → Dept. Adm. | Dept. Engenharia | Dept. Produção | Dept. Comercial | Dept. XYZ
 Seções | Seções | Seções | Seções | Seções

1.3.1.2. Funcionamento

Em uma organização departamental, essencialmente voltada para operações correntes, rotineiras e repetitivas, os departamentos e suas subdivisões trabalham independentemente das outras partes, sendo, ao mesmo tempo, fornecedoras e/ou clientes, umas das outras.

Assim, o órgão de compra supre o almoxarifado que atende pedidos de um órgão de produção. Este executa o processamento de sua especialidade sobre o material e passa o produto intermediário ao órgão seguinte, até que outros integrem ou montem as partes em subsistemas, assim prosseguindo com vistas à obtenção do produto final. Este é repassado aos órgãos de comercialização, que os levam aos clientes ou compradores, em uma seqüência que é repetida indefinidamente. Como já mencionado, esta repetição se processa não somente nas áreas de produção mas também nas de caráter administrativo. Um departamento de contabilidade conclui o balanço anual e publica-o, dando por encerrado este ciclo, e passa a preocupar-se com os balancetes mensais do novo ano fiscal para encerrá-lo com seu balanço final, neste repetitivo ciclo anual.

1.3.1.3. Hierarquia, Autoridade e Responsabilidade

As organizações funcionais são, em essência, baseadas em uma estrutura hierárquica, ou seja, há uma seriação de níveis de chefias, comandos ou direções, a cada um dos quais é atribuída uma autoridade e a responsabilidade decorrente. Cada parte da organização, em seus diferentes níveis, tem um chefe e, vinculados a este, há outros chefes e trabalhadores, estes geralmente designados por servidores, funcionários ou subordinados. A intensidade da hierarquia e sua profundidade na organização (o número de níveis hierárquicos da estrutura) variam extensamente.

A **autoridade** é o direito ou poder de se fazer obedecer, de dar ordens, de tomar decisões, de agir etc. A autoridade varia conforme os diferentes tipos de sociedade[15],

---

15. WEBER, Max. Os Três Aspectos da Autoridade Legítima, apud ETZIONI, A. *Organizações Complexas*. São Paulo, Atlas, 1965. p. 17.

como na *sociedade tradicional*, que decorre dos hábitos, dos usos e dos costumes: na família, na tribo, no clã, na sociedade medieval etc. Na *sociedade carismática* há líderes, como em partidos políticos, seitas religiosas, grupos revolucionários, nações em revolução etc., com autoridade sobre seus seguidores. Por fim, tem-se a *sociedade legal, racional ou burocrática*, na qual a autoridade é atribuída por disposição legal, como nos estados modernos, nas empresas, nas forças armadas, definida a partir de documento de instituição legal da organização e documentos decorrentes, como lei e decreto, regimento interno, convenção de condomínio, as descrições de cargos etc.

A cada nível de autoridade correspondem obrigações e deveres de executar ou controlar certas tarefas ou atividades, pelas quais ela é obrigada a responder perante o nível de autoridade superior na hierarquia da organização. Enquanto a autoridade procede do superior, a **responsabilidade**, em contrapartida, é a exigência da realização das obrigações que o subordinado deve realizar e prestar a seu superior.

É evidente que deverá haver um equilíbrio entre a autoridade atribuída e a responsabilidade devida. A cada natureza e abrangência de uma autoridade atribuída, deverá haver a equivalente prestação de contas do resultado decorrente desta atribuição. Por outro lado, não se poderá exigir resultado nem responsabilidade, se não houver a necessária autoridade para obtê-lo e para mandar realizá-lo.

1.3.1.4. Projetos na Organização Departamental

A organização departamental não é propícia à execução de projetos que envolvam funções ou especializações existentes em vários departamentos. Nela, a participação de especialistas dos diversos departamentos deve ser feita por intermédio dos respectivos chefes, observando a cadeia hierárquica, com escasso ou nenhum contato ou comunicação entre especialistas de diferentes departamentos.

Qualquer tipo de trabalho que venha a ser atribuído, que envolva mais de um departamento e que esteja fora deste quadro é considerado uma anomalia ou uma excrescência — a organização funcional não foi feita para responder a solicitações extemporâneas, e, em consequência, não está preparada para executar outro trabalho interdepartamental que não o correspondente ao processo produtivo. Se vier a ocorrer, as tarefas só podem ser atribuídas pelo chefe geral aos departamentos envolvidos e seus resultados são por ele integrados. Mas estes procedimentos, com os diversos vai-e-vem das comunicações por meio dos canais hierárquicos, não são capazes de dar pronta resposta a problemas que exijam cooperação de vários departamentos.

Qualquer trabalho interdepartamental, com a cultura existente nas organizações funcionais, sempre foi visto como um estorvo, com pessoas "estranhas" ocupando tempo das pessoas do departamento, precisando de máquinas, requisitando partes de trabalhos, ocupando espaços, trazendo e levando informações. A cultura funcional toma isto como uma violação de suas intimidades. O estado de espírito daqueles membros do departamento deve ser semelhante ao de um acomodado gato doméstico em um dia de faxina, com pessoas estranhas que invadem "seus" domínios, "suas" coisas são remexidas, ele é deslocado de "seus" lugares, há ruídos perturbadores por todos os lados etc. Mesmo nas organizações em que exista um departamento de projeto, em geral não auto-suficiente, suas tarefas ainda necessitam percorrer um longo trajeto de idas e vindas, com os conseqüentes retardos do tempo da solução.

1.3.2. Organização por Projeto

Para obstar estes problemas, foi criada uma outra solução, a **organização por projeto**, que consiste em organizar uma equipe temporária e chefiada por um gerente, exclusivamente dedicada à execução de um projeto. Na realidade, trata-se de criar mais um "departamento", cuja diferença dos demais reside em ser multifuncional e temporário. Seu gerente tem ampla autoridade sobre sua equipe que, em geral, é formada por pessoas deslocadas de seus departamentos de origem para trabalhar exclusivamente no projeto, enquanto este estiver em execução, podendo haver, ainda, contratação de pessoas para compor esta equipe de projeto. Também é muito comum o projeto utilizar de serviços e tarefas, às vezes de grandes dimensões, na forma de contratações de terceiros. Mas, uma vez terminado o projeto, a equipe é dissolvida, com seus componentes voltando às origens. Este tipo de estrutura é conhecido como "estrutura por projeto", em contraposição à estrutura departamental.

Uma estrutura organizacional por projeto é mostrada na Figura 1.3, em que se vêem os gerentes funcionais A, B e C, e, em paralelo, o gerente do projeto X. Compare com a Figura 1.2 que esquematiza a estrutura departamental.

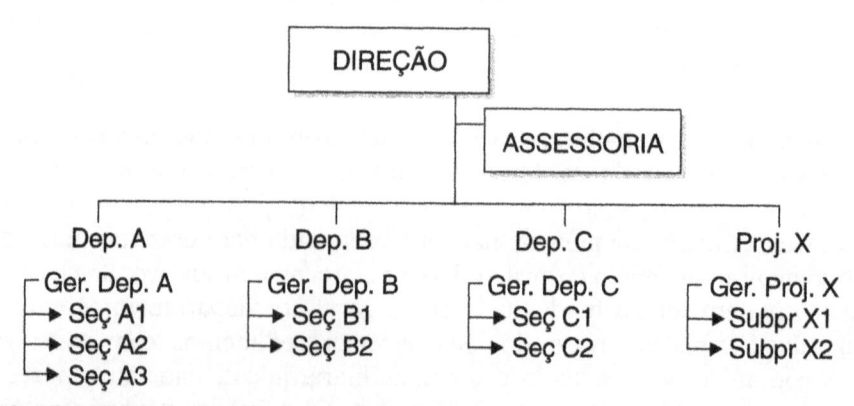

```
                    DIREÇÃO
                       |
                    ASSESSORIA
   _____|_____
   |           |           |           |
 Dep. A      Dep. B      Dep. C      Proj. X
 Ger. Dep. A  Ger. Dep. B  Ger. Dep. C  Ger. Proj. X
 → Seç A1    → Seç B1     → Seç C1     → Subpr X1
 → Seç A2    → Seç B2     → Seç C2     → Subpr X2
 → Seç A3
```

Figura 1.3 Estrutura por projeto, em uma organização departamental.

A estrutura por projeto tem nítidas vantagens quando comparada com a execução de projeto em uma organização departamental: o gerente tem autoridade sobre os recursos humanos, financeiros e materiais à disposição do projeto. As comunicações são mais expeditas e o trabalho entre especialistas flui com maior rapidez. Em suma, a integração é obtida sem as dificuldades inerentes à execução em estrutura departamental, por não violar a "cultura funcional", preservando o "status" intocável dos departamentos e os vínculos hierárquicos nele existentes. Por outro lado, ela traz alguns problemas: nem todos os profissionais postos à disposição do projeto são integralmente utilizados, podendo haver ociosidade em diversas ocasiões e em vários graus. Além disso, o trabalho dos especialistas geralmente não é tecnicamente supervisionado pois é executado fora do alcance da hierarquia funcional do departamento de sua especialização.

Em organizações tipicamente voltadas para projetos, tais como as de construção civil, poderá haver grande número de "estruturas de projeto", cada uma delas dedicadas a uma obra, localizada no seu "canteiro de obras", e em diversos estágios de evolução.

1.3.3. Organização Matricial

Para combinar as vantagens de cada forma de estrutura, sem arrastar suas desvantagens, foi imaginada, implantada e está sendo praticada, há tempos, a estrutura matricial que consiste em superpor uma estrutura de projeto à estrutura departamental. A resultante deste artifício consiste em se ter uma equipe de projeto cujos componentes devem atuar na medida das necessidades do projeto e sob a coordenação do gerente deste, mas sem perder o vínculo com seu departamento.

A Figura 1.4 mostra os Projetos X, Y e Z "cruzando" a estrutura departamental formada pelos departamentos A, B, C e D. É como superpor os projetos da Figura 1.3, depois de sofrer um giro de 90°, a uma estrutura departamental como a da Figura 1.2.

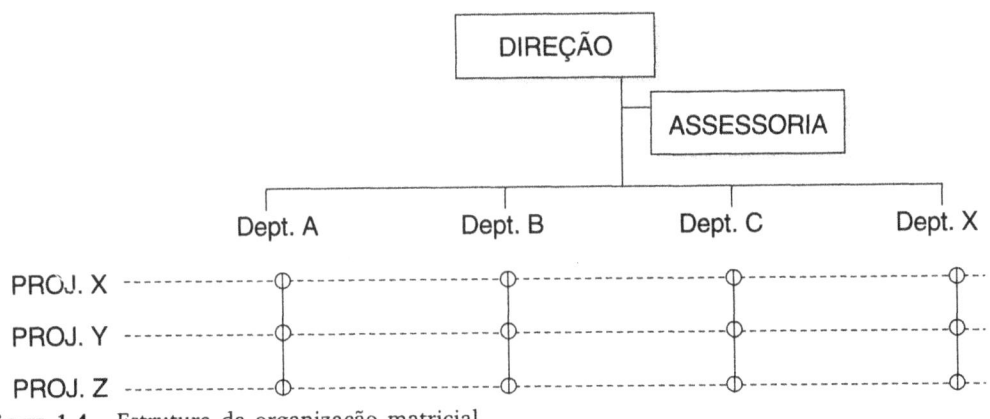

Figura 1.4 Estrutura da organização matricial.

Observa-se de imediato o inconveniente intrínseco à estrutura matricial que é a perda da unicidade de chefia: em alguns momentos um profissional reporta-se a seu chefe de departamento e em outros, ao gerente do projeto. Isto é uma violação inconcebível para aqueles aferrados à estrutura hierarquizada e departamental. Muitas pessoas, nos estágios evolutivos das organizações, simplesmente recusaram-se a trabalhar desta maneira, por problemas culturais, pessoais e da organização, e por falta de adequada preparação. Assim, os chefes sentiam-se diminuídos e desprestigiados com "interferências" em seus redutos e na prestação de serviços, por parte de seus subordinados, para "estranhos". Por sua vez, sem uma clara distribuição de autoridade e responsabilidade, os profissionais ficavam confusos, sobre a quem prestar contas e quais, dentre seus chefes, serão os que, realmente avaliarão seu desempenho para fins de recompensas, promoções etc.

As organizações que correntemente trabalham com projetos, com o tempo, suplantaram estes obstáculos, não existindo mais estranheza no fato de alguém trabalhar simultaneamente no seu departamento e em um projeto e, com freqüência, em vários projetos ao mesmo tempo!

Exercício 1.4
Se você não esboçou o organograma do exercício 1.2, é hora de fazê-lo. Se o fez, quer revisá-lo?

1.3.4. Cultura das Organizações

A verdadeira dificuldade não está em aceitar idéias novas. Está em escapar das idéias antigas.
John Maynard Keynes (1883-1946)

1.3.4.1. O Poder da Cultura

Para melhor compreender as evoluções organizacionais em ocorrência a partir de umas poucas décadas, convém atentar para a **cultura** desenvolvida por um grupo social, entendida esta como a totalidade ou o complexo de padrões de comportamento, das crenças, das instituições e de outros valores espirituais e materiais desenvolvidos pelo grupo social ao longo do tempo, e transmitidos coletivamente, tornando-se características deste grupo social.

Todas as coletividades desenvolvem suas culturas próprias e elas manifestam-se em seus valores, nas expectativas, nas suas políticas e procedimentos. São conhecidas e estudadas as culturas das diversas civilizações em suas fases e sociedades, das organizações políticas, religiosas e étnicas, das *gangues* de adolescentes, de sociedades marginais ou criminosas, das máfias etc.

São condições muitas vezes tão arraigadas que se tornam inamovíveis. As organizações também têm suas culturas, desenvolvendo ou adotando suas crenças e valores, símbolos, heróis, mitos, linguagens ou espécies de "dialetos" coloquiais, técnicos, administrativos etc.

1.3.4.2. A Cultura da Organização Funcional

A organização funcional, como foi visto, é baseada na divisão do trabalho, na hierarquia e na burocracia[16]. Assim, as peças estruturais são os departamentos e suas frações, cada uma das quais devotada ao trabalho em uma determinada área ou especialização, rigidamente ligadas por vínculos hierárquicos em que as linhas de comunicações são verticais, no sentido chefe-subordinado e vice-versa. Uma informação ou uma questão oriunda em um órgão e dirigida a órgão de outro departamento deverá ser encaminhada pelas chefias ascendentes até o chefe do respectivo departamento que se ligará com seu colega lateral. Este a encaminhará por meio dos denominados "canais competentes" até que a informação chegue a seu destino. O retorno, se houver, cumprirá o caminho inverso.

Em cada nível da hierarquia, os chefes são ciosos de "seu" pessoal, de "suas" instalações, de "seu" instrumental e de "suas" informações. De fato: eles têm plena autoridade sobre seus órgãos a fim de cumprir seus programas de trabalho, mas se, em contrapartida, eles são responsabilizados e cobrados, por que admitir interferência em "seus" domínios?

Isto desenvolve uma ligação muito intensa entre subordinado e superior, especialmente quanto aos aspectos de dependência profissional. Trabalhando somente para o chefe (como de fato é encarada esta situação), o subordinado tem sua carreira dependente de avaliação e julgamento do chefe, especialmente quanto a reconhecimento de seus méritos, promoções, prêmios e, por que não?, punições e demissão.

Neste ambiente, quando muito acentuadas suas características, até mesmo a simples e desejada apresentação de sugestões passa a ser tomada quase como insubordinação. Quem quiser coletar anedotas, cartuns e charges sobre o tema, facilmente organizará um álbum em pouco tempo[17].

Para exemplificar a enorme força da cultura de uma instituição pode-se pinçar um exemplo cujo resultado, provavelmente, acha-se à vista do leitor, em seu próprio microcomputador.

Exemplo de cultura organizacional da IBM: os mainframes e o IBM/PC

Os cientistas, engenheiros, técnicos e administradores da IBM desenvolveram a crença de que o futuro dos computadores estava nos *mainframes*, cada vez maiores, mais potentes e mais rápidos. Tudo mais era considerado como mero peri-

---

16. O termo burocracia tem uma conotação pejorativa mas aqui é empregado na acepção dada no estudo da organização departamental ou formal e que aponta para a supremacia da repartição, o *"bureau"*.
17. Para citar alguns: o perverso Rei, da tira "O Mago de Id", de Parker & Hart (em publicação no *Jornal do Brasil*), justifica, perante um atônito carrasco, a razão de não haver enforcamento naquele dia: "A caixa de sugestões estava vazia". Outra: ao depositar sua contribuição na caixa intitulada "Sugestões", o empregado a vê sair pelo fundo desta para cair noutra, logo abaixo, a de "Demissões". A última: um executivo, ao sair de sua sala de trabalho no fim do dia, passa pela faxineira e recomenda: "Não se esqueça de esvaziar a caixa de sugestões".

férico, inclusive os microcomputadores, em seu incipiente aparecimento. Tendo decidido investigar e investir neste campo, a IBM teve de deslocar uma equipe para longe de sua matriz, criando um projeto designado por "Unidade independente de negócios" e ligado diretamente ao Presidente da empresa, para desenvolver o que viria a ser, mais tarde, o padrão IBM para os computadores pessoais. Esta foi a maneira de fugir da opressiva crença nos *mainframes*, o que, entretanto, acarretou um pesado custo à IBM: não tendo acesso aos colegas da própria empresa, como os especialistas em sistemas operacionais para computadores e em componentes e dispositivos semicondutores, a equipe de desenvolvimento do PC-IBM teve de se valer de competências externas à empresa, como a Microsoft, que desenvolveu os sistemas operacionais (DOS e, mais tarde, o Windows), e a Intel, que ficou com os componentes do *hardware*.

Por uma intransponível barreira cultural, hoje temos o PC padrão IBM com *softwares* da Microsoft e com o famoso emblema *"Intel inside"*.

Exercício 1.5
Releia a definição de cultura, no início de 1.3.4.1 e procure caracterizar a existente na organização de sua escolha.

1.4. Projetos *Versus* Operações Correntes

As duas formas de trabalho executadas pelas organizações, projetos e operações correntes, já foram apresentadas e caracterizadas. Neste ponto, parece conveniente estabelecer um paralelo entre projetos e operações, quanto a finalidades, equipes executoras, a administração e o gerenciamento, resumindo muito do que já foi exposto sobre estas duas entidades.

1.4.1. Características Gerais

As operações correntes, como se viu, com sua seqüência de processos repetidamente executados, geralmente são distribuídas a órgãos incumbidos da execução de tarefas especializadas, sob a denominação genérica de "departamentos". As equipes dos departamentos geralmente pertencem a uma mesma especialização, exercendo funções de uma mesma área profissional: contabilidade, marketing, engenharia (com suas especializações), produção (obras, mecânica, eletricidade, *software*), vendas, manutenção etc. Os produtos das operações, repetidamente reproduzidos, podem ser fabricados em largas quantidades, como aqueles oriundos das linhas de produção em série ou podem ser fabricados em lotes de tamanhos variados, como em algumas indústrias semi-artesanais (móveis, vestuário, joalheria etc.).

O projeto, por ser temporário, é executado por uma organização transitória e tem início e fim predeterminados. Em geral, e ao contrário das equipes funcionais, especializadas e permanentes, as equipes de projeto congregam profissionais de diversas especializações, formando equipes multifuncionais ou multidepartamentais.

Na execução das operações, com o passar do tempo, ocorre uma aprendizagem que incorpora melhoramentos nos processos administrativos e produtivos, na economia e na qualidade do produto ou da prestação de serviços. Na execução de projetos, a aprendizagem é feita, na maioria das vezes, após seu término, para incorporar o melhoramento nos projetos seguintes, especialmente nas etapas de planejamento e de controle, coligindo as "lições aprendidas" nas execuções anteriores.

Os produtos das operações são obtidos uniforme e constantemente como resultados que fluem dos processos operacionais. Enquanto as operações estiverem em ação, os produtos estarão sendo obtidos. O produto de um projeto só é obtido ao término deste. Enquanto em execução, o projeto não alcança seu resultado e, em muitos casos, encerra riscos em não obtê-lo como inicialmente desejado.

Nas operações, as tarefas são *repetitivas* — Nas operações, as tarefas são sempre rotineiras, repetindo-se constantemente, sem previsão de um fim deliberado. A repetição das tarefas pode ter ciclos muito curtos, como poucos minutos, em uma montagem de componente de circuito eletrônico; de maior duração, como em uma consulta médica; de algumas horas, para uma cozinha de um restaurante e de até um ano inteiro, como em alguns ciclos das indústrias agropecuárias. Mas cada uma delas, independente da duração do ciclo a que estão sujeitas, obedece aos mesmos procedimentos que lhe são peculiares, admitindo-se variações para acomodá-los a circunstâncias nem sempre esperadas.

No projeto, as tarefas são *inovativas* — Por ser um empreendimento que difere de todos os antecedentes, por seus objetivos, por suas restrições de tempo e custos, o projeto necessita ser cuidadosamente planejado, submetido a avaliações e replanejamentos, às vezes com mudanças significativas de processos, de materiais, de pessoas e de metodologias, entre outras, a fim de alcançar o objetivo. Os trabalhos ou as tarefas executadas pelos participantes dos projetos são originais, e, em geral, nunca se repetem da mesma forma, a não ser em casos de necessidade de comprovação ou de amostragens a obter.

1.4.2. Finalidades

Os projetos têm por finalidade criar algo ainda não existente, seja um produto ou um serviço, enquanto a operação produz repetitivamente um dado produto ou presta continuamente um serviço. A operação é conseqüência de um projeto (que gera um novo produto ou serviço) e utiliza o resultado de outro projeto (uma nova linha de produção que vai concretizá-lo ou as instalações prestadoras de serviço). Em outras palavras, os projetos dão origem a uma nova operação, novo produto ou concorrem para significativos melhoramentos naqueles já existentes.

1.4.3. Equipes

A equipe da operação é *funcional* e *permanente*: o executante de uma operação, *tem* um cargo ou uma função — ele *é* chefe de tal setor ou *é* membro de tal equipe. Mas a equipe do projeto é *multidisciplinar* e tem uma *vida limitada* à duração do projeto, isto é, o executante de um projeto *está* em uma posição transitória — ele *está* chefiando um grupo ou *está* desempenhando certa tarefa em uma equipe transitória.

A equipe das operações *reside* em escritórios, oficinas, lojas, tendo seus espaços definidos, com suas máquinas, ferramentas, arquivos etc., enquanto a equipe do projeto como que *acampa*, ocupando provisoriamente espaços alheios, trabalhando "sobre andaimes" e com máquinas e ferramentas emprestadas, no mais das vezes.

A equipe de projeto é extinta com a obtenção de seu resultado mas a operação sobrevive a suas criaturas: quando um produto deixa de ser fabricado, geralmente a operação adota outro mais aperfeiçoado e prossegue o trabalho. Ao se dar início a uma operação, não se tem em vista qualquer prazo para seu término, mas um projeto, desde sua partida, tem um limite de vida prefixado.

1.4.4. Administração, Gerência e Execução

O âmago da operação reside na *gestão de processos*, para observar a exatidão de seus resultados, enquanto o projeto consiste essencialmente na *gestão de pessoas*, para obter o máximo de suas habilidades e conhecimentos.

O gerente funcional ou operacional incentiva e premia a constância dos procedimentos, das normas, dos materiais, dos recursos e das atividades. O trabalhador nesta organização é, em conseqüência, um conservador. Mas é também um perfeccionista ao procurar otimizações do processo por meio de ajuste nos procedimentos, alcançando lentas evoluções.

Por outro lado, o gerente do projeto está permanentemente mudando as coisas preestabelecidas para manter o rumo ante os percalços e os resultados obtidos, à medida que o trabalho avança. E isso exige, em conseqüência, que os membros de sua equipe tenham elasticidade, espírito inventivo e capacidade de dar pronta solução a problemas novos, o que significa a adoção de rápidas evoluções quando não de revoluções e mudanças radicais, em relação a um *"status"* anteriormente aceito e praticado. A operação *valoriza a similaridade* enquanto o projeto *busca a diversidade*. Além disso, pelo pioneirismo, pelas incertezas e riscos, o projeto vai ao encontro da **eficácia**, que é a capacidade de alcançar um objetivo, enquanto as operações, no seu dia-a-dia, procuram a **eficiência**, a capacidade de utilizar economicamente os recursos.

Por serem temporárias, as ações dos projetos, em geral, consistem em expedientes, que são avaliados segundo o resultado que obtiverem, isto é, ou positivo ou negativo. Neste último caso parte-se para outra ação substitutiva. Mas as ações das operações, por serem repetitivas, são passíveis de otimizações no decurso do tempo, por meio de evoluções razoavelmente lentas para a maioria dos produtos (melhoria contínua). Observem-se, por exemplo, as variações em modelos anuais de automóveis.

O projeto não se apega a recursos, a atividades nem a determinadas habilidades na busca de solução para os problemas, dentro dos parâmetros de desempenho previstos, prazos e custos, mas a operação emprega sempre os mesmos recursos, atividades e habilidades, para obter produtos com as mesmas características. Em outras palavras, no projeto, os processos resultam do trabalho das pessoas e são logo descartados, enquanto na operação, as pessoas estão dedicadas ou presas aos processos, repetindo-os sem término à vista.

Pela natureza intrínseca das operações, a sincronização entre as partes executantes, uma vez obtida, pode ser mantida com muita facilidade, enquanto no projeto os desajustes no sincronismo são muito freqüentes e mais difíceis de serem resolvidos e, até mesmo, de serem absorvidos. Como conseqüência, o planejamento e o controle dos processos do projeto exigem especiais atenções e acurados esforços.

Em uma operação, as ferramentas e as técnicas predeterminadas e limitadas a cada área de conhecimento ou a cada função formam uma espécie de barreira a inovações e a mudanças que desafiam as normas e os padrões de procedimento em vigor. Ao focalizar e valorizar o processo, as operações especializam o trabalhador, aguçando suas vistas para seu próprio trabalho, em prejuízo da compreensão do conjunto, limitando assim seu campo de visão. É muito ilustrativo o conteúdo de uma tira "Frank e Ernest", em que os dois personagens empunham suas ferramentas em frente a uma esteira rolante e um deles diz para o outro: "Vou me aposentar amanhã e sabe o que vou fazer? Vou andar até o fim desta linha de montagem e descobrir o que estou fazendo há 30 anos!"[18]. O típico trabalhador em uma operação corrente é um isolado monoglota em uma Torre de Babel.

O projeto, por sua vez, é um integrador de pessoas, recursos e atividades por toda a organização. Pela natureza de suas tarefas, o projeto permeia todos os componentes da organização em todos os níveis, amalgamando-os em busca de um objetivo comum. Os membros da equipe de projeto são versáteis poliglotas, capazes de se entenderem com os mais diferentes especialistas.

1.5. O Moderno Gerenciamento de Projetos

Foi mencionado que uma organização tem, além da gerência estratégica, a gerência administrativa e a operacional, e que a solução dos problemas existentes em cada um destes níveis pode envolver criação ou alteração de operações correntes (administrativas e de produção), alterações estruturais e funcionais na organização etc. Para cada uma destas soluções será necessário criar um ou mais projetos específicos.

---

18. THAVES. Frank e Ernest, *Jornal do Brasil*, 19 fev. 1997.

Para a administração de projetos, foram desenvolvidos conhecimentos, habilidades, ferramentas e técnicas, em um processo denominado de *administração de projeto* ou *gerenciamento de projeto*[19].

A evolução do gerenciamento de projeto será resumida a seguir, precedendo ao estudo do estágio atual, em que os resultados vêm tendo crescente aplicação nos problemas da alta administração das organizações, de mudanças das organizações e das operações correntes, cada vez mais intensas e progressivamente mais freqüentes.

1.5.1. Evolução do Gerenciamento de Projetos

A história nos relata grandes feitos da humanidade que podem ser classificados como projetos. Para melhor clareza, convém repetir que projeto é um empreendimento temporário realizado para criar um produto ou serviço singular.

Com muita probabilidade, os mais antigos projetos deviam estar voltados para as necessidades mais básicas, como o preparo e execução de uma campanha de caçada, a instalação de uma agricultura e criação de dispositivos e sistemas de segurança ou de defesa. Todos estes empreendimentos, ainda que primitivos, eram premidos por prazos para alcançar objetivos preestabelecidos e tinham algum tipo de organização e de administração.

Por ser singular, o produto do projeto distingue-se, de alguma forma, de todos quantos os precederam e por ser temporário, todo projeto tem início e término definidos.

Grandes construções da Antiguidade, criaturas dos respectivos projetos, são as pirâmides do Egito e as dos maias, a Grande Muralha da China. Mais atuais, citam-se o Canal de Suez e o do Panamá, o túnel sob o canal da Mancha e o oleoduto Trans-Alasca.

Notáveis expedições foram objeto de cuidadosos projetos, sejam aqueles que criaram os veículos utilizados (*vikings* e portugueses, por exemplo) sejam os que prepararam empreendimentos propriamente ditos, como as viagens pioneiras de Magalhães e Colombo, as explorações submarinas e da estratosfera do Prof. Piccard[20], para citar apenas estas, precursoras dos foguetes e das naves das explorações espaciais.

As características de unicidade do produto e da temporariedade dos projetos os distinguem dos demais resultados e das outras atividades exercidas em uma organização por serem estas repetitivas, com produtos ou serviços extremamente iguais e,

---

19. Administração de projeto e gerenciamento de projeto são expressões equivalentes; a primeira de uso preferencial nas áreas acadêmicas e profissionais de administração e a segunda, de emprego generalizado nas áreas de planejamento e execução de projetos.
20. August Piccard (1884-1962), físico e professor suíço, foi a primeira pessoa a explorar a estratosfera, ao ultrapassar 16.000 metros de altitude em uma câmara pressurizada, suspensa por balão (1932). Seu filho, Jacques Piccard, foi o primeiro a atingir profundidades abissais em um batiscafo, descendo a 10.900 metros, no Oceano Pacífico (1960). E os dois veículos foram projetados pelo Prof. Piccard.

uma vez iniciada a produção, não haver prazo estabelecido para terminá-la. Um aspecto crítico para o sucesso dos projetos é o da sua administração ou **gerência de projeto**, definida como sendo a "aplicação de conhecimentos, habilidades e recursos nas atividades de um projeto a fim de atingir e exceder às necessidades e às expectativas das partes interessadas"[21]. Como visto na Apresentação, os conhecimentos, habilidades e recursos são os previstos, estudados e desenvolvidos no gerenciamento de projeto.

O gerenciamento de projeto evoluiu impelido pelas pressões cada vez mais fortes, para um estágio de larga aplicação em quase todas as formas de atuação humanas.

Pode-se dizer que a evolução do gerenciamento de projeto comporta três períodos:

1. O do *gerenciamento empírico* baseado nas qualidades inatas do gerente e de seus auxiliares ou nos procedimentos precedentes, muito mais como "arte", como "sentimento" do que como "técnica". Foi o caso dos "arquitetos" e dos "construtores" das grandes obras da Antiguidade e da Idade Média, os feitos dos grandes chefes militares e dos notáveis exploradores.

2. O do *gerenciamento clássico* ou *tradicional*, geralmente considerado aquele a partir das décadas de 1940 ou 1950, com os empreendimentos predominantemente de engenharia, nas áreas de defesa, na aeronáutica e, mais recentemente, na espacial. São projetos estruturados, planejados, executados e controlados, nos quais o gerente, administrando os recursos humanos e materiais, emprega processos existentes ou criados especialmente para uso no projeto, com vistas a obter o produto com o *desempenho especificado*, dentro dos limites de *custos previstos* e *no prazo esperado*. Em geral, aqui os projetos são essencialmente técnicos, de grande complexidade e caracterizados pelos altos custos, pelo vulto dos problemas envolvidos e pelos prazos relativamente longos.

3. Mais recentemente (inícios da década de 1990), teve começo o chamado *moderno gerenciamento de projetos* — MGP. Voltado para uma ampla gama de aplicações, esse tipo de abordagem gerencial perdeu o caráter tipicamente técnico e vem sendo usado em toda sorte de problemas empresariais. Tem-se revelado ferramenta extraordinária e vem permitindo às organizações responder com extrema rapidez às solicitações e pressões de seu ambiente próximo ou remoto, devido principalmente ao rápido ciclo de vida dos produtos, à velocidade da evolução tecnológica e à acirrada competição, já em caráter global.

---

21. PROJECT MANAGEMENT INSTITUTE. *A Guide to the Project Management Body of Knowledge*. Pennsylvania, USA, 1996. p. 6.

1.5.2. O Moderno Gerenciamento de Projetos — MGP

As técnicas e os processos de gerenciamento de projeto passaram então a ser empregados nos problemas mais diversos, como nas mudanças da estratégia, nas alterações organizacionais, nos recursos humanos, nos desenvolvimentos de novos processos e, como antes, nos desenvolvimentos de novos produtos. A duração e os custos dos projetos são, em sua maioria, muito inferiores aos dos projetos tradicionais.

No gerenciamento tradicional, ainda desprovido dos meios eletrônicos de coleta e tratamento de dados e difusão de informações, o gerente era assoberbado pela profusão de tarefas para controlar os cronogramas, os orçamentos e os recursos, em adição à coordenação de sua equipe no sentido de alcançar o objetivo de seu projeto. Com o crescente uso de PCs, de redes apropriadas e de *softwares* possantes, o gerente de projetos passa a dispor de mais tempo para estender seus cuidados em outras direções.

A descentralização, o gerenciamento simultâneo (ou engenharia simultânea), a gestão da qualidade e a gestão ambiental também largamente aplicadas nos projetos, com a criteriosa delegação de atividades administrativas e técnicas especializadas, descaracterizam o gerente de projeto como um especialista técnico, sendo cada vez mais um administrador e coordenador de processos, de pessoas e de equipes. Juntando estas evoluções com as necessidades de pronta resposta das organizações às oportunidades e ameaças cada vez mais freqüentes, o resultado foi o progressivo emprego dos recursos e atividades de gerenciamento de projeto nos assuntos empresariais.

Em conseqüência, os modernos projetos passam a envolver muitas outras entidades além daquelas que eram objeto de consideração no tradicional gerenciamento de projetos. Assim, o MGP, muito mais amplo que seu predecessor, tem um universo de interesses mais abrangente. O gerenciamento tradicional girava entre *desempenho* (necessidade do cliente), *custos* e *prazos*, enquanto o MGP, além destes requisitos, preocupa-se em satisfazer e exceder às necessidades e expectativas de todas as partes interessadas, a começar pelas do cliente. Assim, com a expansão das atenções às necessidades e desejos do cliente, o **moderno gerenciamento de projetos** tem suas preocupações também voltadas para os objetivos da própria organização, para os membros da equipe do projeto, para os patrocinadores e financiadores, para os fornecedores, para os parceiros, para as organizações associadas e para a sociedade como um todo.

Ao se despir de forma progressiva do caráter essencialmente técnico observado no gerenciamento tradicional, consolida-se o moderno gerenciamento de projetos, cada vez mais voltado para os problemas da organização. A convergência dos interesses da administração da organização (gerenciamentos estratégico, administrativo e operacional) fez do gerenciamento de projeto uma tarefa familiar aos administradores e gerentes funcionais. Cada vez mais, pessoas com experiência na administração das empresas e na de negócios foram assumindo encargos de gerentes de projetos. Passando a ser extensamente aplicado na administração das operações correntes com os processos e as técnicas de planejamento e execução de projetos, o moderno gerenciamento de projetos, emerge simultaneamente, em uma espécie de simbiose, com o que se costuma chamar de *administração por projetos*, assunto do Capítulo 3.

A globalização e a expansão do emprego do gerenciamento de projetos, agora com procedimentos uniformes, permitem a colaboração de equipes distantes em torno de um só projeto. A Web, a intranet, os *softwares* de gerenciamento e as ferramentas de comunicações visuais mais recentes proporcionam eficiência às equipes virtuais, com extraordinário rendimento. O gerenciamento de projetos fica insensível a distância, funcionando 24 horas por dia, com apoio de todos os recursos modernos.

Além disso, a grande utilização de equipes dotadas de grande autonomia, faz com que os conhecimentos e habilitações gerenciais sejam disseminados por todos os participantes. Afinal, cada parte do projeto, como se verá mais adiante, tem todas as características de um projeto e isto conduz ao fato de que cada responsável por uma destas partes constitutivas tem atribuições de gerente desta parte, observadas as escalas. Mesmo porque, como referido na Apresentação e mostrado onde necessário, neste livro, a vida particular de cada um de nós precisa, cada vez mais, ser administrada como empresa, com o uso do gerenciamento estratégico e da administração por projetos.

Como na história *O Patinho Feio*, o gerenciamento de projetos, uma estranha, incompreendida e espancada atividade que tentava se impor nas organizações tradicionais, passa a assumir uma posição de reconhecido e respeitado instrumento capaz de proporcionar as prementes mudanças cada vez mais freqüentes e urgentes nas áreas estratégicas, operacionais e técnicas, e vem sendo extensivamente utilizado hoje nas mais diferentes entidade com grandes corporações e pequenos empreendimentos; empresas industriais, comerciais, financeiras e bancárias; instituições religiosas, sociais e agências de governo. Desta forma, o MGP está evoluindo com muito vigor, em razão das experiências e dos desafios que vem enfrentando. Uma visão do gerenciamento de projeto no futuro próximo vem sendo objeto de vários estudos, congressos e seminários destes dias. Falta pouco para conferir.

1.6. Conclusão

Neste Capítulo, foram conceituados:

- *processo*, de extensa utilização ao se dissecarem as gestões do projeto em suas partes elementares; e
- *sistema*, para permitir o tratamento sistêmico do projeto, da organização, considerando as inter-relações e o ambiente.

Foi feita uma revisão sucinta das formas de organização e foram caracterizados os projetos e as operações correntes, como as unidades de trabalho das organizações. Os níveis gerenciais, os planos e programas e a cultura das organizações foram tópicos incluídos neste estudo. O moderno gerenciamento de projetos foi apresentado, permitindo o acompanhamento dos Capítulos subseqüentes até que este gerenciamento venha a ser detalhadamente estudado.

O Apêndice que se segue estuda o processo de *resolução de problemas*, de grande utilidade em quase todas as fases do gerenciamento estratégico, gerenciamento de projetos e na administração por projetos.

1.7. Bibliografia

Leitura complementar:

HAMILTON, Albert. *Managing by Projects.* London, Thomas Telford House, 1997. 449 p.

PROJECT MANAGEMENT INSTITUTE. *A Guide to the Project Management Body of Knowledge — PMBOK Guide.* Pennsylvania, USA, 2000, 216 p.

VALERIANO, Dalton. *Gerência em Projetos — Pesquisa, Desenvolvimento, Engenharia.* São Paulo, Makron *Books*, 1998. 438 p.

1.8. Apêndice — Resolução de Problemas

Em cada um dos níveis de gerência citados (estratégico, administrativo e operacional) e na gerência de projeto, existe um componente que é a tomada de decisão (ou processo decisório), distinguindo-se assim as decisões estratégicas, as operacionais e as administrativas. As decisões, por sua vez, são parte de uma atividade mais ampla que é a de solucionar um problema que dispõe de mais de uma alternativa para resolvê-lo.

A resolução de problemas comporta um processo bem estruturado e que envolve as seguintes fases e componentes:

1. *Estruturação* do problema

    Identificação do problema;

    Análise do problema:

    Determinação de um *conjunto de soluções*;

    Determinação de *critérios*.

2. *Decisão*

    Avaliação das alternativas;

    Escolha da alternativa.

3. *Solução* do problema

    Implementação da solução;

    Avaliação dos resultados.

Mais uma vez, recomenda-se ampla participação de administradores, gerentes e membros das equipes executoras em todas as fases do processo de solução de problema. Como comentado mais adiante, embora a experiência seja valiosa neste processo, a imaginação traz contribuição relevante e, às vezes, de importância vital. Se a experiência é importante capital dos mais velhos, a criatividade e a imaginação estão mais bem distribuídas entre os mais novos e menos comprometidos com o passado. É necessário, portanto, que as lideranças das organizações tenham sensibilidade de receber e considerar idéias novas e criativas e, mais ainda, que cultivem a capacidade de incentivar sua apresentação, moldando um ambiente estimulante e acolhedor a inovações.

1.8.1. Estruturação do Problema

1.8.1.1. Identificação do Problema

A precisa identificação do problema constitui a primeira parte crítica do processo para solucioná-lo. É necessário fazer a diferença entre problema e conseqüência, entre doença e sintoma, entre causa e efeito. A solução tem de se constituir na cura da doença e não da remoção do sintoma. Tem de ser a eliminação da causa e não do efeito. Enfim, é preciso atacar o problema, não suas conseqüências. A busca apressada de uma solução, sem investigar as causas, pode levar à aplicação de um remédio errado: uma queda de vendas pode sugerir um intenso esforço de *marketing*. Mas o problema está aí? Ou na qualidade do produto? Ou sua obsolescência? Ou na concorrência? Ou ainda nas mudanças de hábito de clientes?

As conseqüências ou os **sintomas** de um problema manifestam-se como necessidades ou expectativas não satisfeitas ou como diferenças entre uma atual situação e uma situação desejada. Eles emergem de relatórios, de levantamentos de opiniões, de reclamações e sugestões, de pressões dos interessados, de dificuldades e obstáculos interpostos no curso dos acontecimentos etc.

Uma vez identificado o efeito, isto é, aquilo que aparece ao observador, passa-se à determinação da causa ou do problema propriamente dito. Poderá haver mais de uma causa concorrendo para um só efeito. Uma entrega de suprimento sistematicamente feita com atraso, terá por causa a demora no transporte ou atraso na saída ou ambos.

A identificação do problema pode ser feita por alguns métodos:

1. O mais simples é o da seqüência dos "por quês?". Ao surgir um sintoma, passa-se a perguntar sucessivamente: por quê? Obtida uma resposta, repete-se a indagação até que se chegue à causa fundamental. Aí estará a raiz do problema e os passos intermediários terão sido conseqüências. Voltando ao exemplo simples do suprimento que sai com atraso. Pergunta-se por quê? O pedido tramita com lentidão. Por quê? A manipulação é feita com dificuldade. Por quê? Há muitos passos a percorrer, com coleta de muitas assinaturas. Por quê?

Aqui, ou não há respostas ou elas não convencem. A *causa* é a existência de percursos desnecessários à expedição, interpostos naqueles essenciais a ela. *A solução geral* do problema está em eliminar passos da tramitação de documento, fazendo o pedido correr pela via mais curta. *Uma alternativa* consiste em fazer com que segundas vias dos pedidos passem pelos percursos não diretamente ligados com a expedição do item. *Outra alternativa* consiste em passar os documentos dos pedidos por estes pontos depois da expedição.

2. Outro meio de identificação do problema é o da aplicação do diagrama causa-efeito, diagrama de Ishikawa[22] ou, ainda, diagrama de espinha de peixe, devido a sua aparência característica, como mostra a Figura 1.5.

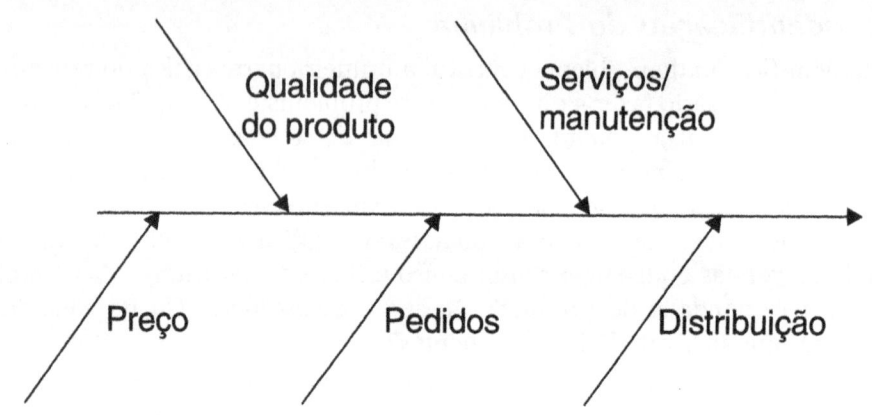

Figura 1.5 Diagrama de causa-efeito.

Ele é formado por uma seta horizontal que aponta para o efeito observado, que é um sintoma, uma necessidade não satisfeita, uma disfunção ou irregularidade observada, e que poderia ser erroneamente tomado como o problema.

Concorrendo a esta seta, juntam-se outras que podem ser causas de primeiro nível do efeito observado e, a estas, concorrem outras setas indicativas do segundo nível e assim sucessivamente. Concorrendo na seta indicativa "serviços/manutenção", pode haver outras setas como falta de preparo de prestadores de serviços, atendimento precário, depósitos inadequados etc., como na Figura 1.6.

Este diagrama ajuda a determinar as sucessivas causas, suas intensidades e efeitos para serem levados em consideração na formulação do problema.

---

22. Desenvolvido por Kaoru Ishikawa, da Universidade de Tóquio, em 1943, foi por ele aplicado inicialmente na Kawasaki Steel Works, para mostrar como vários fatores podem ser selecionados e relacionados para explicar seus efeitos.

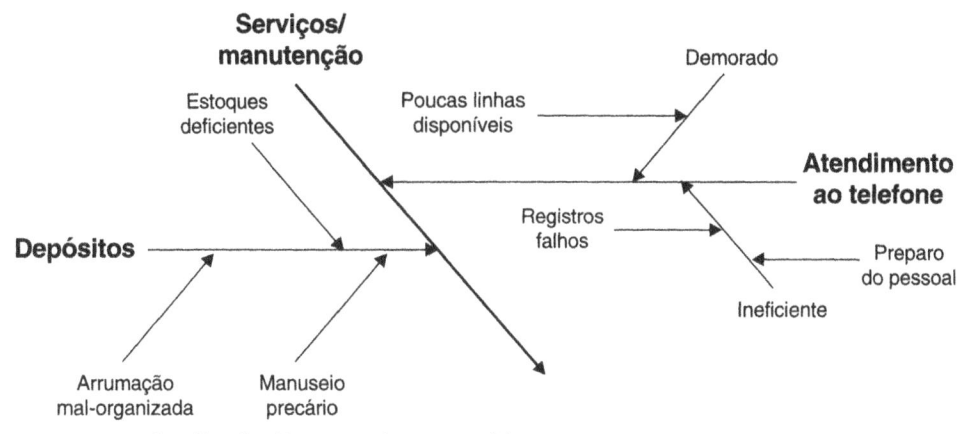

Figura 1.6 Um detalhe do diagrama de causa-efeito.

1.8.1.2. Análise do Problema

Determinação de um conjunto de soluções

Conhecidas as causas, trata-se de conceber uma ou mais soluções satisfatórias. Se só houver uma solução, não há decisão a tomar porque não há escolha a fazer, restando implementar a solução única. Teoricamente, o número de alternativas pode ser infinito, mas o conhecimento da organização, das situações apresentadas e a experiência anterior são fatores que limitam as alternativas de boa qualidade a uma quantidade razoável.

É necessário que as soluções sejam realistas, exeqüíveis e descritas com clareza e exatidão. Sua redação deve ser complementada com as hipóteses feitas e as restrições que se apresentaram. As **hipóteses** são fatores tomados como verdadeiros, ante o desconhecimento de fatos reais intervenientes no processo em estudo. Se necessário, elas devem ser modificadas no decorrer dos trabalhos, e substituídas pelos dados reais, tão logo se tornem disponíveis. As hipóteses são fatores de risco, pelo conteúdo incerto que encerram. As **restrições** são fatores ou circunstâncias limitantes e precisam ser reconhecidas, identificadas, descritas, justificadas e igualmente devem ser modificadas, se necessário, e removidas, quando deixarem de existir. As hipóteses e restrições são informações úteis na fase de tomada de decisão e na implementação da solução escolhida. Como se verá adiante, as hipóteses e restrições são elementos comuns a vários processos das gestões específicas, devendo-se elaborar uma lista completa destes fatores para considerações globais, especialmente na gestão dos riscos.

Determinação de critérios

Como parte da estruturação do problema, é necessário estabelecer critérios que fixem condições e prioridades para seleção de alternativas a serem fornecidas aos que devem avaliar, julgar e tomar decisão. São elementos que orientam quanto a parâmetros a considerar como padrões de comparação das alternativas (como tempo ou duração, custos etc.), quanto a prioridades ou precedências que devem ser observadas na escolha de alternativas (entre beneficiar a *ou* b, preferir este *e não* aquele). Estes critérios podem estar preestabelecidos em diretrizes ou políticas, independentemente do problema, ou podem ser determinados para cada problema, em particular.

O nível competente para a fixação de critérios depende de cada organização, mas, em geral, situa-se na alta administração do setor em que o problema se apresenta ou naqueles setores envolvidos com as alternativas de solução (seção, departamento ou a empresa, como um todo).

É evidente que todos os critérios devem ressaltar a adequação da solução com a missão, com os objetivos e com as prioridades estabelecidos. Aquelas alternativas que maior valor acrescentarem devem ser privilegiadas e aquelas que não estiverem concorrendo para a missão e para os objetivos estabelecidos devem ser descartadas.

1.8.2. Decisão

Esta atividade, também chamada de processo decisório, consiste em examinar, comparar e avaliar as consequências de cada alternativa e escolher uma delas. Ela é executada pelo que se chama de *corpo de decisão*, que pode ser uma pessoa (ocupante de um cargo ou no exercício de uma dada função) ou pode ser um grupo de pessoas (um conselho ou colegiado regularmente instituído ou uma equipe designada para tal atividade).

1.8.2.1. Avaliação das Alternativas

Para avaliar as alternativas é preciso determinar as consequências de cada uma delas e submetê-las aos critérios preestabelecidos. Neste ponto, devem entrar em consideração fatores incontroláveis, aqueles que são partes da decisão e que não podem ser modificados por quem toma a decisão, estando fora de controle. Exemplo: há duas fornecedoras em cogitação, A e B, que tem, cada uma, um custo unitário de um produto a ser adquirido (C_a e C_b) e diferentes prazos para sua entrega (P_a e P_b). Se uma alternativa for adquirir 500 unidades e outra alternativa tratar de adquirir 700 unidades, há quatro consequências, combinando as duas quantidades com os preços e os prazos:

custo de 500 x C_a, em um prazo P_a

custo de 500 x C_b, em um prazo P_b

custo de 700 x C_a, em um prazo P_a

custo de 700 x C_b, em um prazo P_b

Ao avaliar cada alternativa, devem ser considerados diversos outros fatores a ela associados, como as consequências para a reputação ou desgaste da organização, os riscos envolvidos, a economia de meios, o grau de motivação da equipe que vai implementá-la etc.

Como em todo o processo, cada avaliação deve ser metodicamente descrita, com as justificativas da apreciação para análise posterior e acumulação de conhecimentos e experiências: as "lições aprendidas".

1.8.2.2. Escolha da Alternativa

Esta parte é a tomada da decisão propriamente dita e que consiste em pesar as conseqüências das alternativas e selecionar uma delas, observando os critérios estabelecidos. Há três condições sob as quais a decisão é feita:

- **certeza**, quando o resultado a ser obtido com a decisão for perfeitamente conhecido. Exemplo: a compra de um determinado equipamento, com custos e prazos de entrega certos.
- **risco**, quando a probabilidade ou freqüência relativa de obtenção do resultado for conhecida. Exemplo: a probabilidade de ganhar uma concorrência face a duas outras organizações equivalentes é de um terço.
- **incerteza**, quando a probabilidade ou a freqüência relativa de obtenção do resultado não for conhecida. Exemplo: decidir entre três projetos com um mesmo objetivo, cada qual empregando tecnologia, meios e equipes diferentes, sem que se conheça discrepância notável no momento da decisão.

A decisão em situação de certeza é a mais simples e imediata, bastando escolher a alternativa que conduz à solução, respeitados os critérios fixados. No segundo caso, será necessário considerar o risco envolvido e assumir a melhor combinação resultado/risco, usualmente obtida por meio de cálculo de probabilidades e modelagem, em geral com auxílio de *softwares* adequados (Ver 3.6). Em situações de incerteza, e que são os casos mais comuns nas decisões gerenciais, será necessário estimar prováveis freqüências relativas ou probabilidades, possivelmente com base em experiências anteriores ou correlatas. O tratamento estatístico rigoroso não está compreendido no escopo deste livro mas será apresentado um modelo simples e bastante utilizado, que é o da "árvore de decisão", como se vê na Figura 1.7. A alternativa A1 pode produzir três resultados (R1, R2 e R3), com probabilidade de ocorrência de 30%, 30% e 40%, respectivamente. A simbologia prepara o leitor para o exercício que se segue.

Exemplo

Para cumprir um contrato de seis anos, uma empresa procurou verificar se havia vantagem em substituir uma certa máquina por outra mais nova. Foram estudadas três alternativas: fazer a substituição no início do contrato, no término do segundo ano e no término do quarto ano (alternativas 1b; 2b e 3b, respectivamente). As alternativas de não substituir, em cada ponto de decisão, são, sucessivamente 1a; 2a e 3a, mostradas na Figura 1.8, complementada pela tabela da Figura 1.9.

Figura 1.7 Uma árvore de decisão.

Legenda

☐ – Nó de decisão A – Ação alternativa

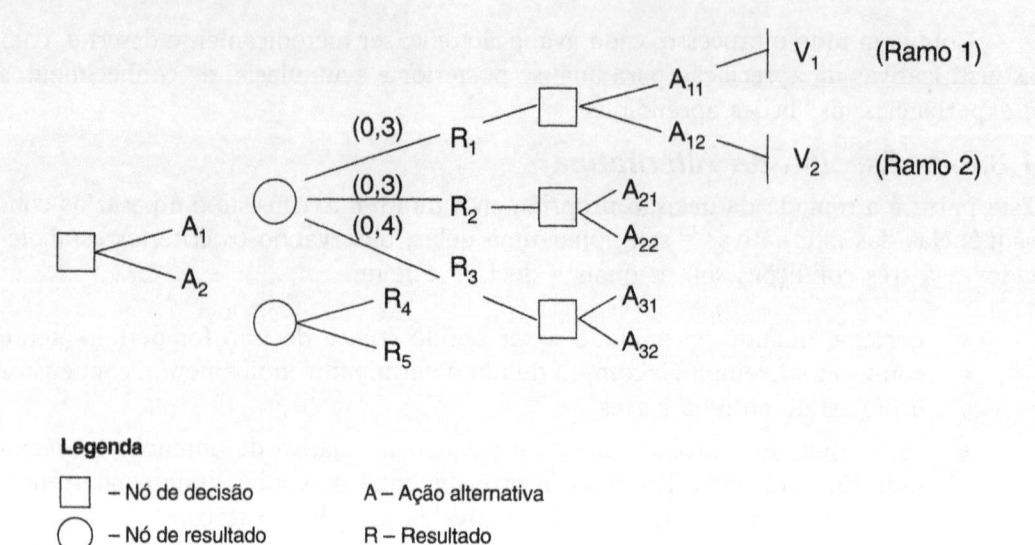

○ – Nó de resultado R – Resultado

| – Nó de terminal (0, p) – Probabilidade

1a: Não substituir
R = 4,0; 2a; D = 1,0
G = (4x2) –1,0 = **7,0**

2a: Não substituir
R = 3,5; 2a; D = 1,2
G = (3,5x2) –1,2 = **5,8**

3a: Não substituir
R = 3,0; 2a; D = 1,5
G = (3,0x2) –1,5 = **4,5**

3b: Substituir
R = 6,5; 2a; D = 8,0
G = (6,5x4) –8,0 = **5,0**

2b: Substituir
R = 6,0; 4a; D = 8,5
G = (6,0x4) –8,5 = **15,5**

1b: Substituir
R = 5,0; 6a; D = 10,0
G = (5x6) –10,0 = **20,0**

4,5 + 5,8 + 7,0 = 17,3
5,0 + 5,8 + 7,0 = 17,8
15,5 + 7,0 = 22,5
20,0

Ganhos finais

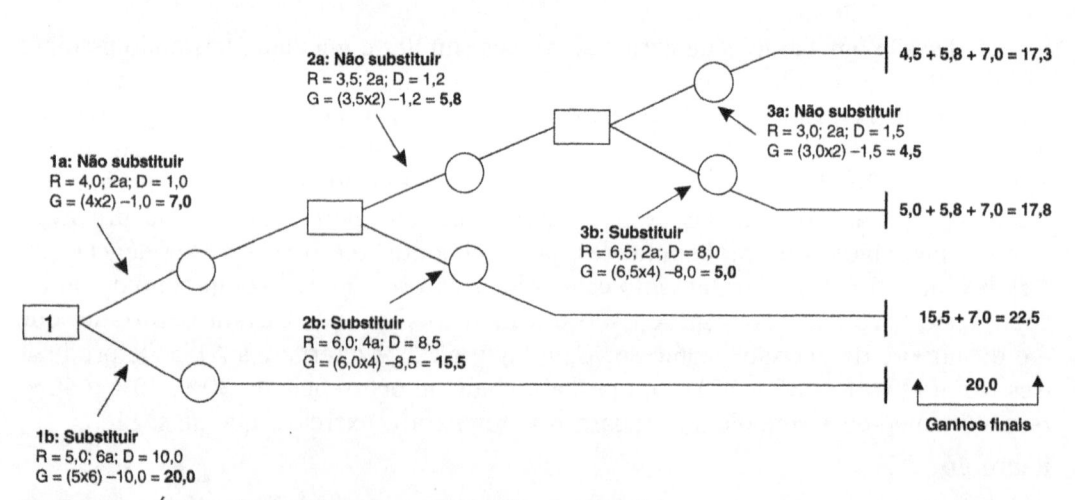

Figura 1.8 Árvore de decisão sobre substituição de máquina.

Para cada situação foram considerados o rendimento médio anual no período de trabalho de cada máquina (R), expresso em M unidades monetárias por ano (M / a) e com as despesas fixas (D), estas correspondentes aos custos de aquisição e juros da nova máquina e às despesas de seguro e manutenção em ambas as hipóteses.

Foi organizada uma árvore de decisão mostrada na Figura 1.8, complementada pela tabela da Figura 1.9.

Com a alternativa 1a, que é a de não substituir a máquina no início do contrato, o rendimento de sua produção será de 4,0 M por ano, durante os dois anos de vigência da alternativa e sua despesa fixa no período será de 1,0 M, o que resultará em um ganho:

G= (4,0 M / a x 2a) - 1,0 M = 7,0 M

Deve-se observar que as alternativas finais 2b, 3a e 3b (ver a árvore de decisão), incorporam em seus resultados parciais os das alternativas anteriores para se obter o resultado final de cada seqüência de alternativas, como se pode ver na parte direita da árvore, após o nó terminal.

A alternativa 2b proporciona maiores ganhos finais (Figura 1.8).

Alternativa	Rendimento (M/a)	Duração (a)	Despesa (M)	Ganhos parciais (M)
1a	4,0	2	1,0	(4,0 x 2) – 1,0 = 7,0
1b	5,0	6	10,0	(5,0 x 6) – 10,0 = 20,0
2a	3,5	2	1,2	(3,5 x 2) – 1,2 = 5,8
2b	6,0	4	8,5	(6,0 x 4) – 8,5 = 15,5
3a	3,0	2	1,5	(3,0 x 2) – 1,5 = 4,5
3b	6,5	2	8,0	(6,5 x 4) – 8,0 = 5,0

Figura 1.9 Tabela de valores e de cálculos.

1.8.3. Solução do Problema

1.8.3.1. Implementação da Solução

Uma vez adotada uma das alternativas, o próximo passo para solucionar o problema é providenciar a execução da alternativa selecionada. A solução, como já tratado em 1.2.3, pode ser caracterizada como:

1. Ato administrativo ou operacional;
2. Projeto; ou
3. Operação corrente.

1.8.3.2. Avaliação dos Resultados

A última parte do processo de solução de problema consiste em verificar a correção da solução adotada e sua implementação. Como o leitor observará, é da mais alta conveniência, proceder-se a revisões periódicas. A **revisão** tem por finalidade não apenas verificar os resultados de todos os procedimentos e correção de falhas e erros porventura detectados, mas também acumular um cabedal de conhecimentos provenientes das "lições aprendidas" (Ver 3.2.2). Quando executada ao término de cada processo ou fase gerencial, administrativo ou operacional, denomina-se por **revisão crítica**.

1.8.4. Bibliografia Complementar

Resolução de problemas e processo decisório:

PFEIFFER AND COMPANY. *Step-By-Step Problem Solving Practical Guidebook*. 1994. 100 p.

SCHUILER, John R. *Decision Analysis in Projects*. Project Management Institute, USA, 1997. 144 p.

SMITH, Steve (Ed.). *Solve That Problem!*, Kogan Page, 1997. 118 p.

2

Gerenciamento Estratégico

Introdução

O ideograma chinês que se vê ao lado simboliza crise e expressa também a idéia de perigo. Mas a milenar sabedoria e experiência chinesas deram-lhe igualmente os significados de oportunidade, de fama e de fortuna.

Já se viu que as organizações são instituídas para cumprir uma **missão** que é sua razão de ser, definida ou expressa pela finalidade a que se propôs cumprir: "o seu negócio". Se nada mudasse, uma vez instituídas, elas poderiam viver e ser administradas tranqüilamente, sem sobressaltos nem alterações. Mas as evoluções e as mudanças são a regra. Por isso as condições internas da organização e as do ambiente devem estar em harmonia para não sobrevir qualquer forma de crise que é a "manifestação violenta e repentina de ruptura de equilíbrio"[1].

É evidente que, ante a possibilidade da ruptura de equilíbrio, providências devem ser tomadas com a suficiente antecedência para que uma crise não se manifeste e, se isso for impossível, que, pelo menos, seus efeitos sejam minimizados. Esta é a finalidade do gerenciamento estratégico, objeto deste Capítulo, quando procura antecipar a evolução de uma organização diante das mudanças do ambiente em que ela está vivendo, para tirar o melhor proveito das oportunidades e minimizar os efeitos adversos das ameaças.

Este Capítulo apresenta e discute o gerenciamento estratégico de forma simplificada e compacta, embora cobrindo-a em todos os seus aspectos significativos. Ele mostra como a organização deve se posicionar ante mudanças e tendências externas e internas e proporciona dados e informações suficientes para a compreensão da importância da gerência estratégica. Ele permite a aplicação efetiva da gerência estratégica em casos correntes, com o estudo do processo de gerenciamento de pro-

---

1. HOLANDA, Aurelio B. de. *Novo Dicionário da Língua Portuguesa*. Rio de Janeiro, Nova Fronteira. s/d.

jeto, ferramenta para a implementação das soluções dos problemas estratégicos, administrativos e operacionais.

O Capítulo encerra com um roteiro com itens a serem considerados nas aplicações da gerência estratégica, como um check list. Para evoluções futuras, uma Bibliografia sugere leitura complementar para estudos e aplicações mais complexas, sendo usual o emprego de softwares, alguns dos quais indicados na referida Bibliografia.(Ver também 3.6).

Conteúdo

2.1 — O ambiente da organização

2.2 — Estratégia: uma visão geral

2.3 — Estratégias setoriais e estratégias corporativas

2.4 — O processo do gerenciamento estratégico

2.5 — Formulação da estratégia

2.6 — Implementação da estratégia

2.7 — Avaliação

2.8 — Roteiro para a gerência estratégica

2.9 — Bibliografia

Objetivos Gerais

- Estudar o ambiente da organização
- Apresentar o processo do gerenciamento estratégico
- Estudar cada uma das fases do gerenciamento estratégico
- Apresentar um roteiro com os pontos principais da condução da gerência estratégica
- Indicar bibliografia para leitura suplementar

2.1. O Ambiente da Organização

A gerência estratégica fundamenta-se no detalhado conhecimento da própria organização e na profunda compreensão do ambiente que a cerca. A organização foi estudada no Capítulo anterior e, agora, é essencial que se estudem o ambiente e suas interações com a organização.

2.1.1. O Macroambiente

De um modo geral, o **ambiente** de uma organização é tudo o que está situado fora dos limites ou das fronteiras da organização considerada. Mais detalhadamente, o **ambiente** é a "circunvizinhança em que uma organização opera, incluindo ar, água, solo, recursos naturais, flora, fauna, seres humanos e suas inter-relações. Neste contexto, circunvizinhança estende-se do interior das instalações para o sistema global."[2]. Devido a sua grande abrangência, este costuma ser denominado **macroambiente.**

O macroambiente é muito extenso, não se tornando prático para estudar as interações com uma organização e nem mesmo para um conjunto delas. Por isso, é necessário estabelecer fronteiras razoáveis, identificando os *limites de interesse* para cada assunto da entidade em pauta. Como primeira aproximação, pode-se dizer que, para os propósitos do gerenciamento estratégico, sobressaem, entre os componentes do macroambiente, e partindo de longe para perto, os aspectos econômicos, sociais, culturais, depois as organizações sociais (empresas e repartições públicas, concorrentes e fornecedores, por exemplo) e, por fim, pessoas, como empregados, clientes, administradores etc.

O primeiro passo consiste em eliminar toda entidade com as quais não há qualquer interação com organização e nem esta interage com aquela. Para tanto é preciso delimitar o ambiente a partir da identificação dos *componentes* do ambiente e dos *tipos de interação*.

Os **componentes do ambiente** podem ser classificados em dois grupos. Um deles, constituído de entidades ou pessoas, isto é, os *agentes* ou **atores**, tais como outras organizações, grupos sociais (sindicatos, órgãos classistas), líderes, dirigentes, clientes, fornecedores, concorrentes etc. Outro grupo é o dos *fatos* que atuam e têm força sobre a organização e que podem ser chamados de **fatores**, tais como leis, costumes, aspectos econômicos, físicos, tecnológicos etc.

Os componentes do ambiente podem interagir de duas formas:

- *influência*, quando uma entidade *pode afetar*, de alguma forma, o *comportamento*, a posição ou qualquer característica da outra; e/ou
- *controle*, no caso em que uma entidade *exerce* alguma forma de *domínio* sobre a outra.

Estas duas interações são excelentes meios para se eliminar do macroambiente aquilo que não será motivo de preocupação para o gerenciamento estratégico e para fixar os limites dos ambientes de interesse para a organização. Aquilo que não interage nem controla parte do interesse da organização não faz parte do ambiente desta. Assim, a determinação dos limites do ambiente de uma organização parte da identificação dos componentes do macroambiente que têm ou podem ter influência sobre a área de atuação da organização em causa e, também, pelas partes do ambiente que podem estar sujeitas a ações ou resultados da organização, sendo que estes dois conjuntos não são, necessariamente coincidentes. As ações do ambiente podem se manifestar diretamente sobre a organização e/ou, indiretamente, sobre outros elementos do ambiente, o cliente, por exemplo.

Por outro lado, se houver total controle, a entidade é parte da organização, e não do ambiente como, por exemplo, uma filial, um distribuidor exclusivo contratado etc.

---

2. ASSOCIAÇÃO BRASILEIRA DE NORMAS TÉCNICAS — ABNT. *NBR ISO 14001 — Sistemas de gestão ambiental - Especificação e diretrizes para uso.* Rio de Janeiro. 1996. p. 4.

Eliminados os atores e fatores, entre os quais e a organização não há influência, pode-se fazer um refinamento do estudo do **ambiente da organização**, considerando dois níveis: o mais exterior, chamado de *ambiente geral* e um mais próximo, o *ambiente organizacional*.

O **ambiente geral** é constituído dos componentes do macroambiente que, por seus amplos espectros de atuação, influem sobre a organização ou sobre um conjunto indistinto de organizações mas estas não os controlam diretamente.

O **ambiente organizacional**, de maior interação com a organização, é formado pelos atores e fatores que promovem ações positivas ou negativas entre si e com a organização.

A Figura 2.1 ilustra os dois níveis de ambiente e seus grupos de componentes, circundados pelo macroambiente.

O AMBIENTE GERAL E O ORGANIZACIONAL

AMBIENTE GERAL
Setores:
ECONÔMICOS, TECNOLÓGICOS, DEMOGRÁFICOS, SOCIOCULTURAIS, MEIO AMBIENTE E POLÍTICO/LEGAIS

AMBIENTE ORGANIZACIONAL
Cinco Forças:
RIVALIDADE ENTRE COMPETIDORES, NOVOS COMPETIDORES POTENCIAIS, PRODUTOS SUBSTITUTOS, PODER DE BARGANHA DE FORNECEDORES, PODER DE BARGANHA DE CLIENTES

COMPETIÇÃO

ORGANIZAÇÃO
Aspectos internos:
RECURSOS E CAPACIDADES

CONCORRENTES
RECURSOS E CAPACIDADES

Partes interessadas
Capital | Produto | Organização

MACROAMBIENTE

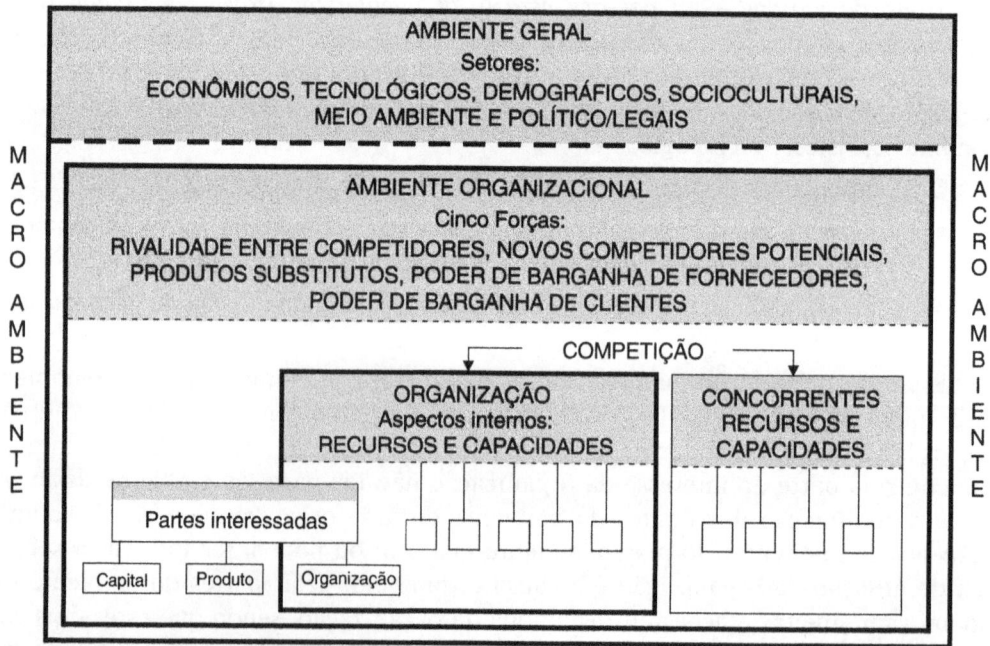

Figura 2.1 Os níveis do ambiente da organização.

2.1.2. O Ambiente Geral

O ambiente geral é formado pelos fatores de um amplo espectro e que podem influenciar as organizações de um dado conjunto. Estes fatores podem ser agrupados em seis grandes *setores*:

- econômico;
- tecnológico;
- demográfico;
- sociocultural;
- meio ambiente; e
- político/legal.

O ambiente geral tem influência sobre a organização mas não é controlado por ela: não há comando da organização sobre os componentes do ambiente geral. E a influência da organização sobre o ambiente geral é, no máximo, tênue, como os efeitos sobre o PIB, preservação ambiental, padrões culturais etc.

O estudo do ambiente geral será mais detalhado no subitem 2.5.2.1.

2.1.3. O Ambiente Organizacional

O ambiente organizacional como visto, é constituído por entidades que influem sobre a organização ou sobre um grupo correlato de organizações em suas ações competitivas ou sofrem influência da organização ou estas os controlam de alguma forma. Os **componentes** deste ambiente formam dois grupos que interagem mais intensamente com a organização:

- as *partes interessadas*, que são pessoas e entidades ligadas à organização; e
- os *concorrentes*, os que disputam os mesmos recursos, os mesmos clientes etc.

O ambiente organizacional contém entidades (pessoas ou organizações) que usam e/ou oferecem produtos ou serviços intercambiáveis ou de mesma natureza, sendo constituído pelos componentes ou agentes que contribuem diretamente para a rivalidade entre organizações, na forma de oportunidades e ameaças, tais como concorrentes, clientes, fornecedores etc. No ambiente organizacional há, portanto, influência mútua e um certo grau de controle entre seus integrantes. O ambiente organizacional é referido sob os nomes genéricos de indústria automobilística, de calçados, têxteis, serviços telefônicos, serviços de transportes aéreos etc.

Neste item serão considerados os componentes deste ambiente para que interações e efeitos possam ser estudados e avaliados mais adiante (2.5.2.2).

2.1.3.1. Partes Interessadas

As organizações relacionam-se com várias entidades denominadas **partes interessadas**[3], ou, também chamados de "envolvidos" ou "interessados" e que consistem em "pessoas ou grupo que têm interesse no desempenho ou sucesso de uma organização"[4].

---

3. Na literatura em inglês: *stakeholders* e também *interested party*.
4. Definição de *interested party* dada pela ISO 9000 — *Quality management systems — Fundamentals and vocabulary*. As normas ISO 9000 anteriores denominavam "partes envolvidas".

A atuação das partes interessadas se faz por meio de uma participação efetiva ou por retirada desta participação essencial à sobrevivência, à competitividade e à lucratividade da organização. Por outro lado, as partes interessadas têm expectativas e necessidades a serem supridas pelos resultados da organização. No seu conjunto, elas podem ser agrupadas segundo a natureza do principal interesse:

- *Capital*: proprietários da organização, seus acionistas e financiadores etc.
- *Produto*: os clientes, distribuidores, fornecedores, as organizações associadas etc.
- *Organização*: os administradores, gerentes, trabalhadores, familiares, sociedade como um todo etc.

Devido ao largo espectro de relacionamento e à grande interação entre as partes interessadas, a atuação de cada uma delas afeta os interesses das outras, pois, nem sempre são coincidentes e, muitas vezes, são conflitantes. Os sócios e financiadores procuram o maior retorno sobre o investimento, com menores riscos. Os clientes valorizam menor preço, maior qualidade e melhor assistência ao produto ou serviço. Os fornecedores querem a maior remuneração pelo produto que entregam. Os empregados lutam por estabilidade, oportunidades de progresso profissional e remuneração atraente. E a sociedade espera uma administração responsável.

Todos estes interesses precisam ser gerenciados, cabendo à administração da organização fazer o judicioso balanceamento entre eles. Muito será ressaltado nos textos que se seguem, mas apenas para mostrar uma faceta mais recente, lembra-se aqui um dos aspectos dos **requisitos da sociedade**, definidos como "obrigações resultantes de leis, regulamentos, regras, códigos, estatutos e outras considerações"[5]. No campo da preservação ambiental, muitas empresas não estão conseguindo colocar seus produtos no mercado porque não podem demonstrar o cumprimento de requisitos de preservação ambiental, como o "selo verde", por exemplo. E este relacionamento não está ligado aos compromissos fornecedor-cliente, como nos requisitos da qualidade. Inúmeras organizações não-governamentais, como elementos de pressão da sociedade, interferem nos processos até então limitados aos "contratos" fornecedor/comprador. Este exemplo mostra conflito real e atual, insuspeitado há poucos anos, e faz prever outros, para o futuro.

Para administrar os objetivos da administração e os das partes interessadas, será necessário alcançar *lucros* ou melhor dizendo, *ganhos acima da média* esperada (referidos aos do ambiente organizacional), com os quais será possível satisfazer a todos. Assim, uma organização com fins lucrativos, ainda mantendo retorno atraente aos investidores, pode remunerar melhor os fornecedores, pode oferecer menores preços aos clientes, pode investir no futuro com atividades de pesquisa e desenvolvimento, trei-

---

5. ASSOCIAÇÃO BRASILEIRA DE NORMAS TÉCNICAS — ABNT. *NBR ISO 9004-1 — Gestão da Qualidade - Diretrizes.* Item 3.3, p. 4.

namentos etc. Será empregado o termo *ganho*, por ser mais amplo, incorporando lucro, tangíveis e intangíveis recebidos, estendendo todos os conceitos a organizações não lucrativas.

Com *ganhos médios*, será necessário negociar com as partes interessadas e administrar os conflitos entre elas.

Os *ganhos abaixo da média* não permitirão à organização satisfazer nem o mínimo esperado pelas partes interessadas, restando-lhe apenas negociar para minimizar as perdas destes. A longo prazo, o lucro abaixo da média deverá promover a retirada dos investidores, em busca de maior retorno e menores riscos, com resultado funesto para a organização.

Exercício 2.1

Considere a organização objeto de seus exercícios do Capítulo anterior.
- *Quais são os componentes do ambiente geral? E do ambiente organizacional?*
- *Identifique as partes interessadas na organização e classifique-as em cada um dos grupos.*
- *Relacione as expectativas, os objetivos e os resultados desejados pelas partes interessadas.*
- *Verifique quais os conflitos ou antagonismos entre essas expectativas e interesses.*
- *Isto está sendo: ignorado / compreendido / administrado / resolvido?*

2.1.3.2. Competidores

Os **competidores** são frutos dos interesses antagônicos entre as organizações que disputam um mesmo mercado e adquirem aspectos peculiares, especialmente nos últimos tempos, em que se observa um agravamento da rivalidade e da concorrência, como se verá logo adiante.

Para bem compreender esta outra parte do ambiente operacional, é necessário conhecer as transformações por que passam as organizações e suas causas, os motivos e as razões da competição e como as organizações devem se armar para enfrentar seus competidores atuais e potenciais, de forma sustentável.

As transformações: evoluções e mudanças

Ao se estabelecer uma organização, espera-se que sua missão deva ser razoavelmente duradoura, por um período suficientemente longo para atingir a maturidade, ultrapassando com sucesso os problemas da infância e da juventude. Mas as transformações serão necessárias, como as que ocorrem durante o desenvolvimento de um ser vivo e no suceder das gerações.

As **transformações**, tanto da organização quanto do ambiente, podem ocorrer por meio de evolução ou de mudança. **Evolução** vem a ser a passagem progressiva de um estado ou situação para outro: evoluir é como subir ou descer uma rampa. **Mudança** é a transição brusca, como se fosse galgar ou baixar por degraus. A evolução é um processo, uma transição, enquanto a mudança é um acontecimento, um evento. E estes dois tipos de transformação ou alteração ocorrem comumente nos mais diversos campos. Muitas vezes, nas largas escalas de tempo, como as evoluções geológicas e biológicas e, em outras, nas rápidas e às vezes violentas mudanças nos campos social, tecnológico, econômico, organizacional, político, legal, ético etc.

Por serem pertinentes aos objetivos deste livro, destacam-se alguns aspectos das transformações organizacionais, das tecnológicas e, em conseqüência, das pessoas envolvidas. Estes três campos aqui selecionados são interdependentes, com enormes repercussões das transformações de um sobre os outros, como se verá a seguir.

Transformações Organizacionais

Estas transformações acontecem no âmbito da organização (novas tecnologias, obsolescência, reorganização, reequipamento, envelhecimento, aprendizagem, capacitação, por exemplo) e nos ambientes organizacional e geral (concorrentes; usos, costumes e preferências de clientes; legislação, por exemplo).

Tem-se observado, como já referido, uma série de alterações organizacionais para tornar o sistema mais leve, mais responsivo às necessidades de evolução e mudanças. Foi a fase das reestruturações, do abaixamento da pirâmide hierárquica, da valorização do trabalho interdisciplinar ou interdepartamental, da terceirização, da reengenharia, do enxugamento (*downsizing* e *rightsizing*), da sistematização etc.

Mais recentemente têm sido cada vez mais comuns várias formas de cooperação e parcerias, como *joint-ventures*, coalizões e fusões. No último caso, as fusões têm surpreendido os observadores, pela união de grandes corporações que se mostravam como ferrenhos competidores até a véspera da notícia, como, entre nós, a fusão das cervejarias Brahma e Antártica. E as fusões cruzam oceanos, como a Chrysler/Daimler (Mercedes-Benz).

Um exemplo de cooperação: um novo sistema de comunicações, denominado "comunicador pessoal"[6] está sendo desenvolvido por uma associação de empresas que gravita em torno da General Magic e composta por Sharp, Sony, Philips, Fujitsu, Motorola, NTT, AT&T, IBM e Apple. Este sistema, apoiado por uma nuvem de satélites, tem como peça aparente, um equipamento portátil, provavelmente maior que um telefone celular, com áudio e vídeo e que inclui acesso ao PC do usuário, manipulando remotamente seus programas e arquivos, e, em conseqüência, com acesso ao fax, modem, secretária eletrônica, impressora etc.

---

6. Já se disse que as indústrias de eletrônica e de telecomunicações criam aparelhos para suprir necessidades inexistentes mas que logo passam a ser imprescindíveis.

Transformações Tecnológicas

Citam-se alguns exemplos de transformações que mudarão a face de nosso mundo, muito em breve.

1. As duas grandes vertentes que tiveram enorme progresso nos últimos anos convergem agora: telecomunicações e computação. A rede Web, adquirindo altas velocidades e capacidade de transmissão de dados, contrai o mundo, permitindo comunicação imediata, inclusive visual, em reuniões virtuais, entre equipes de trabalho, independentemente de distâncias, fronteiras e fusos horários. Como conseqüência, aceleram-se as tomadas de decisões, o trabalho cooperativo de equipes de várias naturezas, intercontinentais e em tempo real. Muitas das viagens de executivos, administradores e técnicos tornam-se desnecessárias, como para estas finalidades já não são necessários o correio, o malote, o *"courrier"*. O comércio eletrônico e o ensino à distância fazem parte deste conjuto.

2. No campo da bioengenharia, na data de 26/jun./00 a humanidade foi apresentada aos primeiros resultados do monumental programa de determinação do genoma humano[7] que introduzirá, dentro de mais alguns anos, mudanças radicais no combate às moléstias, indo a suas origens, além de proporcionar novos fármacos, tecidos e órgãos artificialmente produzidos para implante. A determinação de outros genomas vegetais e animais afetará a produção de alimentos, com inimagináveis impactos na agricultura e na pecuária.

Transformações nas Pessoas

Já foi dito que as transformações organizacionais, tecnológicas e humanas estão interligadas. Assim, as pessoas evoluem e mudam com rapidez nunca observada antes, como resposta às transformações havidas em seus ambientes, afetando suas vidas particulares e suas relações de trabalho. Citando o exemplo da fusão de empresas, já referida: um de seus objetivos é o da economia de escala, diminuindo custos indiretos. Isto ocasiona dispensa de pessoal, a partir do presidente — só haverá vaga para um apenas. Ocasiona também mudanças nos locais de trabalho, nas funções, nas atribuições e responsabilidades de muitos.[8]

Alguns aspectos das transformações nas pessoas:

Quanto às relações de trabalho, foi estimado que metade dos trabalhos ou empregos correntes nos próximos dez anos não existem hoje e muitos daqueles que encontramos agora não mais existirão em breve. Em conseqüência, a figura de *emprego*, se possível vitalício, como desejado antigamente, está desaparecendo, sem que, contudo, desapareça o *trabalho*.

---

7. O genoma é a descrição completa da constituição genética de um indivíduo.
8. Ver, por exemplo, o artigo de SILVEIRA, Mauro. Manual de Sobrevivência em Fusões e Aquisições. *Você S.A.*, São Paulo Abril, Ano 2, n. 16, out. 1999. p. 34-43 (www.vocesa.com.br).

Estas mudanças afetam e interessam a muitas áreas de conhecimento.

1. Assim, por exemplo, todo um volume do periódico quadrimestral dos Conselhos Federal e Regionais de Psicologia é dedicado às "relações entre a Psicologia, enquanto ciência e profissão, e a área do trabalho e das organizações", do qual extrai-se o seguinte:

   Se antigamente havia, na vida das pessoas, um tempo destinado à qualificação, e os conhecimentos adquiridos podiam ser transmitidos de pai para filho, hoje, o tempo destinado à qualificação/requalificação extrapola para toda a vida. Os conhecimentos tornam-se obsoletos com uma maior velocidade. As demandas dizem de sujeitos criativos, capazes de inovar, e não mais de sujeitos cujo conhecimento calcava-se na experiência, na repetição. Neste sentido, a requalificação é uma constante que se faz notar não mais em termos de ascensão profissional, mas de manutenção de uma posição de sujeito incluído no mercado de trabalho[9].

2. Outro setor envolvido com estas transformações é o do ensino. Quanto à requalificação e atualização, cita-se um exemplo: reconhecida internacionalmente como a número um em finanças, a Wharton School, escola de administração de empresas da University of Pennsylvania (www.wharton.upenn.edu), que ministra famosos cursos universitários, de MBA e de doutorado, passou recentemente a oferecer cursos para executivos com duração de três a cinco dias para atender à demanda por reciclagem e atualização.

Outro aspecto é o dos cursos oferecidos pela Web, por renomadas instituições de ensino do mundo inteiro, cursos à distância sobre os mais variados ramos do conhecimento e nos diversos níveis e graus de ensino formal, além de treinamento e reciclagem. Centenas de empresas nos EUA associam-se à National Technology University, para que esta forneça cursos de graduação, de pós-graduação e treinamento para seu pessoal. Peter Drucker prevê que a "escola digital" vai provocar, a curto prazo, maior revolução educacional que a cartilha impressa na Europa no século XV.

Citam-se três conhecidas Universidades que oferecem, pela Web, cursos de mestrado em gerenciamento de projetos:

- Western Carolina University (www.cess.wcu.edu/cobmpm);
- University of Aberdeen (www.scottishknowledge.com); e
- The George Washington University (www.sbpm.gwu.edu/mspm).

---

9. GRISCI, Carmem Ligia Iochins. Trabalho, Tempo e Subjetividade: Impactos da Reestruturação Produtiva e o Papel da Psicologia nas Organizações *Psicologia, Ciência e Profissão*, Ano 19, n. 1, 1999. p. 10. Este trabalho obteve o primeiro lugar do prêmio Mira y Lopes, dentre os seis premiados e publicados no volume citado.

No Brasil, várias Universidades proporcionam excelentes cursos à distância, por exemplo:
- Universidade Federal de Santa Catarina (www.led.ufsc.br);
- Universidade Estadual de Campinas (www.unicamp.br); e
- Pontifícia Universidade Católica do Rio de Janeiro (ead.les.inf.puc-rio.br/aulanet).

Exercício 2.2

Retome a organização em estudo.

Quais as evoluções e mudanças por que passou essa organização?

Quais as evoluções e mudanças por que passou o ambiente da organização? E por que razões?

Quais as tendências de alterações internas e externas (evoluções e mudanças)?

Competição e Seus Fatores de Intensificação

Uma das mais importantes e conhecidas leis da economia é a da formação de preços como função da oferta e da procura de bem ou serviço. Em um mercado isolado, fechado ou protegido, o preço é artificial e administrado temporariamente, ante uma população compradora passiva ou cativa. Mas no mercado livre, com rivais econômica ou geograficamente em contato ou superpostos, o preço observa a citada lei de formação, o que coloca fornecedores de mesmos produtos ou serviços em confronto.

Nos últimos tempos, tem-se observado um agravamento da rivalidade e da concorrência devido a importantes fatores, entre os quais sobressaem:

- *Economia global* — Com a quebra das fronteiras comerciais, bens e serviços fluem livremente. Se, por um lado ela pode esvanecer o fornecedor local, por outro, pode expandir extraordinariamente seu horizonte.
- *Comunicações* — Associada à globalização e apenas citando o comércio eletrônico: o vizinho de qualquer fornecedor, sem sair de casa, pode adquirir produto de concorrente situado em qualquer parte do globo.
- *Rápida evolução tecnológica* — O ciclo de vida dos produtos está diminuindo e a exigência de pronta entrada no mercado é fator de sucesso ou de desastre. Produto atualizado ganha mercado enquanto a obsolescência significa retirada do mercado.
- *Pressão dos consumidores* — Refinando suas exigências de qualidade e de atendimento, cada vez mais ciosos de seus direitos e dispondo de maior acesso a fornecedores, os consumidores exacerbam cada vez mais seu poder de escolha.

Sob as pressões dos fatores intervenientes, a competição é inevitável e crescente. Na medida da escassez dos meios e recursos necessários à sobrevivência, ela exclui competidores em confronto, eliminando do mercado aqueles menos adaptados.

A Competição Biológica e a Socioeconômica

É instrutivo fazer um paralelo entre as competições observadas no campo biológico e as do campo socioeconômico, por duas razões:

- as interações no campo biológico vêm sendo extensamente estudadas por biólogos e ecólogos muito antes da competição econômica chegar a ter vital importância como nos tempos recentes; e
- tem-se observado que tudo que acontece na área biológica encontra cerrado paralelo com o que vem acontecendo na socioeconômica.

O que se segue é uma coletânea de observações e considerações em torno destas duas maneiras de ver a competição.

A interação entre seres ou populações pode se manifestar pela ação direta de uma parte sobre a outra, de forma ofensiva, acarretando uma reação defensiva. Isto é o que os ecólogos denominam por **interferência** e que se declara como um ataque direto entre rivais ou pelo lançamento de toxinas ou produtos maléficos no ambiente. Um exemplo de interferência defensiva é o da tinta lançada pelo polvo, ante iminência de ataque.

Outro exemplo de ataque e defesa: logo após a fusão, já mencionada, das duas grandes cervejarias brasileiras concorrentes, a Brahma e a Antártica, a cervejaria Kaiser anunciou em páginas duplas de jornais e na TV que antigas cervejas rivais passariam a ser a mesma, em uma tentativa de descaracterizar e depreciar os produtos concorrentes. A empresa formada pela fusão, a AmBev, foi aos tribunais pleiteando a proibição de tais divulgações e publicou páginas duplas de jornais contra-atacando a rival.

Outra forma de interação se faz pela **competição,** que, "no seu sentido mais amplo, refere-se à interação de dois indivíduos que procuram a mesma coisa"[10], ou, ainda, "a luta dos seres vivos pela sobrevivência, especialmente quando são escassos os elementos necessários à vida entre os componentes de uma comunidade"[11]. Quando, em um mesmo ambiente, duas populações competidoras usam os mesmos recursos necessários à vida (luz solar, água, alimentos etc.), uma delas chega ao extremo de eliminar a outra, como nos ensina o **princípio da exclusão competitiva**[12], segundo o qual duas espécies com hábitos estreitamente aparentados ou semelhantes não podem coexistir em um mesmo ambiente e ao mesmo tempo. Para coexistirem, deve ocorrer uma mudança de hábitos (diferentes horários de atividade, por exemplo), segregação ecológica ou uma diferenciação de caracteres. Do contrário, uma das populações, como se viu, será extinta naquele ambiente.

---

10. ODUM, E. P. *Ecologia.* Rio de Janeiro, Interamericana, 1985. p. 235.
11. HOLANDA, Aurelio B. de. *Novo Dicionário da Língua Portuguesa.* Rio de Janeiro, Nova Fronteira. s/d.
12. O Prof. G. F. Gause, da Universidade de Moscou, em 1934, demonstrou que duas populações de protozoários poderiam viver, em separado, em condições normais de crescimento e de equilíbrio, em uma cultura controlada, com suprimento de alimento constante. Entretanto, postas juntas neste mesmo ambiente, uma delas após certo tempo, cessava o crescimento, declinando até a extinção em cerca de 16 dias.

Assim, um supermercado que se instala em uma região de uma cidade normalmente causa o fechamento ou a mudança de local de inúmeros pequenos estabelecimentos comerciais da vizinhança. Entretanto, uma butique gastronômica não será afetada.

As cidades onde foram instalados *shopping centers* observaram profundas mudanças em seus antigos centros comerciais devido à concorrência e às alterações de hábitos de compradores. Em muitas cidades de pequeno e médio porte, os estabelecimentos que sobreviveram, em geral, passaram a atender a clientela menos exigente quanto aos produtos, mais baratos que os similares vendidos nos *shoppings*.

O princípio da exclusão competitiva é facilmente constatado pela elevadíssima taxa de "mortalidade infantil" de micro e pequenas empresas. Uma pesquisa divulgada em fins de 1999 pelo "Serviço de Apoio às Micro e Pequenas Empresas (Sebrae-SP) e pela Fundação Instituto de Pesquisa Econômica (Fipe) mostra que, para cada 100 empresas, 35 param no primeiro ano, 11 no segundo e 10 no terceiro" [13]

Segundo a teoria da **seleção natural das espécies**, em um ambiente hostil, sobreviverá a espécie mais apta, isto é, aquela que dispuser de uma *vantagem competitiva* em relação às outras.

Mesmo dentro de uma espécie, há indivíduos que diferem dos demais e, na competição entre esses indivíduos, sobreviverá o mais forte que, ao procriar, transmitirá aos descendentes as características que garantem a maior aptidão. Ao longo do tempo, por meio de alterações genéticas, vai ocorrer *formação de novas espécies* adaptadas ao ambiente em que vivem. Se ficassem imutáveis, não poderiam ter sobrevivido. Observe-se, por exemplo, que a empresa de notícias Reuters foi fundada há cerca de 150 anos distribuindo noticiário financeiro em Londres por meio de pombos-correios. Mas hoje é uma das maiores provedoras de notícias pela Internet, com mais de 200 *sites*, em vários idiomas, tendo passado pelo telégrafo com fio, telégrafo sem fio, pelo rádio, TV etc. usando hoje a tecnologia de comunicações por satélites e não mais os pombos-correios.

Mostrando exemplos "de casa": empresas privadas brasileiras que se mantiveram com sucesso durante décadas, acabaram em fracasso, falência ou foram retalhadas e vendidas a terceiros. Perplexos, os últimos administradores perguntavam: por que isso, se elas vinham sendo conduzidas exatamente como os antecedentes o faziam (às vezes os pais e avôs). A resposta óbvia é: precisamente por isso! Corroboram estes fatos, importantes observações: "Estamos caminhando para o século XXI com empresas projetadas no século XIX para funcionarem bem no século XX"[14].

---

13. O ESTADO DE S. PAULO Caderno de Economia, 14 dez. 99. p. B11.
14. HAMMER, Michel & RAMPY, James. *Reengineering the Corporation.* New York, Harper & Collins, 1993.

"Desde a Segunda Guerra Mundial, a estratégia das corporações tem sobrevivido a várias gerações de penosas transformações e cresceu apropriadamente ágil e atlética. Infelizmente o desenvolvimento organizacional não seguiu seus passos e as atitudes gerenciais ficaram ainda mais atrás. Como resultado, agora as corporações estabelecem estratégias que parecem impossíveis de implementar, pela simples razão que não se pode implementar estratégias de terceira geração em organizações de segunda geração, administradas por gerentes de primeira geração."[15]

Exercício 2.3

Uma das razões de mudança é a obsolescência de um produto, muitas vezes previsível. Carroças, chapéus, bengalas, polainas e espartilhos eram de uso corrente há poucas décadas. Que foi feito das fábricas destes artigos? Que produtos parecem estar hoje a caminho da obsolescência?

Outra razão de mudança é o aparecimento de uma oportunidade a ser suprida por um novo produto ou serviço. Identifique algumas oportunidades existentes ou emergentes.

Considere o extraordinário avanço da informática associada às comunicações (Internet, comércio eletrônico, informação globalizada etc.). Com isso em vista, volte aos quesitos 1 e 2 e responda: que produtos "devem" estar hoje a caminho da obsolescência? Quais as oportunidades existentes ou emergentes, devido aos progressos da informática e das comunicações?

Vantagem Competitiva e Competências Essenciais

Tal como nos seres vivos, a sobrevivência das organizações é assegurada às mais aptas, em decorrência de alguma vantagem que adquirem sobre os concorrentes conforme as evoluções ou mudanças que efetuam. É necessário que as organizações tenham um elevado grau de **competitividade,** obtido quando se desenvolve e explora uma **vantagem competitiva,** que é o resultado de uma superioridade de um ou mais dos fatores: recursos disponíveis, habilidades, conhecimentos, posição (geográfica, mercado, conceito público etc.) e cujo resultado é a criação de **valor,** isto é, atributos de bens e serviços desejados pelos clientes que pagam para obtê-los. Entre os recursos e as capacidades disponíveis na organização, consideram-se como competências essenciais aqueles que são fontes de vantagem competitiva sobre organizações rivais. Ou, dizendo de outra forma, as **competências essenciais** são conjuntos de habilidades, de recursos e de tecnologias capazes de criar valor.

A vantagem competitiva é alcançada, muitas vezes, pelo pioneirismo em lançar um novo produto ou ocupar um novo espaço. No Capítulo 1 foi citado o caso da IBM, que contou com a Microsoft para criar os sistemas operacionais. Esta empresa, fundada

---

15. BARTLETT, Christopher A. & GHOSHAL, Sumantra. Matrix Management: Not a Structure, a Frame of Mind. *Harvard Business Review,* July./Aug. 1990. p. 138-145.

em 1975, foi pioneira e manteve suas vantagens competitivas por meio de introdução no mercado do sistema operacional DOS e sua grande disseminação pelos PC/IBM; procedeu à mudança para o sistema gráfico Windows e está constantemente nas notíciais empresariais devido a sucessivos avanços, com atualizações quase anuais de seus produtos, e a sua postura agressiva no mercado.

É de fundamental importância que as competências essenciais sejam reconhecidas e avaliadas, o que é recomendável fazer com ampla participação de todos. O reconhecimento das competências essenciais é feito por meio de três testes:[16]

- *Valor percebido pelo cliente*: as competências essenciais permitem oferecer produtos ou serviços com benefícios essenciais ao cliente. O cliente precisa reconhecer os benefícios e não as habilidades que os proporcionaram. O que o cliente deseja, aprecia e valoriza são os atributos dos produtos e serviços.
- *Diferenciação entre concorrentes*: diversos concorrentes podem ter habilidades semelhantes mas não chegam a ser superiores àquelas que são competências essenciais em seu grupo de empresas.
- *Capacidade de expansão*: as competências essenciais devem ser passíveis de aplicação em outros produtos ou serviços.

As competências essenciais situam-se nos mais diversos campos empresariais. Como exemplo, elas podem estar no *marketing*, na pesquisa e no desenvolvimento. Existem em algum atributo especial, como na entrega rápida, no pronto atendimento ao cliente, em um serviço 24 horas, nas garantias etc. Residem em tecnologias e habilidades, como na miniaturização da "eletrônica de bolso", na mecânica de precisão, nas rápidas atualizações da microeletrônica e a baixos custos etc.

Mas cada uma destas competências essenciais é o resultado de várias habilidades e tecnologias combinadas. Para se ter uma competência essencial em mecânica de precisão não basta instalar uma sofisticada máquina de controle numérico e de alta precisão, se não houver uma capacidade para gerar o produto, inclusive operando a máquina, gerenciar sua produção, sua qualidade, seu *marketing* e a logística decorrente. E tudo isso precisa ter atributos reconhecidos e desejados pelo cliente, em comparação com os outros disponíveis no mercado. As competências essenciais são caracterizadas:

- por terem méritos indiscutíveis;
- por serem difíceis de copiar e de serem imitadas; e
- por serem insubstituíveis.

Toda organização deve identificar suas competências essenciais, mantê-las e aperfeiçoá-las e também procurar transformar algumas de suas capacidades nesta categoria

---

16. HAMEL, G. & PRAHALAD, C. K. *Competing for the Future*. Massachussets, Harvard Business School Press, 1994.

de competência. Por outro lado, com o passar do tempo, é possível que algumas competências essenciais se transformem em meras capacidades e até mesmo em fraquezas.

Deixar de reconhecer competências essenciais será como deixar um potencial sem aplicação. Como o reconhecimento e a avaliação destas competências decorrem de conjugações de condições internas com os fatores atuantes do ambiente, é de fundamental importância que a organização disponha de um eficiente sistema de informações estratégicas (2.2.2).

Para a organização focalizar as competências essenciais e melhor administrá-las, recorre-se à dispersão daquelas atividades não essenciais, como terceirização, e a melhor e mais eficiente organização interna, como a reestruturação, o enxugamento (*downsizing*), a reengenharia etc. Na **terceirização**, atividades não essenciais e periféricas são repassadas a organizações externas e supridas mediante contratos: segurança, alimentação, serviços de saúde. Com a **reengenharia**, a organização redefine os processos-chave, que são aqueles que caracterizam os objetivos da organização, libertando-os dos entraves causados pela organização departamental, como assinalado no Capítulo 1. A **reestruturação** e o **enxugamento** proporcionam um abaixamento da pirâmide administrativa com a extinção de vários níveis hierárquicos, acelerando o processo decisório e a desejável participação dos executantes junto aos gerentes e chefes.

Exercício 2.4

Retome a organização em estudo.

Quais as vantagens competitivas da organização?

Quais as competências essenciais associadas? Quais devem ser melhoradas para aperfeiçoar/criar vantagem competitiva?

Se não reconhecer vantagem competitiva, quais competências devem ser melhoradas para produzir vantagem competitiva?

2.2. Estratégia: Uma Visão Geral

Estratégia é um termo herdado de aplicações bélicas mas amplamente empregado em diversas áreas, inclusive na administração. Na sua acepção original, **estratégia** é a "arte militar de planejar e executar movimentos e operações de tropas, navios e/ou aviões, visando a alcançar ou manter posições relativas e potenciais bélicos favoráveis a futuras ações táticas sobre determinados objetivos"[17]. Daí decorre uma definição corrente de **gerenciamento estratégico**: como uma variante daquela oferecida na Apresentação "a arte de preparar e aplicar os *meios* e especificar os *cursos de ação*, consideradas as *forças* e *fraquezas* de uma *organização* e as *oportunidades* e *ameaças*

---

17. HOLANDA, Aurelio B. de. *Novo Dicionário da Língua Portuguesa*, Rio de Janeiro, Nova Fronteira. s/d.

do *ambiente* que a cerca, para alcançar ou manter os *objetivos* fixados". Observa-se que a estratégia pressupõe que, inicialmente, sejam fixados os objetivos para, então, determinar como obtê-los.

Enquanto a estratégia tem visão profunda e abrangente, alcançando o horizonte longínquo, a **tática**, outro termo de origem militar, diz respeito às ações mais imediatas, ao dispor os meios e conduzir os processos para alcançar os objetivos dos planos decorrentes da estratégia. Desta forma, as ações preconizadas pelo gerenciamento estratégico são implementadas por outros dois níveis de gerenciamento, já mostrados no Item 1.2.3, o *administrativo*, incumbido de mover a organização como máquina e o *operacional*, encarregado dos processos produtivos de bens ou de prestadores de serviços.

As decisões estratégicas diferem daquelas dos níveis táticos (administrativo e operacional):

- por serem abrangentes e de alta importância: delas decorrem todas as ações a serem realizadas;
- por aplicarem recursos durante longo tempo; e
- por serem de difícil modificação ou reversão.

2.2.1. Ação Participativa

O estabelecimento de uma boa estratégia e sua correta implementação devem ter a colaboração de todos os membros da organização, sendo este um aspecto essencial para uma efetiva e competente gerência estratégica.

Em todas as fases, subprocessos e atividades da gerência estratégica deve haver ampla participação dos gerentes seniores que, por sua vez, ouvem opiniões de suas equipes e consideram as de todas as partes interessadas na organização, quando não postas a participar efetivamente das fases da gerência estratégica.

Hamel disse que

"A pirâmide da organização é uma pirâmide da experiência. Mas a experiência é valiosa até o ponto em que o futuro for como o passado. Em todos os campos, o terreno está mudando tão rapidamente que a experiência está se tornando irrelevante e até mesmo perigosa. Para ajudar as estratégias revolucionárias emergirem, os gerentes seniores devem suplementar a hierarquia da experiência com a hierarquia da imaginação"[18].

2.2.1.1. Partes Interessadas

Foi observado (2.1.3.1) que os objetivos das partes interessadas nem sempre são coincidentes e, muitas vezes, são conflitantes, cabendo à administração da organização fazer o judicioso balanceamento entre eles, a fim de obter um consenso. Há uma conhecida definição de **consenso**, de âmbito internacional: "acordo geral, caracterizado

---

18. HAMEL, G. Strategy as Revolution. *Harvard Business Review*. July/Aug. 1996. p. 74.

pela ausência de oposição fundamentada a aspectos significativos por qualquer parte importante dos interesses envolvidos, em um processo que busca levar em conta as posições de todas as partes interessadas e a conciliação das opiniões conflitantes"[19].

Mas um conceito mais aplicável à situação presente é dado por Ouchi, na sua Teoria Z, ao caracterizar a obtenção do consenso em uma decisão:

> Pode-se dizer que o grupo atingiu o consenso quando finalmente concorda com uma única alternativa e cada membro pode dizer honestamente ao outro, três coisas:
>
> 1. Acredito que você compreendeu meu ponto de vista.
> 2. Acredito que compreendo seu ponto de vista.
> 3. Quer eu prefira ou não esta decisão, eu a apoiarei, porque ela foi alcançada de um modo aberto e justo.[20]

Quando qualquer fase da estratégia for elaborada por um alto executivo ou por um pequeno número deles e sua divulgação acabar por surpreender o pessoal, o empreendimento corre sérios riscos porque, ao entrar em dificuldades, não terá a colaboração de todos, podendo não haver condições de se decidir com segurança ante situações críticas.

Ao estabelecer a estratégia por consenso, além de se dispor de uma orientação que deve balizar as decisões, tem-se toda uma equipe alinhada com os objetivos da organização e uma consciente convergência de esforços, essencial e indispensável nas ocasiões difíceis e críticas. Em caso contrário, poderá haver dissensões e conflitos na própria retaguarda, enfraquecendo o conjunto, justamente quando a coesão for de fundamental importância.

2.2.1.2. Análises, Revisões e Auditorias Independentes

Outra forma de participação, muito proveitosa, fértil e bastante empregada, é a utilização de pessoas ou grupos estranhos ao projeto para proceder a avaliações, críticas e recomendações. Sem os compromissos com a situação, ainda que subliminares e inconscientes, sem o embotamento normal daqueles muito envolvidos com os problemas, as pessoas, procedimentos etc. os visitantes ou convidados dispõem de melhores condições de visão dos problemas e das soluções, com acuidade, largueza e profundidade, muitas vezes não alcançadas nas revisões internas. Conforme uso e situações, estas pessoas e grupos chamam-se Comitê de Visitantes, Analistas Independentes, Revisores Independentes e Auditores Independentes, entre outras designações.

É oportuno apontar aqui para o fato de que, nas Universidades Medievais, por imposição da Igreja, as teses deviam ser apresentadas em público. Por questões de espaço, muitas eram apresentadas nos templos (onde ocorriam outros eventos leigos:

---

19. ASSOCIAÇÃO BRASILEIRA DE NORMAS TÉCNICAS - ABNT. *ABNT-ISO-IEC Guia 2 – Termos gerais e suas definições relativas à normalização e atividades correlatas 1993.* Item 1.7.
20. OUCHI, W. *Teoria Z. Como as Empresas Podem Enfrentar o Desafio Japonês.* S. Paulo, Fundo Educativo Brasileiro., 1982. p. 45.

atividades culturais como teatro, eventos musicais etc.). Não raro, durante as teses, apareciam estranhos ao assunto, os que entravam para orar, ou que ali se deixavam ficar por mera curiosidade ou até os que fugiam de violentas nevascas, que afugentava transeuntes das ruas. Pois eram essas pessoas as mais temidas porque, comumente, eram os autores das mais embaraçosas questões, chegando haver até suspensão das discussões para que o assunto em pauta fosse melhor investigado. Assim fazendo, os doutos membros das bancas demonstravam notável humildade, no que devem ser seguidos pelos executivos, formuladores de estratégias, gerentes e equipes de projeto, sob pena de não terem capacidade de fazer pleno uso de uma das mais possantes ferramentas para seus sucessos.

A **análise independente** ou **análise de especialistas** geralmente visa a um assunto ou tema técnico/administrativo específico, e é elaborada por um ou mais especialistas na matéria. *Compara-se à consulta médica com um especialista.*

A **revisão** objetiva o exame crítico de parte, fase ou etapa do projeto, sendo, em conseqüência, *multidisciplinar*, e, em geral, é realizada em pontos críticos do trabalho ou nas transições de fases/etapas. *É um "check-up".*

A revisão pode ser executada pelos componentes da equipe — **revisão interna** — ou pode ser procedida por pessoas estranhas ao projeto/organização, sendo conhecida por **revisão independente**. Quando executada ao fim de etapas ou fases gerenciais, é denominada **revisão crítica** e se destina a autorizar o prosseguimento dos trabalhos.

A **auditoria interna**, muitas vezes confundindo-se com os objetivos da revisão interna, destina-se a verificar se determinadas condições são atingidas antecedendo à auditoria formal (oficial ou independente). Assim sendo, ela emprega procedimentos predeterminados, usa parâmetros estabelecidos e tem critérios de avaliação definidos. Quando feita por pessoas estranhas ao projeto/organização é chamada de **auditoria independente**. *É como se fosse um vestibular simulado.*

Já a **auditoria formal** ou **oficial** é procedida para cumprir determinadas exigências legais ou regulamentares, para mostrar às partes interessadas a correção da organização (como uma auditoria financeira ou, por exemplo, para credenciar uma organização segundo uma norma ISO). Nestes casos, ela é feita por organismos credenciados e não por pessoas convidadas pela organização ou projeto interessado. *Agora é o próprio exame vestibular.*

Embora a tomada de decisões seja da responsabilidade dos altos dirigentes, a gerência estratégica fornece uma base analítica, qualitativa e quantitativa, com diversas alternativas para avaliações, decisões e o emprego da imaginação e da intuição, sempre insubstituíveis. Os estudos e os resultados da gerência estratégica orientam as decisões administrativas e operacionais pois permitem priorizar atividades e oferecer um quadro de referência para coordenações e avaliações.

Se bem conduzida, com a colaboração de todas as partes interessadas na organização, a gerência estratégica e a gerência de projeto promovem a integração de chefes e subordinados na busca dos objetivos da organização porque todos participam continuamente de sua definição, implementação e avaliação.

Uma determinação aberta de objetivos, da estratégia e de avaliações de desempenho cria e aperfeiçoa uma teia de comunicações internas à organização, vitalizando os processos de integração de pessoas e alcançando a otimização de resultados.

2.2.1.3. Ação Participativa, Decisões e Integração

A ação participativa preconizada acarreta, por si só, vitais e benéficas conseqüências não apenas sobre a administração da organização mas, focalizadamente, para os gerenciamentos estratégico e de projetos. Por ora refere-se apenas aos aspectos já estudados: à resolução de problemas e tomada de decisão e à integração dos projetos entre si e destes com a organização.

No primeiro caso, ao se tomarem decisões no decorrer dos trabalhos (1.8), o simples fato de haver participado no planejamento e decisões anteriores, certamente levará à compreensão dos problemas e tomadas de decisões com uma salutar visão de conjunto e da repercussão de suas ações e decisões. Além disso, os esperados atritos e conflitos entre gerentes funcionais e gerentes de projeto (1.3.1.4 e seguintes) ficam reduzidos a suas normais proporções porque ambos têm a visão geral de para onde a organização deve ser conduzida e como cada parte deve agir. Outras vantagens da ação participativa serão mostradas nos locais apropriados.

2.2.2. Sistema de Informações Estratégicas

"Há três tipos de governo: 1) o que faz acontecer; 2) o que assiste acontecer; 3) o que nem sabe o que acontece."

George Santayana (1863-1952)

O que Santayana disse a respeito dos governos aplica-se integralmente aos empresários, executivos e administradores de todos os níveis.

Como se verá logo a seguir, para fazer acontecer, um grande número de dados e informações[21] deve ser manipulado para que os elementos de decisão sejam confiáveis. São de capital importância os dados e as informações sobre clientes, distribuidores e consumidores finais, fornecedores, concorrentes, mercado etc. Será preciso inferir evoluções, mudanças e tendências futuras de todos os fatores e atores que compõem o ambiente externo. Igualmente, será necessário conhecer a própria organização, com minúcias e com dados atualizados para avaliação precisa das condições internas, em todas as áreas.

---

21. No Capítulo 14, que trata da gestão das comunicações, menciona-se que dado é um elemento factual que, para se transformar em informação, precisa ser avaliado, interpretado, analisado e organizado para um fim específico.

Assim, a organização deve dispor de um sistema de informações para alimentar a gerência estratégica, principalmente porque esta é um processo permanente e cíclico. As informações externas devem ser obtidas, catalogadas, revisadas e mantidas em dia, por meio de consultas a publicações, contatos, participação em eventos, Internet etc. Mas as fontes de informações externas dependem muito da natureza da atividade de cada organização e esta deverá levantar, selecionar e cultivar suas fontes de informações partindo das sugestões gerais contidas no Apêndice deste Capítulo (2.8.2).

Há necessidade de, gradativamente, fazer levantamento e seleção de fontes de informações e adotar um processo de tratamento, codificação, armazenamento, atualização e registro. Embora dirigida para o emprego na gerência de projeto, o Capítulo 12, que trata da gestão das comunicações, é aplicado às informações e comunicações na gerência estratégica. Um importante componente do sistema de informações estratégicas é o sistema de informações gerenciais (3.4.1.5 e 4.1.8).

2.3. Estratégias Setoriais e Estratégias Corporativas

2.3.1. Conceituação

Viu-se que, qualquer que seja o tipo de organização, ela tem como que **objetivos permanentes**. Um deles é obter *ganhos acima da média* (2.1.3.1) para satisfazer às partes interessadas. Para manter a competitividade, é necessário alcançar outro objetivo: a *vantagem competitiva* sustentável e, para isso, criar e aperfeiçoar suas *competências essenciais* (2.1.3.2).

Mas estes macroobjetivos e, em conseqüência, suas respectivas estratégias são muito abrangentes. Assim, as estratégias devem ser decompostas em partes mais manuseáveis e exeqüíveis. Para isso, distinguem-se duas categorias ou dois níveis de estratégias:

- **estratégias setoriais** (ou **de negócio** ou **empresariais**), que determinam as ações e distribuem os recursos e, principalmente, empregam as *vantagens competitivas* para proporcionar *valor* aos clientes, em cada um de seus produtos/serviços; e
- **estratégias corporativas**, que dizem respeito às ações e respectivos recursos para obter vantagem competitiva por meio de *seleção de produtos/serviços* (os negócios) em diversos mercados e suas *gerências*.

Observa-se que as estratégias setoriais referem-se às ações executadas *na organização*, ou, mais especificamente, à criação, aperfeiçoamento e exploração de suas *competências essenciais* empregadas *em cada negócio, serviço ou função*. Elas respondem a uma pergunta: "*como* devemos *competir*?".

Por outro lado, as estratégias corporativas estão *voltadas para fora*, adotando o melhor conjunto de produtos/serviços (*mix* para competir em *diversas frentes ou mer-*

cados). Agora há duas perguntas: "*quais os setores* em que devemos estar envolvidos?" e "*como devemos gerenciar* este conjunto de setores os negócios?".

Estes nomes têm origem no fato histórico pelo qual o gerenciamento estratégico foi desenvolvido para as grandes *corporações*, nas quais cada empresa, divisão ou unidade de *negócio* envolve-se com um produto ou uma linha de produtos de mesma natureza e a corporação administra todo o grupo. Nestes casos, há uma estratégia geral, a *corporativa*, e várias estratégias setoriais (ou de negócio ou empresarial), uma para cada unidade de negócio ou cada empresa. Com mais razão isso se dá no caso dos **conglomerados**, um grupo econômico-financeiro constituído de empresas de atividades completamente diversas e que produzem artigos não relacionados entre si. Como exemplo, cita-se a GE, referida na Apresentação deste livro, que tem uma estratégia corporativa para toda a GE e várias estratégias de negócio, sendo uma só para lâmpadas, outra para eletrodomésticos, outra para locomotivas etc.

E isto é válido para qualquer tipo de organização. Mas a estratégia corporativa toma vulto quando a organização tem grande número de produtos e serviços e atua, em conseqüência, em vários setores ou mercados. Para a maior parte das empresas, aquelas que se dedicam a um ou poucos produtos/serviços, resta pequena parte da estratégia corporativa, a referente às respostas da segunda pergunta: "como gerenciar o(s) produtos(s)/serviço(s) no mercado?".

2.3.2. Estratégias Setoriais

2.3.2.1. Levantamento da Situação

Para estabelecer a estratégia setorial, é preciso reconhecer, de início:

- *Qual o cliente* visado. Se *pessoa*, identificar suas necessidades e suas características como estilo de vida, idade, nível socioeconômico etc. Se *organização*, identificar seus objetivos, setores ou ramos de negócio, suas necessidades e características como tamanho, localização etc. Os clientes podem ser divididos em grupos, se for conveniente tratá-los distintamente.
- *Que valores* proporcionar ao cliente. Estes valores são determinados por contatos com os clientes (pessoais ou por escrito) feito pelos representantes e dirigentes da organização, bem como pelo pessoal de vendas, de manutenção e de *marketing*.
- *Quais as competências essenciais* a empregar. Estes são os meios de implementar as estratégias setoriais ou seja, aqueles capazes de criar valor.

Aparentemente simples, à primeira vista, estas questões devem ser bem compreendidas e suas respostas devem ser muito precisas, especialmente quanto à identificação dos valores (que podem ser inferidos junto aos clientes, ao pessoal de *marketing*, aos clientes de concorrentes etc.) e às competências essenciais necessárias e que, muitas vezes, têm de ser criadas, para que os objetivos sejam atingidos.

2.3.2.2. Estratégias Genéricas Setoriais

Há quatro estratégias genéricas setoriais[22] que podem ser aplicadas a qualquer tipo de organização, a qualquer produto ou serviço e a qualquer mercado. São elas: liderança de custos, liderança de diferenciação e duas estratégias de enfoque: em custos e em diferenciação. As duas primeiras estão dirigidas para todo o mercado enquanto as duas últimas visam a segmentos particulares deste mercado.

1. **Liderança de custos,** visa à utilização de vantagem competitiva para oferecer produtos/serviços com atributos aceitáveis e de *baixo custo* unitário a clientes sensíveis a preços. E isso consiste em oferecer produtos padronizados, em grande escala, sem requintes nem afetações, aos clientes mais típicos do mercado. O baixo custo pode ser obtido por meio:

   ◆ de escala de produção;
   ◆ da introdução de novo produto;
   ◆ da modificação de produto existente;
   ◆ de cortes de custos de produção (materiais, processos, mão-de-obra etc); e
   ◆ de cortes de custos de transportes, de serviços etc.

   Outro fator importante é o da *curva de aprendizagem*, segundo a qual observam-se reduções de custos devido à diminuição do tempo de produção e economia de material, à melhoria da qualidade, e ao aperfeiçoamento nos processos, com a prática, a observação e a aprendizagem durante a produção ou prestação de serviços.

2. **Diferenciação,** que consiste em prover produtos/serviços de características únicas ou com atributos singulares e marcantes, a clientes relativamente insensíveis a preços, pelo que a organização pode obter maior preço que compense esta vantagem. A diferenciação inclui desde o *design* do produto (jóias, automóveis, relógios, móveis e utensílios em geral), desempenho (aparelhos e equipamentos, em geral), vida útil (eletrodomésticos, objetos de uso pessoal), robustez (veículos especiais). Outras formas de diferenciação não são intrínsecas ao produto e consistem em financiamentos vantajosos, em serviços pós-venda de qualidade superior, treinamento do usuário, atendimento personalizado (sala VIP, por exemplo), entregas rápidas, garantias etc.

   As estratégias de enfoque diferem das anteriores porque não abarcam todo o mercado mas fixam-se nas necessidades específicas de segmentos de mercado que os outros concorrentes, de modo geral, não estão aptos ou interessados a atender. Há duas modalidades básicas de enfoque, enfoque em baixo custo e o enfoque em diferenciação. Estas estratégias são empregadas quando

---

22. PORTER, M. E. *Competitive Strategy*, New York, Free Press, 1980

se dispõe de competência essencial adequada à satisfação de uma determinada parcela do mercado.

3. **Enfoque em baixo custo.** Usa de condições que proporcionam baixo custo ao cliente, tais como localizações próximas ao consumidor, ou despe o produto ou serviço padronizado de atributos que podem ser dispensados por fatias de mercado, como o caso de cadeia de hotéis que mantém os principais serviços com alta categoria e qualidade mas não dispõe de outros que encareçam as diárias e não são utilizados pela maioria dos hóspedes em viagem de serviço ou de turismo.

4. **Enfoque em diferenciação.** Este é um tipo de focalização em produto ou serviço destinado a parcela específica de mercado que precisa de produto diferenciado, como equipamentos para deficientes físicos, para praticantes de determinados esportes (pára-quedas, alpinismo, balonismo, mergulho etc.), blindagens em automóveis, entre outros.

Como uma extensão da focalização, há diversas formas de combinação *custo/diferenciação*, atendendo-se a requisitos de emprego sem os rigores necessários para categorias mais exigentes como o de microcomputadores de custo extremamente baixo mas que, não obstante, têm recursos de *hardware* e de *software* que atendem a determinadas faixas de mercado.

2.3.3. Estratégias Corporativas

As estratégias corporativas, como visto em sua conceituação (2.3.1), aplicam-se especialmente às organizações que possuem vários produtos ou negócios. Assim, a diversificação de setores ou negócios deve ser procurada e mantida, abandonando produtos ou extinguindo empresas e departamentos não lucrativos. Os responsáveis pelas estratégias corporativas gerenciam um leque de competências essenciais e procuram fazer o melhor uso destas, em face das oportunidades e ameaças em seus vários mercados.

As estratégias corporativas, quando despidas dos aspectos de seleção de conjunto de produtos, ou seja, quando vistas sob o enfoque de gerenciamento de produto em seu mercado, também são aplicadas nas organizações que têm um só produto ou um produto dominante.

As estratégias corporativas podem ser agrupadas em quatro conjuntos, sendo que, muitas das vezes, elas são empregadas em combinações destes tipos, em vários graus de intensidade:

1. **Estratégias integrativas.** A integração é o processo pelo qual uma organização ganha controle sobre entidades com as quais opera:
    - **Integração avante**, compreendendo aquisição ou controle de distribuidores atacadistas e varejistas. Isto pode ser feito mediante compras de alguns ou todos os distribuidores, por contrato de exclusividade ou por franquias

para distribuição de seus produtos. A Coca-Cola tem comprado suas engarrafadoras e distribuidoras.

- **Integração a ré**, consistindo na aquisição ou controle de fornecedores, o que é praticado quando estes se mostram pouco confiáveis ou ineficientes quanto a qualidade e prazos, com altos custos etc. A McDonald's planta a alface que usa.
- **Integração horizontal**, que é a aquisição ou controle de competidores. Com o rápido crescimento do comércio global, tem-se observado grande número de aquisições e de fusões entre competidores visando à *economia de escala*, à eliminação ou redução de *duplicações*, à *presença global* e à integração de *recursos* e *competências*. Os exemplos estão diariamente nos jornais, entre os quais, a citada AmBev.

Estas estratégias, quando em conjunto, são também conhecidas como *integração vertical* ou *verticalização*. Muitas empresas, especialmente no início da industrialização, já nasceram verticalizadas, como as primeiras indústrias de automóveis, com muito poucos componentes comprados de fornecedores. Hoje elas têm o título genérico de "montadoras", mais próximo da realidade e tendem a ir para a integração de sistemas automotivos montados por poucos fornecedores, como a fábrica de caminhões da Volkswagen em Resende, RJ.

2. **Estratégias intensivas:** a organização exerce esforço intensivo para melhorar seu poder competitivo, mantidos os mesmos produtos. Estas estratégias são:
   - **Penetração de mercado**: aumento de participação no atual mercado por meio de maior esforço de *marketing*, de produção etc. Isto pode exigir maior número de pontos-de-venda, maior despesa de *marketing*, promoções, brindes etc.
   - **Desenvolvimento de mercado**: expansão da atual área de mercado, introduzindo os mesmos produtos ou serviços em outras regiões. Eficientes meios para esse desenvolvimento são a parceria, a franquia e o comércio eletrônico, processos em rápida expansão.
   - **Desenvolvimento de produto**: busca do aumento de vendas com melhoramento, modificação ou atualização de produtos ou serviços existentes. Esta estratégia geralmente exige esforço de pesquisa e desenvolvimento, podendo acarretar modificações em linha de produção, nos serviços logísticos etc.

3. **Diversificações:** a organização introduz novos produtos ou serviços, além dos existentes. Embora muitas organizações apliquem estas estratégias, atualmente observa-se uma retração neste sentido, com tendências para se diminuir o leque de produtos/serviços, em virtude de dificuldades de manter padrões competitivos em largas frentes. As diversificações são dos tipos:

- **Diversificação concêntrica:** os novos produtos ou serviços têm relação com os existentes. Como já referido, estas estratégias geralmente são combinadas com outras. Assim, as empresas fabricantes de telefones convencionais já partiram para o celular, e adicionaram serviços de *pagers* e agora, em um esforço recente para lançar em breve o celular acoplado à Internet, formam uma associação com fabricantes de *lap-tops*, de produtores de micro, de *softwares*, empregando o protocolo para aplicações sem fio (*wireless application protocol — WAP*)[23], dando início à *Internet de bolso*.

- **Diversificação horizontal:** os novos produtos ou serviços não estão relacionados com os existentes. Por exemplo: a Shell é a maior distribuidora de lingüiças na Escandinávia e a Ipiranga distribuía peixe no Rio Grande do Sul. Uma variante é conhecida como diversificação por conglomerado, em que uma organização adquire outra ou partes de outras organizações que produzem artigos não relacionados com os da compradora. Às vezes esse tipo de diversificação é um passo inicial para venda posterior de partes da organização adquirida, com lucros sobre os valores pagos na compra. Outras vezes o interesse está em adquirir uma tecnologia comprovada para emprego com outras finalidades que não a da linha do produto adquirida. As diversificações vêm sendo efetuadas com grandes precauções, em virtude dos riscos que encerram.

As diversificações de ambos os tipos atendem ainda a um agitado mercado de produtos um tanto efêmeros, procurados por clientes ávidos de novidades, dados a modismo, ao exibicionismo e ao consumismo.

4. **Estratégias defensivas:** com estas estratégias, a organização posiciona-se ante situações críticas ou riscos. As principais são:

    - *Joint venture,* uma forma de parceria ou associação com a finalidade de aproveitar uma mesma oportunidade. Isto está sendo observado constantemente nas oportunidades de unir tecnologias de ponta para abrir novos produtos, serviços e seus mercados.

    - *Reestruturação, redução de ativos, desinvestimento, cortes de despesas.* Com estas formas, as organizações procuram investir nas competências essenciais e básicas com o objetivo de reerguer de posição desfavorável.

    - *Concordata, liquidação, falência,* que são as posições de extrema defesa, que visam à realização do ativo da organização em dissolução, assim como o das massas falidas, para pagar o passivo e compartir o saldo que houver.

---

23. A empresa Unwired Planet desenvolve um navegador que permite acesso à Internet por meio de ondas de rádio. A esse empreendimento juntam-se a Ericson, a Nokia, a Microsoft e estão aderindo várias outras, para lançar em poucos meses um aparelho sem fio, interligado à Internet e capaz de receber um correio eletrônico (e-mail).

2.4. O Processo do Gerenciamento Estratégico

A **gerência estratégica** formula, implementa e avalia linhas de ação multidepartamentais que levam uma organização a atingir seus objetivos de longo prazo, relativos a seus produtos, mercado, clientes, concorrentes, sociedade etc. É a aplicação do gerenciamento estratégico, conforme definição dada (1.2.2).

Ela é estudada aqui como um processo que tem três subprocessos interligados, como se vê na Figura 2.2, em que a formulação antecede a implementação mas que é corrigida e ajustada sempre que necessário, após a avaliação. Assim, trata-se de um processo cíclico e que pode incluir, se necessário, a reformulação da própria missão.

A menos que as orientações, mudanças e decisões sejam feitas a esmo, de forma descoordenada, pode-se dizer que a gerência estratégica tem existência em muitas organizações, ainda que em caráter informal. Entretanto, um mínimo de formalização e de registro de dados e informações torna-se necessário para atribuir crescente profissionalismo a este importante aspecto gerencial.

> **Formulação da estratégia**
> Estabelecimento ou revisão da missão
> Avaliação do ambiente (avaliação externa)
> Avaliação da organização (avaliação interna)
> Estabelecimento de objetivos de longo prazo
> Estabelecimento da estratégia
>
> **Implementação da estratégia**
> Estabelecimento de planos e objetivos de curto prazo
> Execução dos planos de curto prazo
>
> **Avaliação**
> Avaliação do desempenho
> Retroalimentação

Figura 2.2 O processo do gerenciamento estratégico.

2.5. Formulação da Estratégia

Nota   *O Apêndice contém uma lista dos pontos a serem verificados em todas as fases da formulação, implementação e avaliação da estratégia. O texto que se segue, para ter leitura mais leve, é destituído destes detalhes. O leitor é convidado, antes de prosseguir, a passar uma vista no citado Apêndice, que deve ser empregado como um roteiro na aplicação do gerenciamento estratégico e consultado durante a leitura do texto, se necessário.*

A fase de formulação da estratégia tem como ponto de partida a *missão* da organização e considera que, para cumpri-la, há de se levar em conta os *fatores externos*, que são ditados pelos dois níveis de ambiente da organização, e os *fatores internos* da própria organização, para então estabelecer os *objetivos* e as conseqüentes *estratégias* para alcançá-los.

2.5.1. Estabelecimento ou Revisão da Missão

A missão é, em essência, o propósito ou a razão de ser da organização, estabelecida pela primeira vez ao ser instituída (1.2.1). Depois disso, ela é revista e reformulada tantas vezes quantas necessárias, em face de evolução ou mudança (tanto externa quanto interna) ou da perspectiva de sua ocorrência.

A *redação da missão* deve ter claras referências e posições sobre o produto, o cliente, o mercado e demais partes interessadas, como sintetizado no Apêndice deste Capítulo (2.9.3). Ao atingir suas fases finais, os termos da redação da missão devem circular entre os representantes das partes interessadas para ajustes e consolidação e a divulgação da missão deve ser ampla. Com estes procedimentos cria-se um sólido comprometimento entre as partes interessadas e a organização.

Exercício 2.5

Retome a organização em estudo e reveja o Exercício 1.2, em que esboçou a missão. Redija agora o texto da missão dessa organização seguindo as sugestões do Item 2.9.3.

2.5.2. Avaliação do Ambiente da Organização (Avaliação Externa)

O ambiente da organização, como já foi visto (2.1), é formado pelo *ambiente geral* e pelo *ambiente organizacional*. Agora faz-se uso dos conhecimentos ali adquiridos para avaliar aquele ambiente.

O ambiente deve ser cuidadosamente observado e *esquadrinhado*, para levantar e identificar os componentes de interesse para a organização. Precisa ser *monitorizado*, isto é, deve ser continuamente acompanhado para verificar a ocorrência de alterações. É necessário levantar tendências de evolução para se fazer *previsões* de cenários e de caminhos futuros. Finalmente, todos os dados e informações devem passar por criteriosa *avaliação* para orientar as decisões a serem tomadas. Como na atividade de estabelecimento da missão, os levantamentos, as identificações e avaliações devem ser feitos de forma cooperativa, envolvendo responsáveis pela organização, dirigentes, gerentes e empregados, bem como clientes, fornecedores etc. Enfim: todas as partes interessadas na organização.

Cada um dos componentes do ambiente, seja o *geral*, seja o *organizacional*, pode agir sobre a organização, proporcionando **oportunidades**, que são circunstâncias que levam a resultados desejados ou favoráveis, e **ameaças**, que são indícios ou prenúncios de efeitos maléficos, adversos ou indesejáveis. Muitos dos dados resultantes do levantamento de oportunidades e ameaças serão utilizados na gestão dos riscos do projeto. O leitor é convidado a uma rápida visita ao Capítulo 15.

2.5.2.1. Ambiente Geral

Os setores do ambiente geral foram citados anteriormente (2.1.2) e agora são expandidos em seus fatores:

1. *Econômicos*. Os principais fatores a serem considerados, especialmente em relação a operações financeiras são: PIB, taxas de inflação, de juros, de retorno sobre aplicações, câmbio, déficits ou superávits orçamentários, de balança de pagamentos etc.

2. *Tecnológicos*. Levantar ocorrências atuais ou potenciais de novas tecnologias, inovações de produtos, de processos, sistema de informações etc.

3. *Demográficos*. Considerar situação atual e tendências: tamanho da população, taxas de crescimento, distribuições de renda, etária e geográfica, diversidade étnica etc.

4. *Socioculturais*. Identificar e avaliar o nível de educação, a diversidade da força de trabalho, atitudes quanto à qualidade do padrão de vida, do meio ambiente etc.

5. *Meio ambiente*. Levantar e avaliar possíveis influências de seus processos, produtos e serviços sobre a atmosfera, a água, solo, recursos naturais, flora, fauna, seres humanos e suas inter-relações e destes sobre os processos, produtos e serviços.

6. *Político-legais*. Reconhecer as condições atuais e tendências de estabilidade política, legislações do trabalho e antitruste, desregulamentação, nacionalização, proteção do consumidor, do meio ambiente etc.

Estes fatores podem manifestar-se por meios diversos, como agências de governo (legislação: direitos, deveres), sociedade (padrões morais, éticos, religiosos, políticos etc.), Associações de Classe, Sindicatos (reivindicações, conflitos, greves) etc.

Para uma efetiva **avaliação do ambiente geral**, deve-se reconhecer e catalogar individualmente os fatores e atores, ativos ou de potencial atividade futura e levantar as reais e as possíveis ou prováveis *influências* sobre a organização, isto é, aqueles que podem atuar positiva ou negativamente sobre ela: as *oportunidades* e as *ameaças*.

Uma vez reconhecidos e avaliados os possíveis componentes do ambiente geral da organização, deve-se perscrutar e examinar o conjunto dos componentes do ambiente geral, com base nas indicações anteriores (fatores e atores) acrescidas de outros possíveis componentes e detalhamento dos identificados.

2.5.2.2. Ambiente Organizacional

No estudo do ambiente organizacional (2.1.3) foram analisados os elementos componentes: as *partes interessadas* e os *competidores*. Agora, para a avaliação do ambiente organizacional, devem ser consideradas as *cinco forças competitivas*[24], exercidas entre os componentes deste ambiente para se reconhecer, definir e avaliar as *oportunidades e ameaças*. Estas forças são:

1. *Rivalidade entre competidores*, isto é, potenciais oportunidades e ameaças provenientes das organizações que disputam o mesmo mercado: quais são seus futuros objetivos, qual sua estratégia atual e quais são suas forças e fraquezas. Esta rivalidade manifesta-se por competição de preços, inovação e diferenciação de produtos.
2. *Novos competidores potenciais*, a possibilidade e o risco de entrada em cena de outros protagonistas, com ameaça de restrição da fatia de mercado entre os competidores já estabelecidos.
3. *Produtos substitutos*, ou seja, a potencial ameaça de deslocamento de produtos existentes por outros.
4. *Poder de barganha de fornecedores*, especialmente em casos de concentração destes, face à diversificação de compradores. Deve-se considerar, inclusive, a ameaça de integração avante (o fornecedor compra ou adquire controle de seu cliente).
5. *Poder de barganha de clientes*, especialmente no caso de produtos padronizados, sem grandes diferenças. Aqui pode ocorrer, ainda, a ameaça de integração a ré (o cliente compra ou adquire controle de seu fornecedor).

2.5.2.3. Oportunidades e Ameaças

Para cada um dos segmentos do ambiente geral e para cada uma das forças do ambiente organizacional, devem ser identificados e documentados os atores e fatores que influenciam a organização. Em seguida, devem-se levantar as *tendências* de evolução de cada uma destas influências. Com estes dados deverão ser identificadas oportunidades e ameaças, tanto as atualmente existentes quanto as potenciais. Estas informações e avaliações devem ser criteriosamente estudadas, interpretadas e registradas para posterior aplicação na seqüência do processo do gerenciamento estratégico.

---

24. PORTER, M. E. *Competitive Strategy*, New York, Free Press, 1980. Preserva-se aqui o título dado pelo citado autor (cinco forças) e que não deve ser confundido com as forças internas da organização (Item 2.5.3).

Se dados e informações relevantes e intervenientes não forem obtidos, adotam-se, em seus lugares, as hipóteses convenientes. Da mesma forma, as restrições devem ser registradas para análises e avaliações posteriores. Todas as *oportunidades, ameaças, restrições* e *hipóteses* devem ser claramente descritas sem ambigüidades e, sempre que possível, de forma quantificada.

Uma vez levantadas as oportunidades e ameaças, é necessário avaliá-las, existindo vários métodos, dos quais o da matriz de avaliação de fatores externos é um dos mais simples e freqüentemente utilizado[25]. Esta matriz tem a estrutura mostrada na Figura 2.3.

Fatores Externos	Pesos	Taxa	Valor Ponderado
Oportunidades:	.....	.....	.....
1- Demanda crescente (x% a/a) para o produto A	0,15	3	0,45
2-	.....	.....	.....
- - - -	.....	.....	.....
Ameaças:	.....	.....	.....
1-	.....	.....	.....
2-	.....	.....	.....
- - - -	.....	.....	.....
Totais	1,00	- x -	(1,00 a 4,00)

Figura 2.3 Matriz de avaliação de fatores externos.

Para organizar a matriz:

a) Relacione na primeira coluna as oportunidades e as ameaças, de forma clara, e, sempre que possível, quantifique-as e use dados comparativos. Usualmente, a quantidade de oportunidades e de ameaças varia de 10 a 20 em cada uma das categorias, para serem avaliadas e priorizadas mais tarde.

b) Na segunda coluna, atribua a cada fator um peso que varia de 0,00 a 1,00 conforme seu grau de importância, de forma que a soma total seja 1,00 para o conjunto de oportunidades e ameaças. Estes pesos devem refletir o potencial da oportunidade e da ameaça do ambiente sobre a organização, tomando como referência as influências do fator no conjunto de empresas do mesmo ramo.

Os maiores valores serão dados às ameaças que proporcionarem os *maiores graus de severidade* e às oportunidades que resultarem nos *maiores benefícios*. O efeito de uma ameaça com 0,15 é mais severo que uma de 0,10. Um valor de 0,40 dado a uma oportunidade indica que ela tem um potencial de be-

---

25. Baseado em DAVID, Fred R. *Strategic Management*. 6. ed., New Jersey, Prentice-Hall, 1989. p. 129.

nefício ou vantagem cerca de quatro vezes maior que uma outra que ganhou apenas 0,10.

c) Atribua na coluna seguinte, para cada fator, uma taxa que varia de 1 a 4 (valores inteiros) e que representa a eficiência da estratégia atual da organização frente a cada fator. Assim, ao se fazer a pergunta "como a atual estratégia responde a este determinado fator?", atribui-se uma taxa ao fator conforme a resposta seja, respectivamente:

4 — Resposta excelente

3 — Resposta acima da média

2 — Resposta média

1 — Resposta inferior

Se houver um perfeito balanceamento, apenas quanto à resposta da estratégia, a média terá o valor 2,50. Se for menor, a estratégia da organização é inferior à média. Quanto mais próximo de 4,00, melhor a estratégia ante as oportunidades/ameaças externas.

d) Mas será preciso levar em conta o peso de cada fator. Por exemplo: a estratégia pode ser eficiente apenas quanto a oportunidades e ameaças quase inócuas. Ou vice-versa. É necessário, portanto, considerar a potencial influência de cada fator como avaliado no item *b*. Para isso, multiplique o peso de cada fator pela respectiva taxa, obtendo os valores ponderados.

e) Some estes valores para obter o valor ponderado da organização.

Note-se que o valor mínimo possível é 1,00. Neste caso, a organização *não aproveita* as oportunidades *nem evita* as ameaças. Em outras palavras, ela não responde ao ambiente, sendo totalmente passiva! O valor 4,00 é o máximo possível e mostra que a organização tira o melhor partido das oportunidades e rejeita as ameaças com eficiência.

No exemplo dado na Figura 2.3, trata-se de uma Empresa ABC que tem por missão, quanto ao produto A, abastecer um determinado mercado. Uma oportunidade detectada é a tendência de aumento da demanda deste mercado.

Exercício 2.6

Refira-se à Figura 2.1.

Selecione três dos setores do ambiente geral e, para cada um deles, proceda como indicado no início deste Subitem, identificando oportunidades e ameaças com vistas à organização em estudo que (hipoteticamente) fará uso destes resultados para implementar a estratégia.

Sugestão: Para melhor rendimento, e se viável, realize este exercício com um ou mais colegas da organização objeto destes exercícios.

2.5.3. Avaliação da Organização (Avaliação Interna)

A avaliação do ambiente, quanto a oportunidades e ameaças, não é suficiente para estabelecer os objetivos e a estratégia. Estas informações devem ser complementadas com a **avaliação da organização** o que é feito ao se considerarem suas forças e fraquezas.

Forças são capacidades com as quais a organização obtém excelentes resultados e **fraquezas** são aquelas capacidades que produzem pobres resultados. Elas decorrem das habilitações de pessoal e da eficácia dos recursos ou de uma combinação destes.

Como são partes inerentes da organização, esta possui alguma forma de controle sobre estes atributos, podendo alterar sua extensão ou intensidade (aumentar o potencial de uma força, reduzir as causas de uma fraqueza), ou dirigir os esforços para tirar o melhor proveito ou diminuir efeitos indesejáveis. Muitos dos dados resultantes do levantamento de forças e fraquezas da organização serão utilizados na gestão dos riscos de projetos. Se o leitor não visitou o Capítulo 15, quando convidado em 2.5.2, não perca a oportunidade de fazê-lo agora, vendo, em especial, os elementos do processo de quantificação de riscos, Figura 15.2.

As forças e fraquezas da organização devem ser identificadas e avaliadas, considerando todas as áreas, tais como *marketing*, compras/contratos, finanças, contabilidade, informações (tanto as internas, da própria organização, como as do ambiente externo, em especial, quanto a fornecedores, concorrentes e clientes), tecnologia, mercado etc. Incluem-se, evidentemente, as áreas funcionais ou operacionais específicas da organização (desenvolvimento, produção, prestação de serviços, manutenção, logística, assistência ao cliente etc.). Outros aspectos não menos importantes devem ser considerados como os intangíveis: gerenciamento, capacidade de trabalho em equipes multifuncionais, a cultura, o capital intelectual, conceito público, vínculos com fornecedores, parceiros, clientes etc.

Especial atenção deve ser dada às competências essenciais (2.1.3.2) para delas extrair o máximo resultado, gerando valor e adquirindo ou elevando a competitividade.

Lembre-se que, para determinar os limites do ambiente, foram considerados os efeitos positivos e negativos da organização sobre componentes do ambiente. Agora esses efeitos devem ser considerados sob o ponto de vista de se constituírem em forças ou fraquezas. Um efeito indesejado sobre um competidor (do ponto de vista deste) pode ser uma força, mas um efeito maléfico sobre o meio ambiente poderá ser uma fraqueza (pois atenta contra a sociedade, podendo prejudicar a imagem, e causará despesas para remoção das causas etc.).

Mais uma vez, repete-se aqui a necessidade de um processo interativo para levantar estes dados, como meio de obter os melhores resultados, ao tempo em que se aglutinam as equipes, gerentes, dirigentes e todas as demais partes interessadas.

Exercício 2.7

É hora de mais um exercício.

Proceda como indicado neste Subitem (e reveja a Figura 2.1) e identifique forças e fraquezas da organização em estudo.

Sugestão: Para melhor rendimento, e se viável, realize este exercício com um ou mais colegas da organização objeto destes exercícios.

Levantados os pontos fortes e fracos, eles devem ser avaliados. A matriz de avaliação de fatores internos[26] é largamente utilizada e assemelha-se à matriz de avaliação de fatores externos, como se vê na Figura 2.4.

Na primeira coluna relacionam-se as *forças* e *fraquezas*. Os *pesos*, registrados na segunda coluna e variando de 0,00 a 1,00 para cada fator, devem somar 1,00 no total geral. Para cada um dos fatores, deve-se perguntar: "neste aspecto (ou no detalhe de um aspecto) qual sua importância em relação aos padrões a ele atribuídos na área de atuação de nossa organização?" Conforme a resposta, atribuem-se valores que indicam o grau de importância do fator, variando nos limites de 0,00 para *nada importante* e 1,00 para *completamente importante*.

Para preencher a terceira coluna, deve-se avaliar a *taxa* de cada fator, de acordo com a intensidade de seu efeito, atribuindo valores inteiros de 1,00 a 4,00 que indicam:

4 — Força intensa

3 — Pequena força

2 — Pequena fraqueza

1 — Grande fraqueza

---

26. Baseado em DAVID, Fred R. *Strategic Management*. 6. ed., New Jersey, Prentice-Hall, 1989. p. 164.

Fatores Internos	Pesos	Taxa	Valor Ponderado
Forças:			
1- grande experiência e potencial de produção de A	0,05	3	0,15
2- disponibilidade de capital/ crédito para expansão	0,15	4	0,60
3-	0,10	2	0,20
- - - -	- - - -	- - - -	- - - -
Fraquezas:			
1-	0,15	2	0,30
2-	0,05	2	0,10
- - - -	- - - -	- - - -	- - - -
Totais	1,00	- x -	(1,00 a 4,00)

Figura 2.4 Matriz de avaliação de fatores internos.

Observa-se que os pesos indicam a importância da força ou da fraqueza em relação ao conjunto das organizações de mesmo ramo que o da organização considerada e de seu mesmo ambiente, enquanto as taxas são baseadas em medidas internas à organização. Em outras palavras: o peso tem um padrão externo à organização, enquanto a taxa é baseada em fatores intrínsecos à organização.

Os *valores ponderados*, resultados do produto pesos x taxas, situam-se entre 1,00 e 4,00. A média é 2,50 e indica um equilíbrio entre forças e fraquezas. Quanto mais perto de 4,00 maiores as forças internas, e quanto mais próximo de 1,00 maiores são as fraquezas.

No exemplo da Figura 2.4, a Empresa ABC tem, entre outras, duas forças: capacidade ociosa e capital disponível.

2.5.4. Objetivos de Longo Prazo

Tendo como foco a missão da organização e dispondo das avaliações externa e interna e de outras informações relevantes, o próximo passo consiste no estabelecimento de objetivos de longo prazo. Estes objetivos, já referidos como objetivos permanentes de toda organização, devem garantir uma *vantagem competitiva* para fazer frente aos concorrentes da organização e obter *ganhos acima da média* para satisfazer as partes interessadas.

Eles devem ser coerentes com a missão estabelecida e precisam ser claramente descritos, expressos em termos quantitativos e, portanto, mensuráveis, com prazos definidos, realísticos e exeqüíveis, embora contendo desafios. Todos os dados e informações utilizados, todas as hipóteses feitas e as restrições existentes devem ser registrados para análises e avaliações posteriores. No conjunto, os objetivos não devem abrigar conflitos internos, isto é, eles devem ser consistentes e, em geral, como já referido, cobrem períodos de dois a cinco anos.

Os objetivos de longo prazo são expressos em termos de crescimento de vendas, crescimento de ativos, diversificações, integrações organizacionais, participação no mercado, lucratividade, retornos (sobre investimento, por exemplo), além de visarem a outros fatores específicos à organização em causa. Se necessário, eles devem ser hierarquizados e podem ser desdobrados em objetivos setoriais ou departamentais, voltados para partes internas da organização, para produtos ou mercados.

É altamente recomendado que a formulação dos objetivos conte com a efetiva participação daqueles que elaboraram a missão e executaram as avaliações interna e externa. Sendo bem estabelecidos, estes objetivos permitem a adoção de estratégias eficientes e orientarão as avaliações de resultados e o redirecionamento de esforços.

A rigor, a fixação dos objetivos precede a formulação da estratégia, mas é usual a condução simultânea dos dois processos, podendo-se fazer ajustes nos objetivos quando o estudo conjunto recomendá-los.

Um objetivo fixado para a Empresa ABC, ante potencial interno e demanda crescente será: "expandir a produção de A (Razão z% a/a) para suprir o mercado crescente".

O exemplo da Empresa ABC é extremamente linear pois só destaca um aspecto extremamente reduzido. Ante outras oportunidades/ameaças e forças/fraquezas os resultados podem ser inteiramente diferentes, inclusive com alterações nos objetivos e políticas da organização, como mostrado a seguir.

2.5.5. Estabelecimento da Estratégia

Para auxiliar a determinação das estratégias que expandem a produção (um objetivo), são utilizados diversos processos e técnicas de análises e avaliações qualitativas e quantitativas, com crescente emprego de *softwares* próprios para o gerenciamento estratégico (1–9). Um exemplo simples e ilustrativo de um processo de estabelecimento de estratégias é o que utiliza matriz que conjuga os fatores externos e os internos (oportunidades/ameaças e forças/fraquezas), de visualização e operacionalização fáceis, como mostrado na Figura 2.5[27].

Mantendo a primeira célula em branco, as outras duas células da primeira coluna contêm, separadamente, as oportunidades e ameaças. As outras duas células da primeira linha, as forças e fraquezas, respectivamente

---

27. Baseado em DAVID, Fred R. *Strategic Management*. 6. ed., New Jersey, Prentice-Hall, 1989. p. 180.

Célula em Branco	FORÇAS 1- Capacidade instalada ociosa para produção de A 2- Disponibilidade de capital/crédito 3-	FRAQUEZAS 1- 2- 3- . . . .
OPORTUNIDADE 1- Mercado crescente (x% a/a) para o produto A 2- 3-	Objetivo 1 - Expandir Produção de A (Quantificar/cronometrar) Estratégias/forças/ oportunidades a- usar instalações atuais b- ampliar instalações atuais c- construir outra instalação d- adquirir empresa que produza A e- solução mista: a/b, a/c, a/d, b/c etc. Objetivo 2 - ?	Objetivo P - ? (Quantificar/ cronometrar) **Estratégias/fraquezas/ oportunidades** a- b- c- . . . .
AMEAÇAS 1- 2-	Objetivo N -? (Quantificar/cronometrar) **Estratégias/forças/ameaças** a-	Objetivo Z - ? (Quantificar/ cronometrar) **Estratégias/fraquezas/ ameaças** a- . . . .

Figura 2.5 Matriz de objetivos/estratégias.

Os valores ponderados obtidos anteriormente nas matrizes de avaliação de fatores externos e internos devem ser acrescentados para auxiliar o estudo. As outras quatro células da matriz devem ser preenchidas com os resultados dos criteriosos ajustes entre as variáveis em jogo, relacionadas na primeira coluna e na primeira linha.

Os objetivos (quantificados e dispostos no tempo, isto é, cronometrados) e as respectivas estratégias são determinados de forma interativa: inicialmente estabelecendo os objetivos e depois as respectivas estratégias, corrigindo e ajustando aqueles, e novas estratégias a fim de que a proposta seja realista. Ao se formularem os objetivos e as estratégias, deve-se ter em vista que:

- ◆ as *forças* devem ser exploradas para se ter o máximo resultado, em conjugação com as outras variáveis, inclusive para contrabalançar as fraquezas;
- ◆ as *fraquezas* devem ser eliminadas ou superadas e, se possível, transformadas em forças internas;
- ◆ as *oportunidades* devem ser aproveitadas na maior extensão possível; e

- as *ameaças*, se possível, devem ser anuladas, evitadas ou, então, atenuadas por medidas adequadas (uma apólice de seguros, por exemplo).

As células devem ser preenchidas procurando-se combinar uma ou mais forças ou fraquezas com uma ou mais oportunidades ou ameaças, de maneira a captar os melhores resultados, sempre tomando-se como referência inicial os objetivos fixados, tudo como indicado a seguir:

1. Os objetivos/estratégias decorrentes do conjunto *forças/oportunidades* resultam da utilização das forças internas no sentido de se tirar o maior proveito das oportunidades. Em geral, são estratégias agressivas, de expansão de produtos, de mercado etc.

2. Os objetivos/estratégias decorrentes da combinação *forças/ameaças* visam utilizar as forças internas para anular as ameaças ou reduzir seus impactos, como, por exemplo, orientar o potencial interno para produto ou mercado isento de ameaças.

3. Os objetivos/estratégias oriundos do relacionamento *fraquezas/oportunidades* devem procurar a melhora dos campos internos fracos a fim de poder tirar proveito das oportunidades. Isso pode provir de aquisições de reforços, de tecnologias, de associações e também de esforços internos como treinamento, reestruturação, aperfeiçoamento de processos etc.

4. Os objetivos/estratégias resultantes do conjunto *fraquezas/ameaças* são tipicamente defensivos. Se não houver apoio de estratégias das outras três células, a situação é precária, com luta por sobrevivência, retrações, incorporação a outros empreendimentos, falência e liquidação.

Na atividade anterior, as combinações das quatro variáveis permitiram estabelecer um conjunto de estratégias visando alcançar objetivos de longo prazo por meio da definição das ações gerais a realizar e das rotas a seguir (exemplo: adquirir empresa produtora de A) que é, precisamente, o objeto da estratégia que, recordando, trata do preparo e da aplicação dos meios e especificação dos cursos de ação, considerados os fatores internos e externos, para alcançar ou manter os objetivos fixados.

O objetivo e a estratégia devem ser formulados com a observância de quatro critérios que serão os mesmos utilizados, mais tarde, para avaliá-los. Estes critérios são[28]:

- *Consistência,* que é a ausência de conflitos entre objetivos e entre estes e a missão e as políticas da organização. Sem consistência, a estratégia promoverá problemas gerenciais, acarretará perdas de uma parte em decorrência de ganhos de outra e levará, constantemente, problemas e questões diversas à alta administração.

---

28. RUMELT, R. *The Evaluation of Business Strategy.* In: GLUECK, W.F. *Business Policy and Strategic Management.* New York, McGraw-Hill, 1980. p. 359-367.

- *Exeqüibilidade*, a estratégia não deve sobrecarregar os recursos nem criar problemas insolúveis.
- *Consonância*, que é a necessidade de que os formuladores da estratégia examinem um conjunto de tendências e não apenas tendências individuais. Esta exigência se deve ao fato de que há tendências resultantes de interfaces e conjugações de outras tendências. Ou seja: examine cada retalho mas veja a colcha, como conjunto, quando pronta.
- *Vantagem*, a estratégia deve criar ou manter uma vantagem competitiva para a organização. Como se viu, a vantagem competitiva é o resultado de uma superioridade de um ou mais dos fatores: recursos disponíveis, habilidades, conhecimentos, posição (geográfica, mercado, conceito público etc.).

Observa-se que os dois primeiros critérios dizem respeito a fatores internos à organização e os dois últimos, a fatores externos.

O número de estratégias possíveis é muito grande, sendo levantadas várias alternativas e, dentre elas, algumas são escolhidas em um processo decisório participativo, sendo usual o concurso daqueles que vêm cooperando desde as fases iniciais do processo do gerenciamento estratégico. Após discussões e análises dos fatores inerentes a cada alternativa, aquelas com maiores predicados são escolhidas para serem implementadas.

As estratégias alternativas para expandir a produção de A, obtidas na matriz foram:

a - usar instalações atuais

b - ampliar instalações atuais

c - construir outra instalação

d - adquirir empresa que produza A

e - solução mista: a/b, a/c, a/d, b/c, a/b/c etc.

A solução *a* é a mais simples e mais imediata se a disponibilidade de meios de produção existente puder satisfazer o crescimento do mercado. Se for insuficiente, parte-se para a complementação com uma das soluções seguintes, cuja escolha deverá considerar o crescimento do mercado, os recursos disponíveis, os prazos, as vantagens de cada alternativa etc.

Observa-se que a Empresa ABC, para ocupar o mercado crescente, optou por estratégia de penetração de mercado, expandindo sua participação para suprir o aumento de demanda esperado no mesmo mercado, combinada com uma integração horizontal (adquirir a Empresa XYZ, produtora de A). Confira no Item 2.3.3.

2.6. Implementação da Estratégia

2.6.1. Objetivos e Planos de Curto Prazo

Na Seção 2.2, foi visto que a tática diz respeito às ações mais imediatas, ao dispor os meios e conduzir os processos para alcançar os objetivos dos planos decorrentes da estratégia e que formarão os planos de curto prazo, cuja execução deverá ser condicionada pelos recursos disponíveis (financeiros, humanos, materiais etc.). Pois a implementação da estratégia pertence ao nível tático, que se incumbirá dos objetivos e planos de curto prazo.

Assim, uma vez determinada a estratégia, sua implementação é feita por meio da segmentação dos objetivos de longo prazo em objetivos de curto prazo, bem definidos e quantificados. Cada um destes objetivos deve ser alcançado por uma operação corrente ou projeto específico e estes são priorizados segundo as importâncias relativas e sequenciados considerando os prazos previstos para que seus resultados sejam alcançados. O conjunto de operações e projetos forma planos de curto prazo que, por conveniências operacionais, geralmente são estabelecidos com horizontes que correspondem ao ano fiscal. Nestes planos, os projetos e operações, como visto em 1.2.4, podem ser organizados em programas e subprogramas.

Do ponto de vista formal, estabelece-se o **plano estratégico** da organização, documento que contém os objetivos de longo prazo e as estratégias. Este desdobra-se no conjunto dos objetivos de curto prazo e respectivas operações e projetos formando os **planos operacionais**, tanto no âmbito da gerência administrativa como no da gerência operacional (1.2.3). Em outras palavras, a estratégia é implementada pelos planos administrativos e planos operacionais que visam a conduzir a organização ao atingimento dos objetivos. O leitor é convidado a ver as Figuras 2.6 e 2.7, no Apêndice.

No Apêndice são citados alguns objetivos dos projetos que geralmente compõem os planos de curto prazo, peças essenciais da implementação da estratégia (2.9.12).

2.6.2. Seqüenciamento da Implementação

Do exposto, observa-se que há uma seqüência de desdobramentos, a partir da missão da organização até as menores ações, passando por objetivos de longo prazo, estratégias etc. Esta hierarquia é mostrada a seguir, com o simples exemplo da Empresa ABC.

Missão (apenas um de seus itens): Abastecer um determinado mercado com o produto A.

Avaliação interna: Forças: capacidade ociosa e disponibilidade de capital/crédito.

Avaliação externa: Oportunidade: crescimento de demanda de A.

Objetivo: Expandir a produção de A (Razão z% a/a) para suprir o mercado crescente.

Estratégias alternativas:

a - usar instalações atuais

b - ampliar instalações atuais

c - construir outra instalação

d - adquirir empresa que produza A

e - solução mista: a/b, a/c, a/d, b/c, a/b/c etc.

Estratégia escolhida: Para manter a missão (abastecer o mercado) ABC aplica estratégia de *penetração de mercado* (expandindo sua produção própria), combinada com a estratégia de *integração horizontal* (adquirindo uma empresa concorrente). Há, portanto, quanto a estes aspectos, duas linhas de ação simultâneas:

- expandir a produção, com a operação das instalações ociosas; e
- adquirir a Empresa XYZ, produtora de A.

Objetivos de curto prazo que originam *projetos*: Vários objetivos decorrem das duas linhas de ação fixadas, cada um deles devendo ser atingido por um projeto específico. Estes projetos constituirão os planos de curto prazo, a espinha dorsal da implementação da estratégia. Como exemplo, citam-se alguns dos objetivos dos projetos, não necessariamente em ordem de prioridade, mas com diversos graus de complexidade, com maior ou menor duração, maior ou menor custo etc.

- Colocar em operação as instalações ociosas de ABC.
- Obter financiamento.
- Adquirir a empresa XYZ.
- Aumentar a eficiência/produtividade das antigas instalações de ABC em operação.
- Padronizar produto A de ABC e de XYZ, manuais, suprimento, garantias.
- Programar contratações de pessoal; movimentação (entre ABC e XYZ), treinamento.
- Redimensionar e atualizar a logística: distribuição, depósitos, manutenção.
- Redimensionar/atualizar suporte administrativo: finanças, pessoal, material etc.
- Aumentar o número de pontos-de-venda.
- Promover campanha de *Marketing*.
- Expandir serviços: seguros, transportes, comunicações, segurança, refeições, saúde.

Cada um destes projetos pode ser desdobrado em vários outros subprojetos ou podem ser considerados programas, compostos de projetos interdependentes etc. Por exemplo, o Programa logística pode conter um projeto para a expansão da distribuição, outro para obtenção de novos depósitos e outro para expansão dos serviços de manutenção.

> **Observação Importante**
>
> Constata-se que, no simples exercício apresentado em 2.5, tratou-se de conjugar apenas uma oportunidade e duas forças. Com isso, listaram-se mais de dez objetivos que poderão dar origem a bem mais de uma dezena de projetos conjugados e de várias naturezas. O leitor deve ter isso em mente ao estudar o Capítulo seguinte, que trata da Administração por projetos.

2.6.3. Execução do Plano Estratégico

A implementação da estratégia é obtida por meio da execução dos projetos e das operações que constituem os planos operacionais. O estudo detalhado do planejamento, da execução e do controle de projetos, objetivo principal deste livro, é assunto do Capítulo 4 e seguintes.

2.7. Avaliação

A estratégia deve ser avaliada fazendo-se uma revisão crítica do desempenho da organização. Os resultados desta apreciação devem ser utilizados nas fases apropriadas do processo de gerenciamento estratégico, não só para corrigir deficiências observadas mas também para contribuir para o aprendizado da organização.

De forma abrangente, a avaliação da estratégia compreende as seguintes atividades:

- avaliação da estratégia adotada quanto à conformidade com os objetivos estabelecidos;
- avaliação dos resultados dos projetos em relação aos objetivos visados;
- correção de falhas e erros em relação aos resultados como previsto nos planos (medidas corretivas); e
- inclusão das "lições aprendidas" no acervo dos conhecimentos e experiências da organização.

Como se observa, as duas primeiras atividades são avaliações enquanto as outras duas são reciclagens ou retroalimentações.

E mais: a avaliação deve compreender a revisão ou até mesmo a mudança da missão, como já mencionado (reveja a Figura 2.2 e visite as Figuras 2.6 e 2.7).

Exemplo de mudança radical da missão: de mineração para turismo[29]

Em menos de 18 meses, a empresa alemã de mineração e metalurgia Preussag transformou-se na maior operadora de viagens de seu país.

Vendeu muitos de seus ativos, como empresas siderúrgicas, minerações de carvão e de urânio, serviços de mineração e de engenharia industrial. Ao mesmo tempo, adquiriu 51% da empresa de turismo britânica Thomas Cook Group Ltd. e comprou empresas de turismo como a maior operadora alemã, a TUI Touristik Union International, a Hapag-Lloyd, a mais antiga operadora de vôos *charter* e de transporte de encomenda e a First Reisebüero Management, a maior rede de viagens do país.

Agora ela é uma empresa de turismo verticalizada, com lojas de vendas de passagens e de pacotes turísticos, lojas de aluguel de automóveis, possui navios, empresas de transporte aéreo e hotéis, tendo realizado uma integração vital para o setor de turismo, com o máximo de economia de escala.

Exercício 2.8

No caso da Preussag aqui descrito, quais teriam sido as oportunidades e ameaças que motivaram a mudança de missão? Estariam situadas na crescente procura por lazer e na preservação ambiental? Quais as estratégias setoriais empregadas? Quais as estratégias corporativas em ação?

2.7.1. Avaliação de Desempenho

A avaliação da estratégia é um processo continuado, sendo que é costumeiro fazer uma avaliação completa ao término de cada plano anual. Esta prática, entretanto, não elimina avaliações parciais em qualquer época, especialmente após obtenção de metas no decorrer do ano e ao término da execução de qualquer parte relevante em relação aos objetivos.

O desempenho da organização deve ser avaliado inicialmente quanto a sua competência e correção em estabelecer estratégias que garantam a obtenção dos objetivos fixados.

Para avaliar a formulação da estratégia, devem ser observados os mesmos critérios estabelecidos para a formulação da estratégia (rever os critérios mostrados em 2.5.5):

- consistência;
- exeqüibilidade;
- consonância; e
- vantagem.

---

[29]. Baseado em artigo de PRADA, Paulo. Uma Reforma Silenciosa e Radical, *The Wall Street Journal Americas*, de 14 out. 1999.

Na avaliação da implementação, dois parâmetros são considerados:
- a *eficácia*, isto é, se os objetivos visados foram alcançados (1.4.4); e
- a *eficiência*, isto é, se os objetivos foram obtidos com economia de meios (1.4.4).

Outro aspecto a avaliar é o da execução dos projetos ou, em outras palavras, verificar se o foco dos projetos está realmente ajustado para os respectivos objetivos. Estes aspectos serão tratados do Capítulo 4 em diante, especialmente no controle das gestões específicas.

2.7.2. Retroalimentação

Já foi dito que a gerência estratégica é um processo altamente interativo. Assim, todas as informações obtidas no decorrer das atividades devem ter curso imediato, promovendo medidas corretivas onde for conveniente e necessário. Registros devem ser feitos para a tomada de medidas preventivas futuras, dentro do capítulo de "lições aprendidas".

Os processos considerados falhos, deficientes ou errados devem ser corrigidos imediatamente. Posturas, decisões e orientações, sejam as julgadas deficientes, sejam as eficiente devem ser registradas para consultas, melhoramentos e emprego em futuras considerações no processo de gerenciamento estratégico.

2.8. Bibliografia

1. **Leitura suplementar:**

    ANSOFF, Igor. *Estratégia Empresarial*. São Paulo, McGraw-Hill, 1977.

    CERTO, S. C. & PETER, J. P. *Administração Estratégica*. São Paulo, Makron *Books*, 1993.

    CRAIG, J. & GRANT, R. *Gerenciamento Estratégico*. São Paulo, Littera Mundi, 1999. (Aborda a estratégia de negócio ou empresarial).

    MONTGOMERY, Cynthia A. & PORTER, Michael E. *Strategy*. Boston, Harvard Business Book, 1991.

    PORTER, Michael E. *Competitive Strategy*. New York, Free Press, 1980.

    —. *Competitive Advantage*. New York, Free Press, 1985.

2. **Estudos mais avançados e mais específicos:**

    HITT, M. A., IRELAND, R. D. e HOSKISSON, R. E. *Strategic Management*. St. Paul, Minneapolis, West Publishing Company, 1995.

    DAVID, F. R. *Strategic Management*. New Jersey, Prentice Hall, 1997.

    FOGG, C. Davis. *Implementing Your Strategic Plan*. Amacon *Books* (American Management Association), 1998.

3. **Periódicos:**

   Entre os periódicos dedicados aos estudos de gerenciamento estratégico citam-se: *Business Horizons, Strategic Management Journal, Planning Review, Journal of Business Strategy, Long Range Planning* e *Academy of Management Review*. Outros, como *Harvard Business Review* e *Sloan Management Review*, publicam matéria sobre o assunto.

4. **Softwares:**

   Entre os mais difundidos, citam-se: *Business Advantage, Business Simulator, CheckMATE, Business Strategist* (Strategic Management Group, 3624 Market Street, University City Science Center, Philadelphia, PA 19104, USA). *Strategy!* (Southwestern Publishing Co., 5101 Madison Road, Cincinnati, OH 45227, USA) *e Business Success* (Prentice Hall Inc., Englewood Cliffs, NJ 07632, USA). Algumas revistas especializadas, como a *Planning Review* por exemplo, publicam regularmente indicações, catálogos e comentários sobre os *softwares* de gerenciamento estratégico. Os fornecedores de *softwares* podem orientar quanto à escolha de programas dedicados ao gerenciamento estratégico. Ver, ainda, indicação de *softwares* em diretórios referidos em 3.6.

2.9. Apêndice — Roteiro para a Gerência Estratégica

Este roteiro, na forma de uma lista de verificação (*check list*), resume os aspectos essenciais do processo do gerenciamento estratégico.

2.9.1. Uma Visão de Conjunto

A hierarquia na gerência estratégica (veja Figura 2.6):

2.9.2. Coleta de Informações

a) Procurar informações sobre:
   - Fornecedores, distribuidores, varejistas e clientes;
   - Seus produtos e os dos concorrentes;
   - Serviços de atendimento a clientes;
   - Evolução tecnológica em áreas de interesse da organização;
   - Tendências dos itens citados acima.

b) Algumas fontes de informações:
   - Jornais e revistas: anúncios, seções de economia e negócios, bolsa de valores, leitor;
   - Publicações das áreas de interesse da organização;

- Associações de classe, associações profissionais;
- Atos de governo (federal, estadual, municipal), índices estatísticos, patente
- Feiras, exposições, congressos;
- Levantamento de opinião pública;
- Embaixadas, consulados, câmaras de comércio exterior;
- Internet.

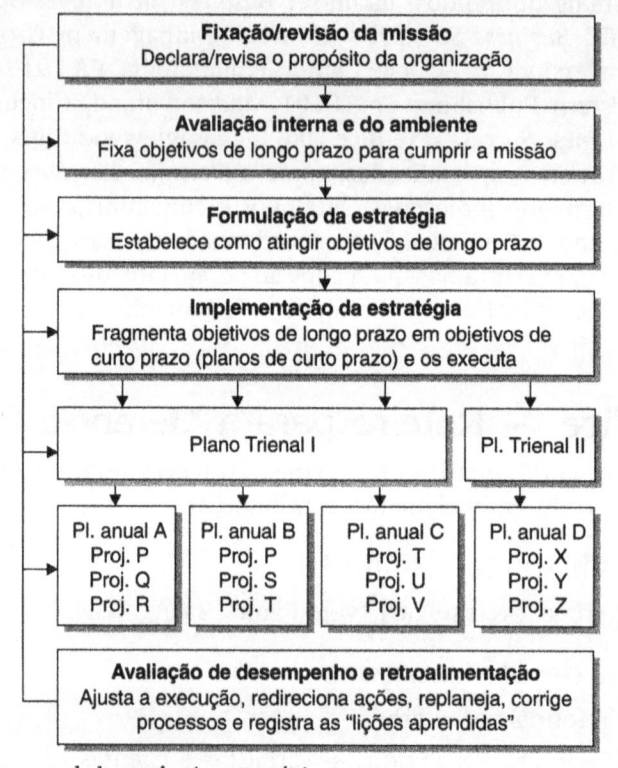

```
┌─────────────────────────────────────────┐
│ Fixação/revisão da missão               │
│ Declara/revisa o propósito da organização│
└─────────────────────────────────────────┘
                    │
                    ▼
┌─────────────────────────────────────────┐
│ Avaliação interna e do ambiente         │
│ Fixa objetivos de longo prazo para cumprir a missão │
└─────────────────────────────────────────┘
                    │
                    ▼
┌─────────────────────────────────────────┐
│ Formulação da estratégia                │
│ Estabelece como atingir objetivos de longo prazo │
└─────────────────────────────────────────┘
                    │
                    ▼
┌─────────────────────────────────────────┐
│ Implementação da estratégia             │
│ Fragmenta objetivos de longo prazo em objetivos de │
│ curto prazo (planos de curto prazo) e os executa │
└─────────────────────────────────────────┘
        │                           │
        ▼                           ▼
   Plano Trienal I              Pl. Trienal II
        │
   ┌────┼────┬─────────┐
   ▼    ▼    ▼         ▼
Pl.anual A Pl.anual B Pl.anual C Pl.anual D
Proj. P    Proj. P    Proj. T    Proj. X
Proj. Q    Proj. S    Proj. U    Proj. Y
Proj. R    Proj. T    Proj. V    Proj. Z

┌─────────────────────────────────────────┐
│ Avaliação de desempenho e retroalimentação │
│ Ajusta a execução, redireciona ações, replaneja, corrige │
│ processos e registra as "lições aprendidas" │
└─────────────────────────────────────────┘
```

Figura 2.6 Esquema geral da gerência estratégica.

2.9.3. Redação da Missão

Para estabelecer ou rever a missão, referir-se:

- aos clientes (definindo-os);
- aos produtos ou serviços (especificando-os);
- ao mercado (delimitando-o);
- aos empregados (valor destes para a organização);
- aos acionistas/proprietários (sobrevivência, crescimento e lucratividade);

- à tecnologia (disponibilidade, atualização);
- à filosofia/cultura da organização (crenças, valores, padrões éticos);
- à sociedade (imagem e postura em relação à sociedade, ao meio ambiente).

2.9.4. Avaliação do Ambiente da Organização

a) Determinar os *limites* do ambiente:
- identificando os componentes do ambiente que *influem sobre a organização*; e
- as partes do ambiente que *sofrem influência da organização*.

b) Identificar e avaliar os fatores do *ambiente geral*:
- *econômicos*: PIB, taxas de inflação, de juros, de retorno sobre aplicações, câmbio, déficits ou superávits orçamentários, de balança de pagamentos etc.
- *tecnológicos*: novas tecnologias, inovações de produtos, de processos, sistema de informações etc.;
- *demográficos*: tamanho da população, taxas de crescimento, distribuições etária, geográfica e de renda, diversidade étnica etc.;
- *socioculturais*: nível de educação, diversidade da força de trabalho, atitudes quanto à qualidade do padrão de vida, do meio ambiente etc.;
- *meio ambiente*: ar, água, solo, recursos naturais, flora, fauna, seres humanos e suas inter-relações;
- *político-legais*: estabilidade política, legislações do trabalho e antitruste, desregulamentação, nacionalização, proteção do consumidor, do meio ambiente etc.;

c) Reconhecer e identificar os atores do *ambiente organizacional* e relacioná-los aos fatores que encerram:

Partes interessadas
- proprietários, acionistas, financiadores (retorno sobre capital, riscos, segurança);
- clientes, distribuidores (necessidades: quantidade, qualidade, prazos);
- fornecedores, organizações associadas (constância nos negócios, fidelidade);
- fornecedores (condições de fornecimento: quantidade, qualidade, prazos);
- administradores da organização, gerentes, trabalhadores, familiares (segurança, progresso profissional);

Concorrentes (rivalidade, concorrência no mercado)

d) Avaliar as seguintes áreas quanto a *oportunidades* e *ameaças* na competição:
- Rivalidade entre competidores;
- Novos competidores potenciais;
- Produtos substitutos;

- Poder de barganha de fornecedores;
- Poder de barganha de clientes.

2.9.5. Avaliação da Organização

a) Reconhecer e identificar os *fatores internos* à organização e avaliá-los quanto a eficiência, *forças, fraquezas* e tendências:
- *marketing*;
- compras/contratos;
- finanças;
- contabilidade;
- informações (tanto as internas, da própria organização, como as do ambiente externo, em especial, de fornecedores, concorrentes e clientes);
- tecnologia;
- mercado etc.

b) Avaliar as *áreas funcionais* ou *operacionais* específicas da organização:
- desenvolvimento tecnológico, administrativo e operacional;
- produção;
- prestação de serviços, assistência ao cliente etc.;
- logística;
- gerenciamento;
- capacidade de trabalho em equipes multifuncionais;
- cultura da organização;
- capital intelectual;
- conceito público;
- vínculos com fornecedores, parceiros, clientes etc.

2.9.6. Estabelecimento de Objetivos de Longo Prazo

Fixar *objetivos*, referindo-se a pontos como:
- crescimento de vendas;
- crescimento de ativos;
- diversificações;
- integrações organizacionais;
- participação no mercado;
- lucratividade;
- retornos (sobre investimento, por exemplo) etc.

2.9.7. Estratégias Setoriais

a) Responder às questões:
- Qual o cliente visado?
- Que valores proporcionar ao cliente?
- Quais as competências essenciais a empregar?

b) Estratégias *genéricas* setoriais:
- Liderança de custos;
- Diferenciação;
- Focalização em baixo custo; e
- Focalização em diferenciação.

2.9.8. Estratégias Corporativas

a) Estratégias *integrativas*:
- Integração avante;
- Integração a ré; e
- Integração horizontal.

b) Estratégias *intensivas*:
- Penetração de mercado;
- Desenvolvimento de mercado; e
- Desenvolvimento de produto.

c) *Diversificações*:
- Diversificação concêntrica; e
- Diversificação horizontal.

d) Estratégias *defensivas*:
- *Joint-venture*;
- Reestruturação, redução de ativos, desinvestimento, corte de despesas; e
- Concordata, liquidação, falência.

2.9.9. Formulação da Estratégia

Conjugar:
- forças/oportunidades — forças internas devem tirar o maior proveito das oportunidades.
- forças/ameaças — forças internas devem anular ameaças ou reduzir os impactos.

- fraquezas/oportunidades — melhorar fraquezas para tirar proveito das oportunidades.
- fraquezas/ameaças — adotar objetivos e estratégias defensivos.

2.9.10. Implementação da Estratégia
Metodologia:
- estabelecer objetivos de curto prazo fragmentando os objetivos de longo prazo; e
- executar os planos de curto prazo, organizados com os projetos de curto prazo e operações.

2.9.11. Avaliação
a) Avaliação do *desempenho*:
- conformidade da estratégia com os objetivos de longo prazo;
- resultados dos projetos em relação aos objetivos de curto prazo;

b) *Retroalimentação*
- correção de falhas e ajustes nos planos; e
- coleta das "lições aprendidas".

2.9.12. Conclusão
Como foi visto, para a implementação das estratégias, são organizados planos de curto prazo, geralmente anuais, dos quais fazem parte, além das operações correntes (administrativas e operacionais), todos os projetos que deverão criar novas operações, novas instalações, novos processos, novas estruturas ou introduzir modificações relevantes nos existentes.

A título de exemplos, são citados alguns objetivos de projetos que geralmente compõem os planos de curto prazo, peças essenciais da implementação da estratégia:

- Capacitar recursos humanos (programas de treinamento, reciclagem, atualização).
- Expandir/modificar/extinguir uma instalação (oficina, escritório, fábrica).
- Preparar uma campanha de *marketing*.
- Desenvolver/implantar/modificar/substituir uma linha de produção.
- Desenvolver/implantar/modificar/substituir um processo administrativo.
- Desenvolver/implantar/modificar/substituir um processo operacional.
- Absorver/transferir tecnologia.
- Desenvolver um novo produto/processo.

- Transformar um conjunto de capacidades em competências essenciais.
- Implantar a gestão da qualidade (ISO 9000), a gestão ambiental (ISO 14000).
- Promover reestruturação (total ou parcial) da organização.
- Realizar um evento (congresso, seminário, exposição, solenidade de aniversário).
- Associar com outra organização: integração, coalizão, *joint-venture*, fusão, terceirização.

A Figura 2.7 mostra a seqüência geral do processo de gerenciamento estratégico.

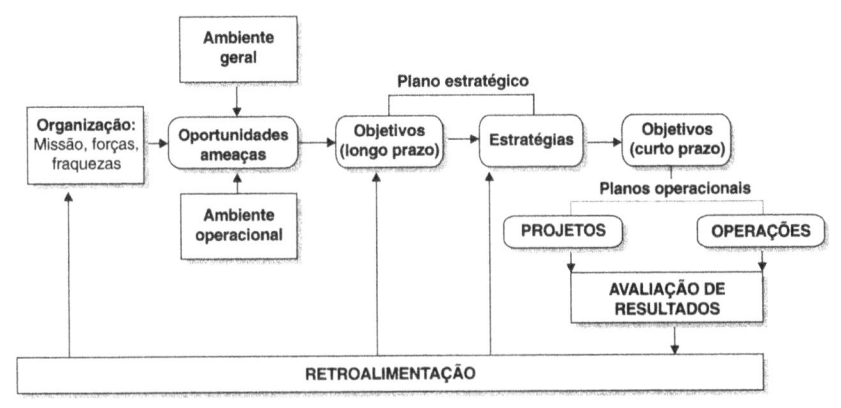

Figura 2.7 Um esquema geral da gerência estratégica.

3
Administração por Projetos

Introdução

Antes de apresentar a administração por projetos, convém fazer uma retrospectiva de alguns pontos já estudados, para estabelecer uma linha de continuidade com o que se segue.

O gerenciamento de projeto passou, nas últimas décadas, por evoluções que expandiram seu uso, ao migrar do emprego preferencial e quase exclusivo nos grandes empreendimentos, verdadeiros megaprojetos, para objetivos mais modestos, cada vez mais voltados para problemas setoriais, de negócios ou administrativos, em razão da evolução que vinha ocorrendo nas diferentes organizações, conforme já observado. Embora alargando imensamente suas áreas de aplicações, o gerenciamento de projetos aperfeiçoou continuamente seus processos, sua eficiência e sua eficácia, chegando ao chamado moderno gerenciamento de projetos.

Do ponto de vista interno às organizações, a estrutura formal, departamental ou funcional foi dando lugar à estrutura matricial e a diversas formas de emprego de equipes multidisciplinares. Ao mesmo tempo, elas foram tornando-se menores e mais leves, com eliminação de funções não essenciais (terceirização, por exemplo, e abaixamento da pirâmide hierárquica). As comunicações internas atingem níveis de excelência, pela rápida e extensa informatização, associada à menor rigidez das estruturas organizacionais e até mesmo ao abandono da "cultura departamental".

Quanto aos fatores externos à organização, observa-se um acirramento da competição, em virtude da extensa quebra de fronteiras de negócios, graças à globalização, aos avanços das tecnologias e à rapidez da sua evolução, ao mesmo tempo em que os clientes passam a exercer crescente poder de barganha, com exigência de qualidade, serviços e preços.

Para enfrentar este quadro, as organizações, em geral, adotam o gerenciamento estratégico, até então somente incorporado à administração dos grandes empreendimentos. As organizações passam a considerar o ambiente externo, com suas oportunidades e ameaças e o ambiente interno, com as forças e fraquezas da organização. Como resultado, estabelecem-se objetivos estratégicos de longo prazo que, para sua eficiente obtenção, devem ser divididos em objetivos de curto prazo, quase todos sendo caracterizados como projetos.

Assim, de um lado, chega-se ao moderno gerenciamento de projetos, com suas equipes, técnicas e processos, demonstrando elevada eficiência em aglutinar atividades multifuncionais. De outro lado, as organizações, movidas por necessidades de encontrar soluções urgentes para problemas de diversas naturezas, passam a empregar, cada vez mais, o gerenciamento de projetos nos problemas estratégicos, administrativos e operacionais, isto é, nas mudanças na estratégia e na política empresariais, nas mudanças organizacionais (estruturais e funcionais), no estabelecimento de parcerias sob diversas formas, nos problemas relacionados com obtenção e formação de recursos humanos, nos processos administrativos e produtivos, na introdução de novas tecnologias, nos estudos e desenvolvimento de mercado, nos novos produtos etc. Esta é a administração por projetos, objeto de estudo deste Capítulo.

O Capítulo apresenta a administração por projetos e estuda sua implantação, dando destaque ao elemento humano, que precisa ser preparado, e ao escritório de projetos, peça essencial para o gerenciamento multiprojeto.

Conteúdo

3.1 — A Administração por projetos

3.2 — Tópicos básicos

3.3 — O elemento humano

3.4 — Escritório de projetos

3.5 — Conclusão

3.6 — Bibliografia

Objetivos Gerais

- Caracterizar a administração por projetos.
- Apresentar os aspectos principais da organização que administra por projetos.
- Focalizar aspectos importantes para a implantação da administração por projetos.
- Estudar os aspectos relacionados com o elemento humano na administração por projetos.
- Apresentar o escritório de projetos e orientar sua implantação.
- Indicar bibliografia para leitura suplementar.

3.1. A Administração por Projetos

3.1.1. Aspectos Característicos

A **administração por projetos** consiste em identificar problemas da organização como passíveis de serem resolvidos como se fossem projetos, podendo empregar, assim, todas as ferramentas e processos desenvolvidos e de eficiência comprovada em projetos de extrema complexidade. A administração por projetos é aplicada extensivamente em todos os tipos de organizações, inclusive naquelas não voltadas para projetos. Com os excelentes resultados e com o conseqüente aprendizado das organizações em gerenciar projetos, esta abordagem foi estendida a quase todos os tipos de trabalho da organização. Mesmo as organizações cujas atividades principais são projetos, vêm estendendo sua aplicação até para as operações correntes de natureza técnica e administrativa.

Para as organizações em face de mudanças estratégicas, a administração por projetos associada ao moderno gerenciamento de projetos é um instrumento de crescente importância e de larga adoção. Isto porque tem demonstrado um excelente meio de implementar seus planos estratégicos.

As empresas que empregam a administração por projetos usualmente têm em seus planos um grande número de pequenos projetos em vários estágios de execução e localizados em todos os níveis da organização, como que permeando-a completamente. Como exemplo, cita-se uma empresa produtora de componentes automobilísticos[1] que costuma ter seiscentos projetos em execução, sob a gerência de 125 gerentes de projeto, muitos destes em tempo parcial, usualmente trabalhando como responsáveis técnicos do projeto. As equipes de projeto consistem em dois ou três membros em tempo integral, e de três a dez membros em tempo parcial, vindos de outras funções e que servem a vários projetos ao mesmo tempo.

Na maior parte das vezes, compartilhando — e por que não disputando? — os mesmos recursos, esta população de projetos necessita de uma estrutura de apoio e de coordenação, a fim de que possa proporcionar os resultados esperados, em vez de gerar o caos e tumultuar toda a organização. Para cumprir estas funções extremamente imprescindíveis e muitas outras de alta importância, vem sendo desenvolvido e praticado, há tempos, um conceito conhecido como escritório de projetos (3.4).

Dessa forma, as organizações acabam por criar como que uma "filosofia" ou um "estado de espírito" de projeto, após haverem adotado recentemente o "espírito" da gestão da qualidade total e, em breve, estarão imersas na filosofia da gestão ambiental. De fato: na empresa atual e, com muito maior intensidade, na empresa do futuro, todos deverão ser capazes de gerenciar projetos ou parte deles. E mais, a participação

---

1. WINSTEAD, W. P. *Implementation of Project Management in Large MultiProject Organizations*. Proceedings of the 29th Annual Seminars & Symposium. Califórnia, Project Management Institute, 1998. p. 96.

de uma pessoa em mais de um projeto já é, e será cada vez mais, uma ocorrência rotineira para os executantes de qualquer atividade na empresa. Assim é que os objetivos dos projetos e, portanto, as habilidades necessárias aos gerentes, evoluíram como mostrado na tabela da Figura 3.1, comparando o gerenciamento tradicional com o moderno gerenciamento de projetos.

Objetivos dos Projetos	Tradicional	Moderno
Técnicos	75%	10%
Negócios/administrativos	25%	90%

Figura 3.1 Evoluções dos objetivos de projetos[2].

Ainda será possível distinguir os projetos de elevado teor técnico e aqueles predominantemente organizacionais. Mas as técnicas e as ferramentas que o gerente e suas equipes usam são as mesmas: as que caracterizam o moderno gerenciamento de projetos.

Cada problema levantado deve ser precisamente identificado, isto é, indo à causa dos sintomas e dos sinais observados, conforme estudado no Apêndice do Capítulo 1, para ser então equacionado e resolvido por meio de um projeto. Desde que possam ser distinguidos segmentos de qualquer tipo de trabalho (operacional, técnico, administrativo/gerencial etc.) com as características de projeto, a abordagem pode ser empregada. Para isso, é necessário dividir o trabalho em menores unidades, nas quais seja possível:

- definir o *objetivo* a atingir;
- fixar o *escopo* do projeto;
- estabelecer os *prazos* limites a serem atingidos;
- determinar os *custos* aceitáveis e;
- levantar as *necessidades* e *expectativas* das partes interessadas.

Neste ponto, organiza-se o projeto como mostrado em detalhe nos Capítulos subseqüentes. Em linhas gerais, designa-se o gerente de projeto e parte-se para suas fases características que são a *iniciação*, em que uma organização compromete-se a assumir o projeto e prosseguir com a fase seguinte; **planejamento**, que consiste no delineamento do projeto, estimando o que fazer, como, por quem, por quanto, em quanto tempo, como aceitar o produto etc. e na organização da equipe, para iniciar a *execução* do projeto, com vistas à obtenção do resultado desejado, simultaneamente com o *controle*, que vem a ser o ajustamento da execução com o planejado, até chegar ao *en-*

---

2. KERZNER, H. The Growth and Maturity of Modern Project Management. Proceedings of the 27th Annual Seminars & Symposium M. Boston, Project Management Institute, 1996.

cerramento, quando o produto é aceito e entregue e todos os recursos do projeto são desmobilizados, inclusive sua equipe.

O emprego da administração por projetos é recomendado quando há:

- complexidade do problema;
- incerteza sobre a condução dos trabalhos e a obtenção de solução;
- envolvimento de vários departamentos/disciplinas/especializações e/ou outras organizações; e
- restrições de prazos e custos a considerar.

Ao ser progressivamente aplicado na gerência estratégica, nas mudanças organizacionais, na implantação de inúmeros processos e métodos administrativos e operacionais, o gerenciamento de projeto foi, cada vez mais, imergindo nos assuntos da organização, como parte natural do dia-a-dia.

Os trabalhos das organizações modernas caracterizam-se por formar um conjunto de processos ou operações correntes e uma *constelação de projetos*, em várias fases da execução, todos consistentes e coerentes entre si e alinhados com a estratégia e com os objetivos da organização. O que parecia tratar-se de dois universos diferentes, com suas culturas próprias aparentemente antagônicas, como a administração de processos operacionais e administrativos e a administração de projetos, passa a constituir um único ambiente de ampla cooperação mútua, com objetivos comuns e íntima ligação entre todos os participantes.

A administração por projetos presta-se, de forma excelente, para abreviar soluções para as várias e crescentes mudanças decorrentes da aplicação do gerenciamento estratégico, para encontrar soluções para problemas não rotineiros, de maior ou menor grau de duração, custos e complexidade.

As razões da crescente adoção da administração por projetos está no fato de que ela focaliza os resultados, permite eficiente emprego dos recursos, faz uso de equipes multidisciplinares e promove salutar envolvimento e desenvolvimento profissional de todos os participantes.

Com o crescimento da administração por projetos, naquelas empresas que se defrontam com grande número destes, seus órgãos internos mais parecem um grande plantel ou um *pool* de especialistas, trabalhando em vários projetos simultaneamente, em uma salutar via de duas mãos, e que, enquanto empregam a maior parte de seu tempo nos serviços de sua especialização ou de suas habilidades, adquirem experiência e crescem profissionalmente por meio da aplicação de seus atributos pessoais na mais variada gama de problemas, com a riqueza dos contatos profissionais multidisciplinares.

No campo dos estudos, da evolução e do preparo de profissionais em gerenciamento de projeto, foram criadas em muitos países, a partir do fim da década de 1960, importantes associações, de elevada reputação e que muito vêm realizando, notadamente no campo da preparação e da cobiçada certificação profissional do gerente de projeto (1.2.2). Depois disso, apareceram mais de cinqüenta associações profissionais e organizações não lucrativas, voltadas para o gerenciamento de projetos.

Atualmente, com a globalização das atividades econômicas e sociais, esboça-se uma convergência destas associações em torno de um denominador comum, para permitir o intercâmbio e o compartilhamento de conceitos, de atividades, de processos e de ferramentas. Isso leva à unificação do gerenciamento de projetos em âmbito mundial, conforme estabelecido na norma ISO 10006, na qual são definidos procedimentos para as gestões do projeto com vistas à qualidade e que servem de referência para os capítulos subseqüentes, complementada por outras relevantes fontes.

3.1.2. Implantação da Administração por Projetos

Parece óbvio, pelas exposições feitas, que a implantação da administração por projetos não é trivial, necessitando de algumas atenções, de maior ou menor monta, dependendo da experiência de cada organização em tratar com projetos. Evidentemente, para aquelas não voltadas para projetos, o esforço será maior e demandará maior tempo para adotar a abordagem por projetos para que elas absorvam progressivamente a cultura dos trabalhos em equipes multidisciplinares, e para que a descentralização seja compreendida e praticada, seguida da participação nos processos decisórios (1.8), da potencialização (3.3.1), das equipes autodirigidas (3.3.2) e do gerenciamento simultâneo.

Evidentemente que, quanto mais "funcional" ou "departamental" for a cultura da organização, maior lapso de tempo poderá ser exigido. Para aquelas dedicadas preferencialmente a projetos, o caminho será mais curto e suave. Mas, assim mesmo, é necessário praticar o moderno gerenciamento de projetos (1.5.2) e implantar um eficiente escritório de projetos (3.4).

Os prazos de implantação podem ir de um a dois anos em pequenas empresas, de negócios mais simples e já familiarizadas com gerência de projetos, mas podem consumir até cinco ou mais anos, para outras. Mesmo atingindo o pleno emprego dos conceitos, dos métodos e ferramentas da administração por projetos e do moderno gerenciamento de projetos, o processo deverá evoluir, acompanhando o progresso nestas áreas de grande dinâmica de evolução de alterações e mudanças no ambiente e na própria empresa.

Este Capítulo segue com três Seções voltadas para a implantação da administração por projetos: a primeira trata de *tópicos básicos*, seguida de aspectos relacionados com o *elemento humano* e finaliza com o importante *escritório de projetos*.

3.2. Tópicos Básicos

3.2.1. O Plano Geral da Organização

O *plano geral* da organização deve conter os *projetos* e as *operações correntes* (1.2.3). Ele deve incluir, ainda que em outras versões, como as dos planos trienais, qüinqüenais, decenais etc., não só os projetos em andamento, mas também aqueles planejados para iniciar em horizonte próximo ou longínquo. Ele decorre do estabelecimento das estratégias e constitui a conseqüente operacionalização do plano estratégico.

Ao selecionar os projetos para organizar o plano operacional, somente serão considerados aqueles que contribuírem para os objetivos da organização. Sem esta condição, um projeto será simplesmente descartado. A priorização deve ter como parâmetro fundamental o de privilegiar o projeto que maior valor agregar à organização e às partes interessadas. Em condições de dúvidas e de choques de interesses, será priorizado aquele que melhor satisfizer o cliente.

A priorização deve ser realista e, portanto, deverá levar em conta a disponibilidade de recursos (pessoal, material, finanças), o cumprimento das operações e dos outros projetos. Para ser válida, a priorização deve ser única para a empresa: a administração por projetos simplesmente não funcionará se cada setor e cada projeto da empresa adotar prioridades diferentes. Todos os administradores, chefes de departamento, gerentes e membros das equipes devem conhecer esta única lista de prioridades e observá-la, mesmo porque todos devem ter participado no estabelecimento dos objetivos e estratégias, conforme recomendado em 2.2.1. A Figura 3.2 esquematiza o assunto tratado no Capítulo 2.

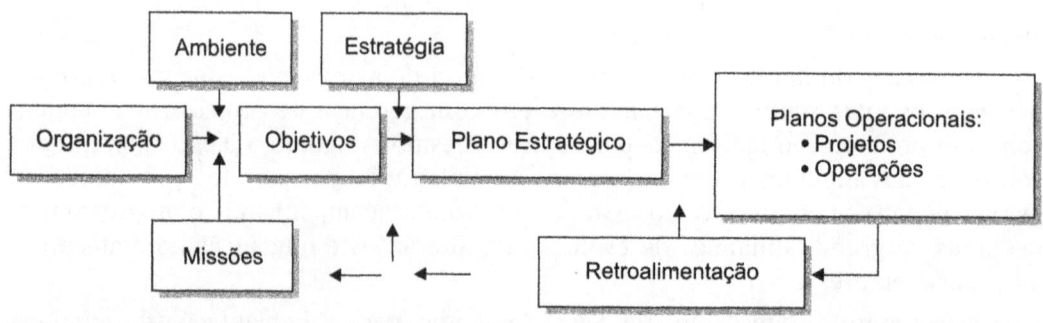

Figura 3.2 Origens do plano operacional.

Em especial, os gerentes de recursos empresarias devem estar em perfeita sintonia com os gerentes de projeto. Estes gerentes devem conhecer as capacidades existentes para poderem prover sua utilização, quando necessário. Isto é válido especialmente para recursos humanos especializados e recursos materiais: equipamentos, instrumentos, *softwares* etc. O trabalho destes é executado por meio de um documento integrador dos recursos da organização, o *plano de recursos empresariais*[3]. Este é peça básica para a determinação dos recursos a serem alocados aos projetos (o plano de gestão dos recursos).

A administração precisa ter perfeito acompanhamento da interação dos trabalhos nos projetos com os das operações correntes. Isto pressupõe a disponibilidade de um eficiente sistema de informações gerenciais, objeto do Item 4.1.8.

3.2.2. As "Lições Aprendidas"

Para organizações que estão constantemente envolvidas com novos projetos, e, naturalmente, com problemas em cada um deles, desde as fases iniciais até seu encerramento, nada mais recomendável que procurar extrair o máximo das lições aprendidas. Consistem elas na coleção organizada de erros e acertos, práticas recomendadas e a evitar, fatores determinantes de sucesso ou de fracasso (3.2.3) frutos da experiência, constantemente atualizadas e destinada a usos futuros.

E, para isso, é preciso espírito analítico, aliado a boa dose de franqueza e humildade. Cada organização deve estabelecer a metodologia mais adequada para identificar erros e acertos e fatores determinantes de sucesso ou de fracasso. Basicamente pode-se resumir em dois processos:

1. Um deles consiste em se proceder uma avaliação crítica no término de cada projeto ou no fim de cada importante fase dos projetos mais longos, para levantar os erros e acertos, e, principalmente, suas causas, aprendendo assim as lições oferecidas pela experiência. Estas avaliações geralmente contam com elementos estranhos ao projeto, com suas experiências anteriores e suficiente isenção para detectar fatos que poderiam passar despercebidos pelo pessoal do projeto.

2. O outro reside na elaboração de um questionário a ser preenchido pelos gerentes e membros de sua equipe, periodicamente recolhidos para análise, avaliação e adoção. O questionário deve orientar para fatos e resultados relevantes observados, ocorridos, ameaçados, prevenidos etc. e seus resultados (positivos ou negativos). A escolha de palavras-chave permite agrupá-los para facilitar a recuperação e o exame posteriores.

Estas **lições aprendidas** são ensinamentos que devem ser cuidadosamente catalogados, avaliados, armazenados e difundidos a todos os participantes nos projetos. Devem-se explorar os fatores de sucesso e não repetir os erros que foram feitos[4]. O erro ou acerto é o ponto de chegada. Deve-se tomar o caminho certo para repetir os acertos e evitar as trilhas que conduzem a erros.

---

3. Em inglês, *Enterprise Resource Planning - ERP*. Há diversos *sites* na Internet dedicados a este assunto, dentre os quais cita-se *www.erp.com*.
4. Segundo Bernard Shaw, com tantos erros novos por aí, não se justifica repetir erros já cometidos.

Muitas organizações vêm instituindo uma pequena Comissão ou Comitê, geralmente com três ou quatro membros, para consolidar, atualizar e organizar as lições aprendidas. Uma excelente prática consiste na apresentação de cada novo projeto, perante esta Comissão, em que o gerente justifica que as lições aprendidas foram observadas em seu projeto.

Volta-se aqui ao início deste Item, quando se disse que há necessidade de espírito analítico, franqueza e humildade. Só assim as lições aprendidas se tornam excelentes meios de alcançar a melhoria contínua em gerenciamento de projetos.

3.2.3. Fatores Críticos de Sucesso

Uma importante providência é levantar os fatores críticos de sucesso. Para qualquer organização, independentemente de seu campo de atuação, ou tamanho, existem **fatores críticos de sucesso** (FCS), um pequeno número de elementos essenciais que são decisivos para o sucesso ou fracasso da organização.

Os FCS variam grandemente de empresa para empresa e, em cada uma delas, mudam com o tempo. O que pode ser um vital fator de sucesso para uma determinada organização, para outra é um fator desprezível ou até mesmo inexistente. Assim será necessário que cada organização identifique seus FCS, que devem ser:

- muito importantes para atingir os objetivos;
- perfeitamente identificados;
- mensuráveis;
- em pequeno número (5 a 10, no máximo);
- hierarquizados ou priorizados; e
- amplamente difundidos na organização.

Citam-se exemplos de FCS que podem existir em uma determinada organização:

- liderança nos projetos (ou nas equipes, em geral?);
- competência em trabalhar em equipes multidisciplinares, potencializadas (3.3.1), autodirigidas (3.3.2), com gerenciamento simultâneo (3.3.3)
- rapidez na entrega de novo produto ao mercado;
- relacionamento com cliente (interpretação das necessidades? rapidez de atendimento? etc.);
- rapidez em levantar e resolver problemas (internos? externos? financeiros? etc.);
- captação de mudanças/tendências (do ambiente? internas? quais?);
- planejamento (de cronogramas? de orçamento? de recursos? de vendas? etc.);
- capacidade de avaliação (do produto final? de processo? de pessoal? etc.);
- novas tecnologias (desenvolvimento? absorção? transferência a outros? etc.)
- iniciativa e agressividade (novos produtos? mercado? integrações? etc.);

- relacionamento (com acionistas? financiadores? fornecedores? distribuidores? etc.);
- ferramenta, processo ou metodologia gerencial (qual ou quais?) etc.

Algumas considerações adicionais podem orientar a determinação dos FCS. Um FCS deve estar ligado a uma entidade singular e não a um vasto campo. Assim, não será de utilidade definir como um fator crítico as comunicações. Será necessário precisar em que parte das comunicações reside um FCS e isto pode estar na adequação do sistema de informações (atualizado, próprio para a empresa etc.), pode residir no fluxo de informações, nas ligações em cada equipe, na condução de reuniões, no relacionamento com clientes/fornecedores ou distribuidores, nas ligações gerentes/alta administração, na elaboração de relatórios etc. Os FCS podem ser oportunidades ou ameaças, podem ser aspectos que são positivos, que devem ser explorados ou aqueles negativos e que devem ser corrigidos e/ou evitados.

Foi dito que eles devem ser mensuráveis e este atributo é necessário para que sejam avaliados em épocas apropriadas, especialmente ao fim de cada projeto ou ao término de cada fase daqueles de longa duração. Uma prática recomendada é tomar o ano fiscal (ou outro período mais adequado em cada caso) e organizar uma matriz em que as colunas contêm os padrões de medida e as linhas, os FCS. Em cada célula da matriz assinala-se com uma marca de verificação (*check mark*, ✓) para cada FCS que afeta apreciavelmente o padrão de medida correspondente.

Padrões de medida[5] podem ser, por exemplo:
- número de projetos completados;
- entregas, observados prazos, custos, desempenho;
- número de mudanças autorizadas no produto;
- cancelamento de fases;
- mudanças de gerentes;
- mudanças nas equipes;
- número de projetos ativos;
- número de projetos temporariamente suspensos; e
- número de mudanças nos processos.

A avaliação das lições aprendidas é uma oportunidade e um dos meios para atualizar os FCS. Os FCS devem estar sempre sob consideração, especialmente para determinar se continuam válidos, se mudaram de prioridade ou hierarquia ou se surgiram novos FCS. Com a prática e a crescente experiência, os processos de levantamento e avaliação dos FCS são aprimorados e seu acervo passa a constituir-se em um precioso

---

5. WHITE, D. E. & PATTON, J. R. *Metrics and CSFs for your MOBP Process*, Proceedings of the 29th Annual Seminars & Symposium. California, Project Management Institute, 1998. p. 1354.

capital da organização. Se considerados corretamente pelas organizações, estes fatores tornam-se importantes condições para ganhos nas vantagens competitivas e para o desempenho da organização.

3.2.4. O Manual de Gerenciamento de Projeto

A organização, à medida que vai evoluindo na implantação da administração por projetos e do moderno gerenciamento de projetos, deve organizar um Manual de Gerenciamento de Projeto que deve ser mantido constantemente atualizado, por meio de revisões, correções e introdução de novos assuntos, decorrentes do progresso observado. O Manual poderá ser constituído de um só volume mas também poderá ter vários volumes voltados para aspectos parciais: informações gerais da organização, planejamento, controle, qualidade, as gestões, sistema de informações gerenciais, comunicações no projeto etc.

É evidente que cada organização terá "seu" Manual e que será o mais adequado em seu estágio de evolução, atendidas suas características próprias, sua cultura, nível de conhecimento e experiência de seu pessoal.

Entretanto, alguns aspectos importantes devem ser observados quanto aos objetivos e conteúdo de um Manual de Gerenciamento de Projeto.

Os principais objetivos são:

- ser um instrumento de referência para os administradores da organização, para os gerentes de projeto e os membros das equipes de projeto;
- estabelecer as metodologias de planejamento e controle de projeto, unificando procedimentos, sem ser uma camisa de força que cerceie a imaginação e a criatividade; e
- estabelecer uma terminologia da organização, sem se constituir em um "dialeto" perante a comunidade externa.

Como sugestões para o conteúdo, os seguintes tópicos devem ser tratados com a necessária e suficiente extensão:

- breve descrição da organização: missão, políticas, objetivos e estratégias; estrutura e funcionamento; resumo do plano da gestão da qualidade e do plano da gestão ambiental etc.;
- principais agentes da administração e meios de contato/comunicações etc.;
- metodologias e procedimentos para organização, desenvolvimento e funcionamento de equipes;
- metodologias e procedimentos para cada fase do projeto e das revisões do projeto;
- principais recursos: capacidades, competências essenciais, *softwares*, recursos materiais, recursos humanos etc;

- formulários, modelos de tabelas, de memorando, de relatórios etc. e suas instruções;
- comunicações no projeto: geração de informações, tratamento, circulação, sigilo etc.;
- sistema de informações gerenciais da organização: sua descrição e funcionamento etc.;
- o escritório de projetos: organização, atribuições, funcionamento, utilização etc.

Cada item a ser introduzido ou modificado deve ser ensaiado e avaliado, seja em uma simulação ou em um projeto piloto real, em alguma área em execução.

A organização deve considerar seu Manual como uma entidade viva e que deve evoluir constantemente e seu principal mérito é a *utilidade* que tem para seus usuários.

3.2.5. Custo Baseado em Atividades

A administração por projetos requer mudanças no sistema de previsão de custos, orçamentação e a conseqüente apropriação dos custos incorridos. Foi dito, no Item 3.1.1 que empresas que administram por projetos, gerenciam dezenas e mesmo centenas de projetos simultâneos. O sistema tradicional, empregado por empresas que trabalham segundo operações correntes considera os custos de forma concentrada em seus componentes principais: folha de pagamento, matéria-prima, manutenção, seguros, despesas correntes, impostos e taxas etc. e os distribui pelos elementos organizacionais, os departamentos. A organização que administra por projetos necessita ter seus custos estabelecidos por atividades para agregá-los e obter custos de cada projeto.

Evidentemente isto exige alteração na contabilidade empresarial, com o emprego de processos não usados na contabilidade tradicional, como o emprego da folha ou tabela de alocação de tempos. Como cada pessoa trabalha simultaneamente em diversas atividades de vários projetos, o custo de seu trabalho tem de ser carregado nas atividades que desempenha, na razão dos períodos de tempo a cada uma delas dedicados. O valor do custo dos períodos de trabalho de cada pessoa (hora, dia etc.) deve ser acrescido das respectivas despesas associadas (férias, décimo terceiro salário, previdência ou seguridade social etc.). Além disso, os custos indiretos (*overhead*) são repartidos pelas atividades, na medida em que estas se beneficiam dos serviços prestados a várias delas: segurança, administração ou gerência, transportes etc. A utilização de máquinas e equipamentos deve ter seu valor (horário, diário, semanal etc.) estabelecido e debitado a cada atividade usuária.

Os custos totais, assim contabilizados, são cobrados do cliente ou do usuário da atividade, produto ou serviço fornecido. Este sistema de custo baseado em atividades é um poderoso meio para se levantar custos realistas ao tempo que proporciona condições para sua racionalização e barateamento dos produtos ou serviços.

3.3. O Elemento Humano

Diversas técnicas gerenciais desenvolvidas ou absorvidas e correntemente empregadas no moderno gerenciamento de projetos são de extrema valia na administração por projetos. Entre elas estão a *descentralização* e a *potencialização*, o uso de *equipes autogerenciadas* ou autodirigidas e o *gerenciamento simultâneo*.

Desta forma, com a descentralização, a potencialização e a gerência simultânea, pode-se dizer que quase nenhum profissional pode passar algum tempo sem gerenciar uma parte de projeto, com toda a autoridade e responsabilidade de gerente de projeto, observadas as escalas de seu trabalho. Em conseqüência, de certa forma, a expressão "gerência de projeto" perde significado ou é severamente limitada a um posto no projeto pois todos, ou quase todos, em um projeto, estarão gerenciando uma parte dele. Assim, dever-se-ia empregar, de forma mais correta com os atuais padrões, a expressão "gerência em projeto".

3.3.1. Potencialização

A **potencialização** (*empowerment*) consiste em um conjunto de medidas e de posturas que visam a reforçar, em todos os membros das equipes, o sentido de eficiência e eficácia no desempenho de suas funções, atribuindo-lhes autoridade e poder de decisão, encorajando-os e recompensando-os pelas iniciativas tomadas e resultados obtidos. Isto adiciona valor às equipes, tornando-as mais capazes, multiplicando potenciais em um sinergismo que conduz a excelentes resultados.

Como quase todos os processos que envolvem recursos humanos, a potencialização precisa ser progressivamente assimilada por todos, mediante aprendizado, treinamento, experimentações e correções de rumos. É necessário que, além de atribuir o poder a uma pessoa, que se ajude esta pessoa a desenvolver sua potencialização, a ter iniciativa e capacidade de decisão.

Entretanto, todo o processo deverá estar sendo feito segundo direção previamente estabelecida e decidida por todos e aprovada pelo gerente ou por consenso. "*Empowerment* sem direção é anarquia"[6].

3.3.2. Equipes Autogerenciadas

Equipes autogerenciadas são aquelas às quais são atribuídas suficiente autoridade e a conseqüente responsabilidade para resolver determinado problema. Em uma organização ou em um projeto, elas têm um "*status*" de organizações autônomas e diferem daqueles grupos de trabalho, comissões ou outros tipos de atividades que envolvem pessoas de vários departamentos, porque aquelas têm capacidade de decisão e de realização.

---

6. HAMEL, G. & PRAHALAD, C. K. *Competing for the Future*. Massachussets, Harvard Business School Press, 1994.

A equipe autogerenciada deve receber o problema a resolver ou o objetivo a atingir e ela estabelecerá seu modo de trabalho, poderá escolher seu(s) gerente(s) e terá acesso aos recursos para desincumbir-se de sua missão. Mas também poderá dispensar a gerência, tomando decisões por "consenso e consentimento", desde que a direção tenha sido claramente estabelecida e compreendida. Em geral, a equipe autogerenciada está vinculada ao gerente do projeto que será uma instância de recurso em casos extremos.

O gerente de projeto poderá lançar mão desta entidade se houver necessidade, dando condições de trabalho e encorajando seus componentes. Diversas oportunidades ocorrem em um projeto para formar equipes autogerenciadas. Por exemplo, para realizar uma parte do projeto, uma tarefa ou bloco de trabalho; para resolver problemas específicos com o cliente, visando sua total satisfação, para replanejar um trecho do projeto etc. Salienta-se que cada equipe deve ser formada por escolha do gerente de projeto e deverá ter apenas um objetivo. Não se trata de equipe permanente para tratar de um dado assunto. Uma vez atingido seu objetivo específico, a equipe é dissolvida, com o retorno de cada um a sua posição de origem.

3.3.3. Gerenciamento Simultâneo

O **gerenciamento simultâneo** foi desenvolvido inicialmente com o nome de engenharia simultânea, aplicada a projetos de produtos ou serviços que tinham pressões de prazos para serem executados. Ele surgiu para eliminar sérios inconvenientes do processo tradicional excessivamente seriado, com base no trabalho seqüencial de especialistas ou equipes funcionais, segundo o qual, cada parte executava suas tarefas e passava os resultados para o grupo seguinte, sem qualquer ligação entre eles. Se, mais adiante, fosse necessário rever ou modificar o que havia sido feito antes, o processo retrocedia ao ponto em que devesse ser retomado o trabalho.

Sobre este procedimento diz-se que cada equipe passava seus resultados "por sobre o muro", tal a falta de comunicação entre elas. A Figura 3.3 mostra este processo tradicional, com a seqüência das fases clássicas do desenvolvimento de um produto, em que as passagens entre as fases estão marcadas por setas, mostrando a lacuna de comunicações entre as fases. Em série, estas ligações são tênues ou mesmo inexistentes (ver também a Figura 4.5).

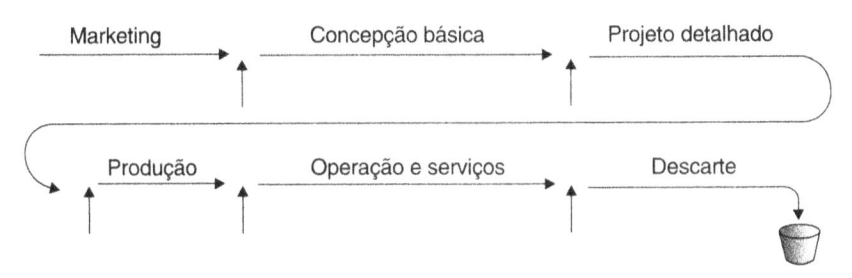

Figura 3.3 Processo tradicional.

Para eliminar estes sérios inconvenientes, foram organizadas "equipes integradas para o produto", com os especialistas trabalhando com a participação constante de representantes de cada parte, fase ou especialização.

Em outras palavras, a equipe integrada é formada pelos mesmos especialistas mas .... como um só conjunto, desde o início, atuante durante todo o projeto, passando de fase a fase sem modificação dos componentes, sendo que, em cada fase, a coordenação dos trabalhos é feita pelo responsável por ela ou por seu representante (ver Figura 3.4). É como se houvesse uma gerência móvel, dependendo do assunto predominante. Mas o gerente do projeto age como um coordenador geral, orientando a equipe, resolvendo conflitos e, acima de tudo, assegurando simultaneamente a *unicidade* dos esforços para atingir os objetivos pretendidos ao mesmo tempo que tira proveito da *diversidade* das habilitações e especializações necessárias à realização do trabalho com eficácia e eficiência.

```
         →    Marketing              →
         →    Concepção básica;      →
         →    Projeto detalhado      →
         →    Produção               →
         →    Operação e serviços    →
         →    Descarte               →
```

Figura 3.4 Gerenciamento simultâneo.

Esta modalidade de tratamento tem produzido resultados extremamente satisfatórios e a tabela da Figura 3.5 dá uma medida dos efeitos do gerenciamento simultâneo em uma fábrica[7].

Tempo de desenvolvimento	Redução de 30% a 70%
Mudanças de engenharia	Redução de 65% a 90%
Tempo para chegar ao mercado	Redução de 20% a 90%
Qualidade, em geral	Aumento de 200% a 600%
Produtividade do pessoal de nível superior	Aumento de 20% a 110%
Valor das vendas	Aumento de 5% a 50%
Retorno sobre os ativos	Aumento de 20% a 120%

Figura 3.5 Benefícios do gerenciamento simultâneo.

---

7. O'KEEFE, G. P. *Major Challenges in the Implementation of Concurrent Engineering.* Proceedings of the 28th Annual Seminars & Symposium, Chicago, Illinois, Project Management Institute 1997. p. 68.

3.3.4. A Liderança no Moderno Gerenciamento de Projetos

Observa-se que, por incorporar extensivamente a delegação, a potencialização e o gerenciamento simultâneo, no moderno gerenciamento de projetos há momentos em que não se sabe quem, de fato, está gerenciando. Na Figura 3.4, se a Fase X for a de detalhamento do projeto, seu coordenador e líder será o responsável por este trabalho. Ele detém o melhor conhecimento deste particular, mas trabalha com assistência e colaboração de todos os responsáveis pelas outras fases.

Peter Drucker[8], no contexto de três níveis que manifestam habilidades organizacionais no moderno gerenciamento de projetos, nos diz:

1. *Desempenho individual:* Como líder, você deve seguir uma outra pessoa independentemente da hierarquia, se ela, por experiência, habilidades e julgamento, souber mais.
2. *Desempenho de equipe:* Como líder, você deve seguir a equipe se o propósito e o desempenho da equipe demandam isso.
3. *Desempenho organizacional:* Como líder, você deve seguir os outros se o propósito e o desempenho da organização demandarem isso.

Desaparece a cultura do comando e controle e, sem ela, o relacionamento chefe/subordinado é abandonado, a ponto de distinguirem-se nas empresas atuais os executivos, os gerentes e os não-gerentes (*non-managers*). Tem mais expressão o trabalho em que há consenso, consentimento, confiança, lealdade e comprometimento mútuo.

O gerente de projeto deixa de ser a autoridade quase absoluta de antigamente e passa a ajudar a equipe a atingir suas metas e objetivos. Agora ele é mais um coordenador e um facilitador, um mentor ou treinador mas ele também aprende exercitando estas funções! Aponta a direção, remove barreiras e aplaina o caminho de seu pessoal. É um agente de motivação e incentivo, estimulando os membros da equipe a participar nas decisões e a tomar iniciativa. O gerente atual deve manter o alinhamento de todos em direção ao objetivo e assegurar o melhor uso da diversidade, como já referido.

3.3.5. Treinamento

A adoção e a implantação da administração por projetos deve ser precedida ou acompanhada do necessário treinamento do pessoal. Deverá haver uma progressiva familiarização no trato com pessoas de especializações diversas, com experiências diferentes e enfoques particulares. E deverá haver também uma linguagem única e não dialetos que levem a interpretações ou desentendimentos perigosos.

O treinamento das equipes, em gerenciamento de projetos, pode ser feito *just-in-time*, expondo os membros das equipes aos temas, à medida que a abordagem for sendo implantada. Ele é proporcionado junto com programas de implantações, mu-

---

8. DRUCKER, P. F. *The Leader of The Future.* Francis Hesselbein, Marshall Goldsmith, Richard Beckhard, Eds. Tessey-Bass Publishers, 1996. p 205.

danças ou outros esforços da organização que envolvem novos conhecimentos, novos processos, novas habilidades ou expansão dos atributos já existentes. Estes tipos de treinamento, bastante eficazes, devem ser sincronizados com os processos de mudanças e de implantações, exigindo alto nível de interação dos participantes e excelentes meios de comunicação.

Um exemplo de treinamento *just-in-time* progressivo pode se constituir nos tópicos relativos às fases do projeto, ao mesmo tempo que as equipes de projeto estejam dando início a sua fase: iniciação, planejamento, execução, controle e encerramento. É importante que estes treinamentos estejam focalizados nas adaptações e mudanças de comportamento do pessoal e no efetivo aprendizado com imediata aplicação ao trabalho.

A organização deve identificar aqueles que possuem os melhores atributos de gerente de projeto para serem prioritariamente desenvolvidos, com programas de treinamento mais especializados e avançados. Isto não significa que os demais sejam negligenciados. Eles devem seguir a trilha dos mais desenvolvidos, passando a assumir responsabilidades da gerência progressivamente mais complexos, a partir de pequenas e mais simples partes do projeto.

Mas deve-se considerar, inicialmente, que *todos* precisam estar bem familiarizados com as técnicas e as ferramentas gerenciais. O conhecimento das gestões é fundamental, sendo aconselhável haver, para cada uma destas, pelo menos uma pessoa nela "especializada" e que será a consultora sobre "sua" gestão. Todos devem ser expostos aos meios de comunicação existentes e aos *softwares* utilizados nas informações gerenciais da empresa.

Alguns aspectos do conteúdo do treinamento podem ser aqui sugeridos, embora as necessidades variem grandemente em função do estágio de familiarização da empresa com o gerenciamento de projeto e com o que ela pretende obter.

São tópicos valiosos e que devem fazer parte do treinamento:

- conhecimento da organização: missão, políticas, estrutura, funcionamento, objetivos e estratégias (Capítulo 2);
- técnicas de dinâmica de grupo, especialmente preparo e condução de reuniões;
- conflitos e sua resolução (4.5);
- resolução de problemas: determinação do problema, processo decisório e implementação (1.8);
- redação e interpretação de relatórios; e
- Manual de Gerenciamento de Projetos (3.2.4).

É de fundamental importância que os treinamentos sejam sincronizados e adequados ao estágio de conhecimentos e experiências da organização: a organização e seu ambiente, trabalho em equipes, descentralização, potencialização, processos gerenciais, sistema de informações gerenciais, *softwares*, implantação ou estágio de funcionamento do escritório de projetos (Seção seguinte), sistema da qualidade na organização etc.

3.4. Escritório de Projetos

3.4.1. Caracterização do Escritório de Projetos

3.4.1.1. Advertência

São necessárias algumas palavras de advertência sobre a expressão "escritório de projetos":

1. Este nome confunde-se com aquele tradicionalmente utilizado como parte de *um único projeto*, de caráter gerencial e administrativo, chefiado pelo gerente de projeto e contando com assessores e auxiliares, a equipe do "escritório". Esta Seção trata de uma entidade que tem sob sua responsabilidade vários projetos, indo às dezenas e até mesmo às centenas. Para distingui-los, o escritório multiprojeto é aqui chamado de "escritório de projetos", em contraposição ao "escritório *do projeto*", este vinculado a um só projeto.

2. Em diferentes organizações ele é tratado por outros nomes, como Comitê Diretor de Projetos, Coordenação de Projetos, Escritório de Apoio a Projetos, Grupo de Apoio à Gerência de Projetos etc., embora haja uma tendência acentuada de se adotar o "escritório de projetos", independentemente das atribuições que tenha.

3. As funções e a abrangência do escritório de projetos variam com o estágio de implantação e com as necessidades de cada organização. Há escritórios de projetos que apenas prestam serviços aos projetos, mas há os que têm grande autoridade gerencial sobre estes e sobre os recursos da organização, priorizando e efetivando sua utilização pelos projetos. Neste meio, há imensa variedade, quase todas evoluindo no sentido de ampliar a autoridade dos escritórios de projetos.

3.4.1.2. Evolução Histórica do Escritório de Projetos[9]

Por volta da década de 1960, surgiram os primeiros *softwares* essencialmente voltados para o controle dos custos e de prazos de projetos, automatizando dados de redes PERT e CPM[10], eram instalados em grandes computadores e operados por especialistas

---

9. Este texto sobre a evolução dos escritórios de projetos é baseado no artigo de MURPHY, Richard E., The Role of the Support Office, *PM Network*, maio de 1997. p. 33.
10. PERT, iniciais de *program evaluation and review technique* — "técnica de avaliação e revisão de programa", CPM: *critical path method* — "método do caminho crítico."

(programadores, operadores de computador e até perfuradores de cartões, os antecessores dos atuais digitadores). Em razão dos custos elevados de equipamentos e de operação, estes controles eram empregados apenas nos grandes e complexos projetos, notadamente aqueles das áreas de defesa, aeroespacial e de construção civil e atendiam a vários projetos das organizações de então. Este é o ancestral dos atuais escritórios de projetos. Ele prestava apoio a projetos, tratando dados para seus respectivos gerentes.

Em meados de 1970, surgiram *softwares* mais simples e equipamentos menores, permitindo a automação individual dos projetos. Foi uma época de declínio do escritório de projetos, por ter sido pulverizado em vários escritórios *do projeto*. Com o advento do microcomputador e dos *softwares* de gerenciamento de projetos neles instalados, quase todos os participantes dos projetos podiam alimentar os programas com seus dados e tinham acesso a informações e relatórios gráficos de qualidade na aparência, mas nem por isso os projetos eram bem gerenciados.

Mais recentemente, já na década de 1990, proliferam projetos de pequena envergadura e curta duração, sendo-lhes exigidas prontas respostas aos problemas com que se deparam e mais, seus domínios são bastante estendidos, por lhes serem atribuídos problemas estratégicos, administrativos e gerenciais, além dos operacionais, com os quais já estavam familiarizados. Estes fatos levantaram a necessidade de se disseminarem os conhecimentos, habilidades e técnicas de gerenciamento de projeto por todos os níveis das organizações. Estas necessidades foram dilatadas pelo fato de que muitas organizações passaram a adotar a administração por projetos e tiveram que gerenciar diversos projetos de todos os tamanhos, custos e durações, em todas as fases de seus respectivos ciclos de vida, requerendo recursos humanos, materiais e financeiros limitados, quase sempre, aos da própria organização. Tudo isso fez ressurgir o escritório de projetos, com atribuições muito maiores que as de antigamente, quando era limitado a operação de *softwares* de controle de tempos e custos. Assim, atualmente, o **escritório de projetos** consiste em uma organização formal destinada ao apoio à comunidade de gerenciamento de projetos em uma organização, como se verá adiante.

3.4.1.3. Atribuições do Escritório de Projetos

Na Introdução deste Capítulo mencionou-se que as organizações voltadas para projetos e aquelas que adotaram a administração por projetos chegam a ter dezenas e centenas de projetos simultaneamente. Fica evidente que, para conduzir elevado número de projetos, de várias naturezas, em diversos estágios de seus ciclos de vida, a organização responsável necessita de um instrumento de coordenação, o escritório de projetos. (O leitor é convidado a reler o quadro "Observação importante", no fim de 2.6.2.)

Para desempenhar suas funções, o escritório de projetos exerce várias atribuições de acordo com a organização a que serve e com a natureza, quantidade e grau de complexidade dos projetos. As atribuições mais características são relacionadas a seguir, mostradas em conjuntos típicos dos estágios de evolução por que passam os escritórios.

Estágios *iniciais*:

- prestação de serviços de controle de prazos e custos;
- elaboração de relatórios multiprojetos e interdepartamentais;
- treinamento em aspectos específicos de gerenciamento de projeto;
- ligações com os gerentes departamentais e, em especial, com os gerentes de recursos empresariais (ver 3.2.1 e 8.3.1);
- melhoria contínua de processos de gerenciamento de projeto; e
- levantamento e arquivo de "lições aprendidas" (3.2.2).

Nos estágios *intermediários*, mantêm-se os anteriores e mais:

- arquivo do histórico de projetos;
- administração dos processos de gerenciamento de projeto;
- consultoria interna sobre gerenciamento de projeto;
- desenvolvimento e aperfeiçoamento de métodos e padrões; e
- apoio a reuniões de avaliações e revisões de projetos.

Estágios *avançados* e de acordo com o nível de autoridade atribuído, os anteriores e mais:

- análise e aprovação de propostas de projetos segundo objetivos estratégicos da organização e critérios complementares;
- distribuição de recursos de acordo com prioridades estabelecidas;
- identificação de conflitos e recomendações para solução;
- revisão crítica e avaliação de projetos; e
- atuação externa com foco nos clientes e patrocinadores.

Em um caso *especial*, com a mais elevada autoridade atribuída:

- celeiro de gerentes de projeto, tratando de sua formação, treinamento e plano de carreira; e
- gerência direta dos projetos da organização.

3.4.1.4. Benefícios do Escritório de Projetos

À medida que o escritório de projetos for evoluindo e acumulando experiência, seus benefícios vão se tornando cada vez mais valiosos para a organização. Dentre eles, ressaltam-se:

- maior alinhamento dos projetos com os objetivos da organização;
- maior profissionalismo da gerência de projeto;
- maior produtividade das equipes de projeto;
- maior racionalidade na distribuição de recursos;
- criação, desenvolvimento e aperfeiçoamento de métodos e padrões de gerenciamento;
- uniformidade de tratamento perante as partes interessadas, sejam as da própria organização, sejam as externas, notadamente clientes e patrocinadores.
- criação e expansão da cultura de projetos na organização; e
- decorrente utilização como importante parte de um sistema de informações estratégicas.

3.4.1.5. O Escritório de Projetos como Integrante do Sistema de Informações Estratégicas

O último dos benefícios citados no Subitem anterior é de importância fundamental pois, para muitos, o escritório de projetos constitui-se em significativa parte de um sistema de informações estratégicas de abrangência empresarial (2.2.2). Para desempenhar bem suas funções, o escritório de projetos precisa dispor de um sistema de comunicações ágil e ao mesmo tempo abrangente, pelo qual fluem informações vitais para a organização. Estas informações dizem respeito não somente à intimidade da organização mas também ao ambiente externo do qual ela faz parte e delas podem ser inferidas as fraquezas e as forças da organização, bem como as oportunidades e ameaças do ambiente.

De fato, o escritório de projetos busca, processa e armazena dados e informações de todas as partes interessadas nos projetos: a alta administração, os gerentes, empregados e colaboradores da organização; os fornecedores; o governo e sua política; clientes e concorrentes; patrocinadores, financiadores etc. O acervo de dados históricos sobre projetos, tanto de caráter interno como externo, completam as informações "em tempo real" manipuladas no dia-a-dia dos projetos. Evidentemente deverá haver um sistema de segurança que permitirá o acesso às informações ou a suas partes apenas às pessoas autorizadas.

Estas informações obtidas, sob a óptica de projetos, devem ser completadas pelas colhidas junto a clientes[11], distribuidores, serviços de apoio pós-venda etc. que avaliam o produto e serviços associados quando em operação. Estes fatos devem ser levados em conta no planejamento, na implantação e implementação do escritório de projetos, objeto do item que se segue.

---

11. Para estes fins, os serviços de atendimento ao consumidor não devem ser simplesmente ilhas de orientação e prestação de serviços, mas precisam estar integrados ao sistema de informações empresariais.

3.4.2. Instalação de um Escritório de Projetos

3.4.2.1. Tipos de Escritório de Projetos

Dependendo do maior enfoque do escritório de projetos, ele poderá ser considerado como dedicado a uma das funções seguintes, embora exerça outras atribuições além da função principal que o caracteriza:

- apoio a projetos;
- treinamento;
- consultoria;
- métodos e padrões;
- gerência de projetos.

Observa-se que os tipos de escritórios de projetos cobrem uma gama que se estende desde a posição de prestadores de serviços aos gerentes de projeto até uma situação extrema, em que eles são a sede dos gerentes de projeto. Ao iniciar um projeto na organização, seu gerente será designado e, com uso da estrutura e dos meios desse escritório, passa a conduzir seu projeto.

3.4.2.2. Fases da Instalação de um Escritório de Projetos

Até atingir sua maturidade um escritório de projetos passará por quatro fases:

- projeto;
- implantação;
- implementação; e
- melhoria contínua.

Projeto

A instalação de um escritório de projetos deve ser objeto de um projeto específico. É de importância capital que seja feita uma correta e oportuna designação do gerente deste projeto e ele poderá ser, ou não, o futuro responsável pela operação do escritório de projetos. Ele deve estar à frente do projeto desde as fases iniciais e seu perfil é o de um competente e respeitado gerente de projeto sênior. O conhecimento da organização é, em particular, de grande valia, mas isto não deve trazer junto os vieses que uma vivência localizada pode produzir.

Deve-se determinar qual a necessidade da organização e como ela pretende ou pode supri-las ao longo do tempo: quais as atribuições iniciais do escritório de projetos e quais aquelas deixadas para evoluções futuras e para quando. As partes interessadas nos projetos devem ser consideradas, em especial, os clientes. Evidentemente, o valor ou o resultado esperado pela organização deve ser confrontado com os custos.

Ao término do projeto devem estar definidos: objetivo, recursos para operação (humanos, físicos, financeiros), estrutura e funcionamento do escritório de projetos, treinamento (pessoal do escritório, gerentes e equipes), prazos e custos das fases seguintes.

Implantação

A obtenção dos recursos necessários, especialmente a formação da equipe e a instalação física do escritório de projetos, permitirão dar início aos trabalhos, com treinamentos seguidos de aplicação em alguns projetos reais, como piloto. Todo o esforço e os resultados devem ser objetos de avaliações, para correções e replanejamento, se necessário.

Implementação

Depois de verificada a conformidade dos processos, dos meios materiais e da equipe, passa-se a ampliar o alcance do escritório de projetos, abrangendo número crescente de projetos, com todos os passos sendo acompanhados e avaliados.

Melhoria contínua

Uma vez atingido o objetivo, ou seja, quando conseguida a *eficácia* (1.4.4), esforços devem ser desenvolvidos em melhorar os processos, atualizar *softwares* e meios de comunicação, reciclar a equipe e obter os melhores resultados das lições aprendidas. Em outras palavras, depois da eficácia, buscar a *eficiência* (1.4.4), enfim.

Tipicamente, estas fases consumirão um ou dois meses para o projeto, seis meses a um ano para a implantação e mais um ou dois anos até a implementação total.

3.4.2.3. Recomendações Gerais e Fatores Condicionantes

Deve-se considerar que um escritório de projetos, para ser implantado e implementado precisa de muito apoio, dedicação, compreensão e paciência, especialmente porque produz pouco, no início, quando os conhecimentos e experiências são escassos, exatamente quando envolve elevados custos de instalação e promove atritos e conflitos internos. Mas ultrapassados estes problemas da infância, o escritório de projetos poderá cumprir seu papel até que o modelo se esgote e dele surjam outras soluções, não se sabe quando.

Alguns fatores contribuem para o sucesso ou para o fracasso da iniciativa, dos quais, os mais relevantes são vistos a seguir.

No período de projeto e implantação, o escritório de projetos pode sofrer combate interno porque algumas posições e posturas são questionadas e a necessidade de certa padronização limita algumas liberdades. Toda mudança, mesmo em perspectiva de realização, é olhada com desconfiança e geralmente não conta com adesões e apoios espontâneos. É necessária muita divulgação, por meio de eficiente sistema de comunicações, para aglutinar com entusiasmo pessoas em torno de fatos e sólidas expectativas e não deixá-las atemorizadas com boatos e temores infundados.

O conceito de escritório de projetos precisa "ser vendido" com eficiência, o que geralmente é conseguido por constantes trocas de informações entre a alta administração e os mais competentes gerentes e líderes da organização. Resistências podem ser dissipadas em uma salutar e necessária simulação ou modelo de escritório de projetos, montado e ensaiado na fase de planejamento do projeto do escritório.

Tem-se constatado que um fator muitas vezes decisivo para o sucesso da implantação de escritório de projetos é o valor que a alta administração dá aos projetos e aos processos gerenciais. Se ele for pequeno e se não houver comprometimento no alto nível, o fracasso será provável, a despeito da mais alta consideração e interesse existentes nos níveis intermediários da organização. As organizações já familiarizadas com projetos e, em especial, aquelas que adotam a administração por projetos, são campo fértil para a instalação do escritório de projetos.

Outro fator de sucesso é o nível em que o escritório de projetos situa-se na organização e a abrangência esperada quanto a seu desempenho: quanto mais elevado o nível e quanto mais amplas forem suas atribuições em perspectiva, maiores as chances de dar certo. Se o escritório de projetos começar com ambições finais restritas, dificilmente poderá expandi-las, quando necessário.

O sucesso do escritório de projetos também está relacionado com a excelência e a qualidade dos serviços que presta aos projetos e à organização como um todo. Um escritório de projetos que não satisfaz pelos serviços que deve prestar aos projetos não poderá evoluir para exercer atividades mais elevadas, como as gerenciais e administrativas.

Com vistas ao uso constante de dados e informações e ao progressivo aperfeiçoamento dos processos em prática no escritório de projetos, deve ser objeto da mais cuidadosa atenção o sistema de informações do escritório de projetos, para que, com o correr do tempo, ele possa ser considerado, de fato, uma importante parte do sistema de informações estratégicas.

Finalmente, convém alertar que especial cuidado deve ser tomado quanto à utilização de pessoal em muitos projetos ao mesmo tempo. Para se extrair os melhores resultados de equipes multidisciplinares, é necessário que a equipe exista, de fato. Cada membro da equipe deve estar identificado com ela, deve conhecer os outros colegas, seus problemas e objetivos particulares e o andamento do projeto. Ainda que tomando parte em várias equipes, é preciso que estas condições sejam observadas pois, perdendo a vinculação com as equipes devido ao excessivo uso de uma pessoa em muitos projetos, pode-se levar à perda do sentido de trabalho em equipe, retornando-se à cultura de "atirar o resultado de seu trabalho por sobre o muro" (3.3.3).

3.4.2.4. Infra-estrutura de um Escritório de Projetos

Evidentemente a infra-estrutura do escritório de projetos dependerá, em larga margem, das atribuições que deverá desempenhar. Este item trata dos aspectos gerais dos recursos, ficando a precisa qualificação, quantificação e definição da oportunidade na dependência do planejamento da implantação e da implementação.

Os recursos podem ser estudados conforme os seguintes grupos:
- equipe do escritório de projetos;
- processos gerenciais;
- parâmetros e padrões;
- biblioteca;
- comunicações; e
- espaço físico.

3.4.2.5. Equipe do Escritório de Projetos

Evidentemente, a equipe deve ser selecionada, treinada e exercitada para executar as funções previstas para o escritório. Deverá haver um responsável, com o cargo de Gerente, Chefe ou Diretor do escritório de projetos, título que depende de cada organização. A equipe terá membros em tempo integral, outros em tempo parcial e, caso comum, um banco de dados de consultores, tanto internos como externos.

Considerando a grande variação de tipos, objetivos e tamanho de escritórios de projetos, alguns exemplos podem esclarecer os casos mais correntes, para algumas das funções.

Aspectos gerais

Independentemente da natureza do trabalho e das funções que exercem, cada componente da equipe deve ser estimulado a elaborar e aperfeiçoar métodos e padrões da respectiva área de trabalho. A melhoria contínua da qualidade deve ser denominador comum.

Serviços de controle

É conveniente dispor de pessoal permanente e habilitado na operação de *softwares*, na orientação dos gerentes e executores de projetos quanto ao fornecimento de dados e utilização de relatórios.

Treinamento

O programa de treinamento para a implantação da administração por projetos (3.3.5) deve contemplar a equipe do escritório, incluídos seus gerentes. O treinamento pode ser executado por pessoas habilitadas da organização e/ou instrutores/especialistas externos.

Consultoria

Tal como no treinamento, a consultoria tanto pode ser desempenhada por pessoas "da casa" quanto por pessoas externas. Naquilo que for típico e particular da organização, convém que a consultoria seja interna. Por exemplo, para cada uma das "gestões" do gerenciamento do projeto (ver Figura 5.2) deverá haver consultor(es) interno(s) habilitado(s), com ampla biblioteca especializada no assunto, constante de legislação e regulamentos, normas, procedimentos, métodos e padrões. Em especial, cada "consultor" deve atuar na fase de planejamento de cada novo projeto, podendo ser um avaliador do desempenho dos projetos, no assunto de sua especialidade. Eventualmente este consultor poderá ser também o treinador dos assuntos da gestão a seu cargo como consultor.

3.4.2.6. Processos Gerenciais

O escritório de projetos deverá dispor de pessoas competentes em cada um dos processos gerenciais, além de ter a necessária infra-estrutura, especialmente sob a forma de fontes de consulta e de *softwares* aplicados na organização. Os recursos devem incluir as "lições aprendidas" (3.2.2) e as "boas práticas" recomendadas por experiência prévia e cobrir, em particular, as gestões específicas: integração, escopo, tempo, recursos, custos, qualidade, ambiental, pessoal, comunicações, riscos e suprimento. Cada consultor interno sugerido anteriormente poderá ser o responsável técnico pela seleção, aperfeiçoamento, atualização e disseminação deste acervo de informações gerenciais de sua área.

3.4.2.7. Parâmetros e Padrões

O escritório de projetos deverá dispor de dados, parâmetros e padrões em uso na organização para implantá-los nos projetos, desenvolvê-los e aperfeiçoá-los. Os padrões vão desde o vocabulário aplicável (evitando-se "dialetos" e ambigüidades), passando por "gabaritos", modelos, padrões de EDT (7.6), pelo menos nos níveis mais altos da decomposição e todos os elementos necessários à gerência. Isto inclui dados, informações e *softwares* sobre:

- seleção de projetos (estratégia organizacional e critérios de seleção);
- recursos disponíveis (financeiros, humanos, materiais, tecnológicos etc.);
- calendários (calendário civil, feriados, plano de férias etc.);
- prioridades; e
- modelos e padrões (de relatórios, correspondências, diagramas, tabelas etc.)

3.4.2.8. Biblioteca

É essencial a disponibilidade de uma biblioteca para o escritório de projetos, podendo ser incorporada a uma biblioteca central da organização, se conveniente. O volume, a abrangência de assuntos e a forma de coleta, armazenamento e disseminação das informações são assuntos a serem definidos durante o projeto do escritório de projetos, com a estrita participação de especialistas em biblioteconomia. Ele poderá conter:

- documentos que contenham informações e dados referentes à organização:
  - missão, objetivos, políticas, estratégias;
  - estrutura organizacional, cargos, funções e responsabilidades;

- práticas, procedimentos adotados, métodos, restrições etc., cobrindo desde aspectos administrativos, sistema de comunicações, até assuntos de segurança de pessoal, de material e das informações;
- modelos, padrões, formulários, rotinas etc;
- lições aprendidas;
- documentos normativos:[12] normas, especificações técnicas (externas e próprias), códigos de práticas e regulamentos;
- documentos legais: leis, decretos, regulamentos, posturas, instruções etc. de interesse da organização;
- documentos de referência diversos: dicionários, glossários; dados numéricos, endereços etc.;
- publicações internas: comunicações, artigos técnicos;
- livros para consulta e estudos de profissionais, apoio a cursos e treinamento;
- periódicos;
- *softwares* (comerciais e de produção própria) etc.

3.4.2.9. Comunicações

Um dos aspectos essenciais do escritório de projetos é o das comunicações, cuja importância pode ser avaliada com a leitura do Capítulo 14 que trata da gestão das comunicações no projeto.

Sem dúvida, será preciso dotar o escritório de projetos de um eficiente suporte de comunicações com todos os projetos, com a organização e com as partes interessadas. Este sistema de comunicações deve estar baseado em um meio físico adequado, seja uma rede interna, uma extranet ou a Internet, devendo especificar os participantes, localizações, seus desempenhos e/ou necessidades, modalidades de interações etc. Deverão ser previstos a freqüência de reuniões, os objetivos, os tipos de relatórios, as distribuições, retroalimentações etc.

Ao se estabelecer a infra-estrutura das comunicações, convém aquilatar a importância deste assunto ao se considerar o escritório de projetos como parte de um sistema de informações estratégicas (2.2.2).

3.4.2.10. Espaço Físico

Sem dúvidas, o escritório de projetos necessitará de um espaço para abrigar seu pessoal, a infra-estrutura necessária e proporcionar o desempenho de suas atribuições. Isto implica em dispor das partes convencionais de um escritório, com área para os

---

12. ASSOCIAÇÃO BRASILEIRA DE NORMAS TÉCNICAS - ABNT. *ABNT-ISO-IEC Guia 2, Termos gerais e suas definições relativas à normalização e atividades correlatas*. 1993.

participantes, meios de comunicações, local de reunião de grupo, arquivos e bibliotecas de dados e informações etc.

3.4.2.11. Exemplo de um Setor da Infra-estrutura

Vários assuntos foram tratados de forma um tanto isolada de tal maneira que poderiam parecer partes de diferentes entidades. Na realidade, trata-se de um único tema, o escritório de projetos, uma organização específica, aqui descrita por partes, talvez de forma muito segmentada, a ponto de se perder a visão do conjunto. É preciso, portanto, costurar os retalhos, como nossas avós o faziam, para produzir elaboradas colchas com sobras de pedaços de panos, restos de antigas obras de costura.

Nos itens anteriores, foram expostos vários assuntos: atribuições, equipes, infra-estrutura e certos detalhamentos como métodos e padrões etc.

Como juntar isso tudo em um escritório de projetos? Um exemplo poderá deixar claro quanto ao que se espera do desempenho do escritório de projetos, em cada uma de suas atribuições. Tome-se, por exemplo, um assunto: a gestão da qualidade. Sob este título, o escritório de projetos deverá ter os seguintes documentos, ou em seus arquivos ou tê-los com acesso imediato (em uma biblioteca central da organização, por exemplo), além dos documentos gerais da organização (missão, políticas, plano estratégico, planos operacionais etc.):

- ◆ a política da qualidade da organização;
- ◆ o plano da gestão da qualidade da organização;
- ◆ os planos da qualidade de cada projeto;
- ◆ as normas ISO 9000;
- ◆ outros documentos normativos de interesse da organização (ABNT, por exemplo);
- ◆ os procedimentos documentados sobre qualidade;
- ◆ outros documentos de interesse para esta gestão.

Haverá um responsável por esta gestão, no âmbito do escritório de projetos, podendo ter auxiliares no exercício da função. Este especialista poderá ser o mentor da organização neste assunto e também seu consultor. Dependendo das condições de trabalho, do vulto das atividades exigidas, esta função poderá ser de tempo integral ou de tempo parcial, acumulada com outra função.

Como trabalharia este setor ligado à gestão da qualidade?

Inicialmente deve ser feito um levantamento do "status" da organização quanto à qualidade, especialmente em projetos. Uma situação desejável deve ser estabelecida, com metas intermediárias a atingir, em prazos prefixados. Os esforços para alcançar as metas serão avaliados, em termos de atividades, recursos e prazos. Assim, será feito um *plano de implantação* da gestão da qualidade em projetos.

Deste plano deverão constar, devidamente especificados quantitativa e qualitativamente:

- *dados para a implantação* — a infra-estrutura necessária como documentos, equipamentos (comunicações, especialmente), pessoal (especializações, condições de dedicação às atividades no escritório etc.), espaço físicos;
- *dados para o funcionamento* — regras de funcionamento ou procedimentos junto aos projetos (assistência ao planejamento, assistência durante a execução e controle, revisões críticas etc.); treinamentos (modalidades, finalidades, clientela, calendário); e
- *atividades correntes* — treinamentos, assistência aos projetos; consultorias; avaliação geral da gestão da qualidade; desenvolvimento de métodos e padrões; melhoria contínua etc.

Observe-se que cada projeto novo terá a assistência da equipe deste assunto desde a elaboração do planejamento até seu encerramento, culminando com a participação ativa na revisão crítica de cada projeto e elaboração das "lições aprendidas" quanto à gestão da qualidade.

Este roteiro deverá servir de guia para a implantação e funcionamento dos demais setores do escritório de projetos.

3.5. Conclusão

Este Capítulo tratou da administração por projetos e abordou dois aspectos essenciais para o sucesso na sua implantação em uma organização: características e adequação do pessoal e a implantação de um escritório de projetos.

A administração por projetos consiste em subdividir os trabalhos da organização, caracterizando-os, sempre que possível, como projetos, e resolvê-los como tal, acelerando a obtenção de resultados, com qualidade e custos desejados. Ela precisa ser preparada, criada e cultivada, o que, por si, é um projeto ou são vários deles. Em paralelo, deverá ser provido o necessário treinamento de seu pessoal, o que demandará tempo e esforço de todos.

Cada escritório de projeto é uma entidade com características tão variadas quanto as instituições que os utilizam. Ele pode ser um simples grupo de apoio ao controle de projetos, recebendo dados e emitindo relatórios, como pode incumbir-se da gerência dos projetos e dos recursos da organização. Ele é uma entidade que evolui com o tempo e, de acordo com seus músculos e sistema nervoso, pode ser implantado paralelamente ao gerenciamento de projeto.

Como enfatizado, o escritório de projetos é uma ferramenta não muito nova mas que tem sido desenvolvida de forma muito acentuada nos últimos anos. Cada organização interessada ou necessitada de instalar um escritório de projetos deverá proceder com total consciência de que está tratando de uma entidade que levará algum tempo para produzir mas, com a experiência, deverá se tornar uma das peças fundamentais para o gerenciamento de projeto em organizações multiprojetos, em especial, naquelas que adotam a administração por projetos, além de ser parte valiosa do sistema de informações estratégicas da organização.

3.6. Bibliografia

Formação de equipes, potencialização, equipes autogerenciadas:
> BUCHHOLZ, Steve & THOMAS, Roth. *Creating the High Performance Team*. New York, John Wiley & Sons, 1987.
>
> WELLINS, Richard S. et alii. *Empowered Teams*. Washington, Jossey-Bass, 1993.

Equipes virtuais:
> LIPNACK, Jessica & STAMPS, Jeffrey. *Virtual Teams*. New York, John Wiley & Sons, 1987.

Treinamento:
> WILLS, Mike. *Managing the Training Process*. Gower (Ashgate Publishing Company), 1998.

Busca e fontes de informações:

1 – **Softwares**

> 1.1 – PROJECT MANAGEMENT INSTITUTE. *A compendium of project management and project management-related software*, PM Network. June 1995. p. 20-27.
>
> A partir de 1995, a *PM Network* edita uma resenha de *softwares* sobre gerenciamento de projetos e assuntos correlatos e vem atualizando seus dados em edições posteriores.
>
> 1.2 – PROJECT MANAGEMENT INSTITUTE. *Project Management Software Survey*. June 1999 (livro) 300 p., Sept. 1999 (CD).
>
> Esta resenha cobre mais de 200 *softwares*, com suas características, agrupando-os em sete categorias: "*suites*", gestão do tempo, gestão dos custos, gestão dos riscos, gestão do pessoal, gestão das comunicações e gestão de processos.
>
> 1.3 – Várias empresas fornecem comercialmente "Diretórios de Softwares", como, por exemplo, a DRC Informação em Tecnologia: info@misnet.com.br e www.misnet.com.br.

2 – **Livros, CDs**

> 2.1 – Nos *sites* das editoras e livrarias brasileiras e estrangeiras, podem ser encontradas referências, sob os títulos Administração, Estratégia, Gerência ou outro mais específico e também com busca por título, autor e palavra-chave.
>
> 2.2 – "*Information* SOURCEGUIDE". O PMI edita uma resenha atualizada de livros de sua edição e de terceiros, nesta publicação anual.
>
> 2.3 – CLELAND, David I.; RAFE, Gary; MOSHER, Jeffrey. *Annotated Bibliography of Project and Team Management*. Project Management Institute, 1998. 450 p.

(em livro e em CD-ROM). Trata-se de uma extensa resenha de livros e artigos sobre gerenciamento de projetos, em suas diversas facetas, contendo referências a publicações editadas desde 1956 até a edição do livro.

2.4 – PROJECT MANAGEMENT INSTITUTE. *Project Management Forms*, Pensylvania, USA, 1998. Contém modelos, formulários, gráficos, listagens, fichas etc. aplicáveis ao gerenciamento de projetos. Disponível na forma de livro ou em CD-ROM, do qual a parte gráfica pode ser copiada, traduzida e adaptada à organização interessada.

4

O Projeto

Introdução

Precedendo o estudo detalhado do processo de gerenciamento de projeto, este Capítulo aborda alguns pontos relevantes, preparando o leitor para uma boa compreensão do que se segue. Foi dito que o projeto é uma organização transitória que tem por objetivo um produto singular. Como organização, o projeto tem uma missão, um ambiente, objetivo, estrutura, regras de funcionamento e recursos.

Este Capítulo faz uma apresentação de cada um destes aspectos, dando ênfase à estrutura e aos recursos humanos, expandindo o que foi apresentado neste campo, com aplicação em toda a organização. Destacam-se os importantes atributos esperados do gerente de projeto, as atribuições da gerência e o trabalho em equipe: formação, desenvolvimento, motivação e administração de conflitos. O Capítulo dá início a uma série de outros, dedicados ao projeto, sua gerência, planejamento, execução e controle, considerando o gerenciamento de projeto como segmentado em gestões dedicadas, cada uma delas, a uma área específica.

Conteúdo

4.1 — O projeto como organização

4.2 — O ambiente do projeto

4.3 — O gerente

4.4 — A equipe

4.5 — Administração de conflitos

4.6 — Conclusão

4.7 — Bibliografia

Objetivos Gerais

- Entender o projeto como uma organização transitória
- Conhecer o ambiente do projeto e saber identificar seus componentes
- Aprender as funções e atributos dos gerentes
- Compreender o trabalho em equipe e aprimorar sua execução
- Estudar os conflitos, explorá-los e administrá-los
- Indicar bibliografia para leitura suplementar

4.1. O Projeto como Organização

No primeiro Capítulo foram apresentadas e estudadas as principais características de uma organização e foi dito que o projeto é uma organização temporária. Nesta Seção o projeto é visto, em uma apresentação sintética, como uma organização. O projeto está sempre vinculado a uma organização que exerce importantes funções em relação ao projeto, como se verá mais adiante (4.2.2).

4.1.1. Missão

Um projeto tem início para aproveitar uma *oportunidade* ou satisfazer uma *necessidade*. Em outras palavras, um projeto age sob as forças de mercado: uma *oferta* ou uma *demanda*, seja de caráter estratégico, administrativo ou operacional, como visto anteriormente.

Como organização, todo projeto tem uma *missão geral* que é a de satisfazer ou exceder as expectativas das partes interessadas (2.1.3.1). A *missão específica* de cada projeto é aproveitar a oportunidade ou satisfazer à necessidade que o originou, gerando um novo produto (bem ou serviço).

4.1.2. Objetivo

Um projeto é organizado com um **objetivo** que consiste em *executar* um conjunto de ações que devem estar voltadas para uma única resultante que é o produto do projeto. O objetivo é o *trabalho* que a equipe deverá realizar. O objetivo deve ser redigido com o máximo cuidado, para ser claro e sem ambigüidades. A **redação** deve conter:

- a *ação*, definida por um verbo no infinitivo, iniciando a declaração do objetivo: projetar, desenvolver, construir, transformar, modernizar, ensaiar, levantar, determinar, obter, transportar etc.
- o *objeto*, sobre o qual a ação se exerce e/ou da qual ele resulta: uma ponte, um dispositivo, um processo administrativo ou operacional, um treinamento, uma simulação, um *software* etc.
- requisitos, restrições ou condições complementares: de desempenho, de tempo, de local, de qualidade, de quantidade, de áreas de aplicação etc.

Exemplos:

1. Um exemplo simples e bem conhecido é o do programa espacial norte-americano: *"colocar um homem na Lua até o fim da década"*.

2. Outro exemplo é o objetivo fixado pelos Laboratórios da Bell Telephone, para um projeto de pesquisa no campo de materiais semicondutores, dielétricos, isolantes, piezelétricos e magnéticos e que veio a ter como resultado o transistor: *"obter novos conhecimentos que possam ser utilizados no desenvolvimento de novos e completamente aperfeiçoados componentes e elementos de aparelhos de sistemas de comunicações"*[1].

3. E um último: *"preparar um treinamento de até x horas, para o pessoal da empresa, a fim de capacitá-lo à implantação progressiva da administração por projetos a ser efetivada até o fim do próximo ano"*.

Exercício 4.1

Identifique, em cada um dos exemplos de objetivo do parágrafo anterior, os três componentes recomendados (ação, objeto e complementos).
Redija o objetivo de um projeto de seu interesse.

4.1.3. Produto

O **produto** do projeto é aquilo que será entregue ao cliente e que deve estar referido no objetivo do projeto. O produto é o novo bem ou serviço criado pelo projeto. Como foi visto, os **produtos** podem ser materiais e equipamentos, materiais processados, informações, serviços ou uma combinação destes ou, resumindo, bens, serviços ou ambos. Para permitir o exato dispêndio de esforços e para se ter parâmetro de aferições em seu recebimento e aceitação, o produto deverá ser criteriosamente descrito, com todos os requisitos exigidos. **Requisito** é uma "disposição que expressa critérios a serem observados"[2] e seu conjunto geralmente é registrado em *especificações* e os documentos que estabelecem como aferir os requisitos são *normas*. As organizações envolvidas com o projeto devem ter gestões da qualidade e o próprio projeto tem uma gestão específica que visa garantir a qualidade do projeto e do produto resultante.

O projeto tem início com o trabalho sobre os requisitos operacionais ou funcionais para transformá-los em um conjunto de características técnicas do produto, na fase de *design* (4.2.3.3).

---

1. WEINER, Charles. How the Transistor Emerged. *IEEE Spectrum*, Jan. 1973. p. 25, 26.
2. ASSOCIAÇÃO BRASILEIRA DE NORMAS TÉCNICAS — ABNT. ***ABNT-ISO-IEC Guia 2 - Termos gerais e suas definições relativas à normalização e atividades correlatas***, 1993. Item 7.5.

Exemplos:

1. *Objetivo*: executar o estudo de viabilidade técnico-econômica de uma ponte rodoviária para transpor o Rio R, na localidade L.

   Produto: um estudo de viabilidade técnico-econômica.

2. *Objetivo*: executar o projeto de engenharia de uma ponte ...

   Produto: o projeto de engenharia que permitirá a construção da ponte.

Em ambos os casos, o que o cliente deseja, em maiores detalhes, estará contido nos requisitos do produto e no escopo do projeto: prazos, normas a observar, restrições técnicas (concreto ou metálica) e administrativas (relatórios semanais, mensais, planilhas de custos etc), sigilo etc. Observa-se que o objetivo determina a ação a ser executada pela equipe do projeto para obter o produto definido por requisitos.

4.1.4. Estrutura

A estrutura (ou o esqueleto) de um projeto é formada pelos processos ou "pacotes de trabalho" a serem realizados. Estas partes do projeto são também chamadas de "blocos", por serem representados como retângulos em uma estrutura de organograma do projeto.

Assim, todos os trabalhos técnicos, gerenciais e administrativos do projeto são esquematizados e estudados sob a forma de processos, sendo descritos em termos de suas *entradas* (insumos), *recursos e atividades* e *saídas* (resultados ou produtos). No mais alto nível, podem ser distinguidas duas grandes categorias de processos:

- processos diretamente voltados para a realização do produto; e
- processos gerenciais do projeto.

Em uma visualização compacta das partes constitutivas de um projeto, a Figura 4.1 mostra os agrupamentos dos processos como apresentado neste item (veja a Figura 7.6, para mais detalhes, mas volte logo).

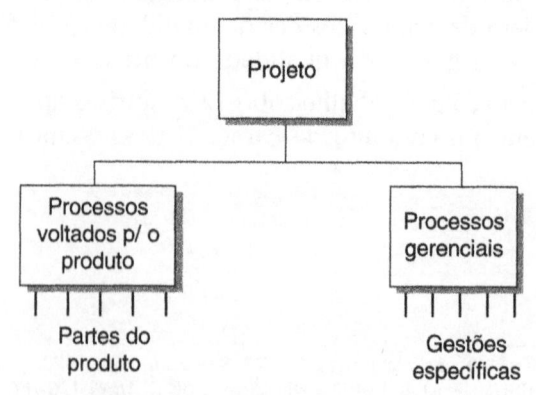

Figura 4.1 Os processos e as gestões do projeto.

Como partes do produto, há gestões de subsistemas, de itens e componentes do produto, assunto a ser detalhado na gestão do escopo (Capítulo 7).

Para melhor organização dos processos gerenciais, eles são agrupados em *gestões específicas* de acordo com características afins, voltadas para determinadas preocupações do gerente e da equipe. Estas gestões serão estudadas com detalhe, mais adiante. Apenas para citar algumas delas, pode-se dizer que qualquer projeto comporta, entre outras, as seguintes gestões: dos custos, do tempo, da qualidade, do pessoal, das comunicações etc. O projeto pode receber atribuições administrativas da organização hospedeira, constituindo gestões exercidas por delegação (finanças, pessoal, contratos etc.), como será tratado no item seguinte.

A estrutura do projeto é peça de fundamental importância, orientando todas as ações dos executantes e partes interessadas. Denominada "estrutura de decomposição do trabalho — EDT"[3] ou também "estrutura analítica do projeto — EAP", ela é estudada com detalhes no Apêndice do Capítulo 7 — Gestão do escopo.

4.1.5. Funcionamento

As regras de **funcionamento de um projeto** são estabelecidas formalmente nas diversas gestões, estudadas nos Capítulos restantes deste livro. São registradas todas as atribuições, autoridades e responsabilidades dos participantes. As obrigações e interfaces são descritas, qualitativa e quantitativamente, com prazos certos para cumprimento.

Como se sabe, o projeto não tem personalidade jurídica, não podendo, por si só, contratar pessoas ou serviços, comprar, vender ou fornecer materiais, serviços etc. Ele somente exercerá estas atribuições em nome e por delegação explícita da organização responsável pelo projeto. Assim, por necessidade ou conveniência, são delegadas ao gerente de projeto partes de autoridades da organização responsável pela execução do projeto, para executar tarefas típicas desta, como as relacionadas com finanças, materiais, contratos com terceiros (fornecedores, empregados, compradores etc.). Entretanto, uma vez formalizada a delegação de competência, o gerente de projeto incorporará à sua gerência as atividades da organização e sobre elas exercerá sua autoridade e coordenação, nos limites da delegação recebida, em geral, agora denominadas de gestões.

Além destas regras formais, e como ocorre em qualquer organização, o projeto tem suas maneiras informais de trabalhar, criadas e desenvolvidas pelo gerente e sua equipe, cultivando uma identidade e uma cultura próprias. Muitas vezes isto é observado com nitidez, chegando a ser um inconveniente quando, ao término dos trabalhos, a equipe reluta em ser dissolvida, ainda que tenha sido formada a contragosto de seus componentes, especialmente quando foram "recrutados" e "negociados" em entendimentos entre seus chefes funcionais e o gerente do projeto.

---

3. Da literatura em inglês: *work breakdown structure — WBS*.

4.1.6. Recursos

Como organização temporária, o projeto tem recursos postos a sua disposição, sendo que grande parte dos mesmos é cedida ou emprestada por outras entidades, especialmente a organização hospedeira do projeto. Recursos humanos, financeiros e materiais são regulados por gestões específicas: pessoal, custos e recursos, respectivamente.

4.1.7. Ciclo de Vida do Projeto

Como foi visto, o projeto tem início e fim predeterminados. Ele passa por evoluções, entre estes pontos, cumprindo o que se costuma chamar de "ciclo de vida do projeto", uma seqüência de atividades, não necessariamente estanques, geralmente agrupadas em fases. É costumeiro considerar o projeto como composto de cinco fases[4]:

- iniciação;
- planejamento;
- execução;
- controle; e
- encerramento.

Será feita, a seguir, uma breve caracterização destas fases, para melhor compreensão do desenvolvimento do texto.

Fase de Iniciação

Esta fase dá início ao projeto, um conjunto de percepções, vontades e interesses, em geral estimulado por uma demanda/necessidade de entidade externa ou por uma oferta/oportunidade da organização ou do grupo que empreenderá o projeto. Segue-se a identificação da necessidade ou da oportunidade, e da maneira de supri-la, isto é, identificar o problema e conceber via de solução. A fase caracteriza-se pelo comprometimento da organização em dar prosseguimento com a fase seguinte. É comum fazer-se aqui uma estimativa aproximada dos esforços a serem despendidos, especialmente em termos de custos e prazos, para dar base à iniciação.

Fase de Planejamento

Com as informações levantadas na fase de iniciação, procede-se ao planejamento, estabelecendo-se progressivamente o escopo do projeto (7.2). Em geral, costuma-se desdobrar o planejamento em duas subfases: planejamento preliminar e planejamento detalhado.

O **planejamento preliminar** contém informações globais do empreendimento que será encetado, com a definição do produto do projeto, a maneira de obtê-lo, os custos, os prazos, os demais recursos e os comprometimentos necessários, os riscos

---

4. Por terem atuação quase simultâneas, é comum considerar a execução e o controle como subfases de uma fase denominada "implementação", reduzindo o projeto a quatro fases.

envolvidos etc. No planejamento preliminar, a decomposição do produto até o segundo ou terceiro níveis é suficiente. Esta subfase é útil para as negociações com as partes interessadas, a fim de conciliar os objetivos, os esforços a serem empregados, começar a definição de responsabilidades etc.

Em seguida é realizado um planejamento detalhado do projeto, para permitir sua execução e controle. Enquanto o planejamento preliminar visa à compreensão do problema ou da necessidade e sua forma de realização, o **planejamento detalhado** precisa definir todas as atividades que envolvem utilização dos recursos, com a explicitação dos produtos de cada "pacote de trabalho", seus requisitos e seus destinos. As interfaces, os diversos processos técnicos e administrativos e compromissos internos são preestabelecidos. Todo um esquema de controle é instituído à medida que a definição das condições de execução for sendo fixada. Este controle será exercido sobre o produto (processos, materiais, qualidade), sobre os processos gerenciais e administrativos, sobre os recursos (custos) e sobre os prazos planejados. A equipe do projeto é definida, selecionada e montada em negociações, em geral, com a administração da organização executante do projeto.

Fase de Execução

Consiste em pôr em ação todas as tarefas planejadas, nas condições de qualidade, custos, prazos e de forma a alcançar os objetivos das partes interessadas. Esta fase caracteriza-se por um intenso trabalho de equipe, sob a coordenação geral do gerente de projeto, com muitas ações gerenciais descentralizadas como, por exemplo, as gestões do projeto. Assim, o gerente poderá delegar a um dos executantes, a gestão da qualidade, a outro, a gestão do suprimento etc. Os resultados da execução devem ser documentados e fazem parte fundamental da gestão das comunicações (14.4).

Fase de Controle

A fase de controle do projeto segue *pari passu* a de execução, podendo dar origem a diversos retoques e ajustagens no planejamento inicial, mantendo, porém, o escopo do projeto. Cada gestão tem seu controle peculiar mas os controles de todas as gestões são coordenados e harmonizados pelo controle integrado de mudanças (6.3), importante processo da gestão da integração (Capítulo 6).

Fase de Encerramento

Uma vez atingido o objetivo, o projeto deve ser encerrado, com algumas disposições finais, a partir da aceitação do produto. Deverão ser tomadas providências para a conclusão de contratos, encerramento administrativo, devolução de materiais, espaços etc. e, antes da dispensa e dissolução da equipe, deve ser procedida uma avaliação geral e levantamento das "lições aprendidas" (ver 3.2.2).

Estas fases são altamente interativas, com grandes recobrimentos entre elas, mostrados na Figura 4.2.

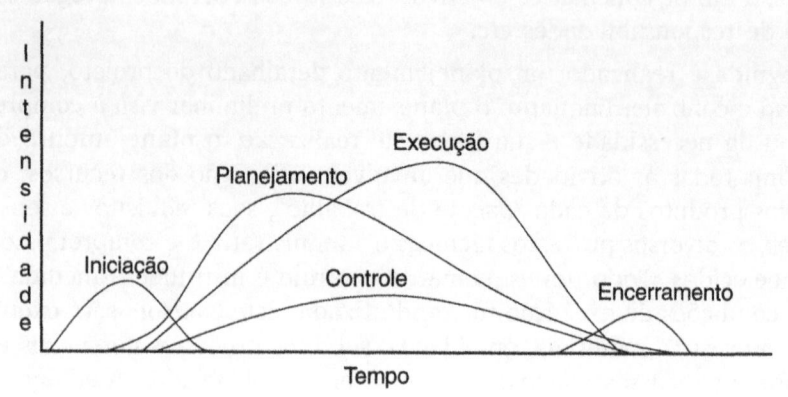

Figura 4.2 As fases de um projeto.

Como se vê, as três fases centrais, planejamento, execução e controle são quase simultâneas. Na realidade, o controle, agindo sobre todas as atividades da execução, promove, em muitos casos, reajustes no planejamento. Por outro lado, à medida que os fatos vão-se sucedendo, são criadas condições de detalhamento de partes do plano que estavam sem as minúcias necessárias à execução.

4.1.8. Sistema de Informações Gerenciais — SIG

Excetuados os projetos extremamente simples, de pequena complexidade e envolvendo poucas pessoas, para os demais, torna-se necessária a utilização de um eficiente sistema de informações gerenciais — SIG, preferencialmente sediado em uma rede multiusuário. As inúmeras atividades desenvolvidas nos projetos precisam ser diagramadas, registradas e acompanhadas, o que exige um sistema computadorizado. Este SIG deverá ser o instrumento que, em tempo real, fará a coordenação das necessidades dos projetos e das operações com as disponibilidades dos recursos, permitindo controlar cronogramas, custos, e com emissão de relatórios, gráficos e tabelas sob várias formas e níveis de detalhamento ou de agregação.

O mau uso de sistemas de gerenciamento computadorizados tem apresentado inconvenientes[5], como excessivo envolvimento com o computador e conseqüente perda de contato com o projeto, isolando o gerente da equipe e mesmo os membros desta; os relatórios podem mascarar os reais problemas, dando relevo a sintomas em vez de aos problemas (atrasos, custos elevados etc.); pode ainda haver sobrecarga de informações; a excessiva dependência do computador faz com que se espere pelos re-

---

5. TAMHAIN, H. J. The New Product Management Software and its Impact on Management Style. *Project Management Journal*, Aug. 1987.

latórios para reagir ante os problemas e, finalmente, pode haver desbalanceamento de gerência, sobrecarregando algumas áreas e negligenciando outras.

4.1.9. Conceituações Adicionais

O **objetivo** é o ponto focal de qualquer atividade, inclusive do projeto, para o qual convergem todas as ações da equipe, desde o início dos trabalhos. Somente a partir dele, expresso de forma clara e inequívoca, é que se pode elaborar o planejamento do projeto que deve guiar todas as demais fases e etapas do ciclo de vida do projeto. O produto consiste no resultado final, para cuja consecução todo o projeto é montado e conduzido. Um projeto sem objetivo e produto bem definidos é um barco à deriva.

Meta é um objetivo intermediário ou parcial, quantificado e/ou qualificado e que deve ser alcançado em prazo definido. Todas as metas devem concorrer para a consecução do objetivo do projeto. A qualificação e a quantificação são reguladas em requisitos contidos em especificações ou outros documentos normativos adequados. Sendo um objetivo parcial, toda a metodologia referente ao objetivo (do projeto) é igualmente aplicável à meta (de um bloco), desde o topo do projeto até suas partes mais elementares.

Os **eventos** são importantes ocorrências em um dado momento do planejamento, da execução e do controle do projeto. São como marcas em um percurso e que servem para referência, para tomada de decisão, para cálculo de custo, para estimativa de atrasos ou adiantamentos etc. Por exemplo: o início e o término de uma tarefa são eventos.

Marco (ou indicativo para controle, evento-marco, evento marcante, *milestone* etc.) é todo evento que, por sua significação no projeto, foi escolhido para ser relatado como objeto de controle. O cliente pode indicar ou exigir algumas informações, como indicativos para controle, caso ele deseje acompanhar ou assistir. Exemplos de indicativos para controle:

- aprovações de subprojetos, de tarefas e de significativas atividades;
- metas a atingir em cada "bloco";
- liberações dos recursos financeiros;
- verificações: exames, ensaios, revisões críticas etc.

Evento-chave é um acontecimento cuja realização esperada no projeto, por sua natureza, implica em uma tomada de decisão. Exemplo: "proposta P apresentada em tal data", como evento-chave, poderá exigir uma decisão dentre as alternativas:

- aprovar a proposta e autorizar o início do que foi proposto; ou
- retornar a proposta para revisão; ou ainda
- adotar proposta concorrente.

De uma forma geral, uma **interface** é um compromisso entre partes do projeto, entre o projeto e a organização, entre o projeto e o cliente etc. bem como entre partes do produto que se relacionam.

Podem-se considerar dois grupos de interfaces.

O primeiro compreende as interfaces existentes entre as partes do produto que se relacionam. Estes compromissos podem ser físicos (Ex.: dimensões, forma), de posição (o alinhamento óptico em uma câmara fotográfica) ou lógicos (Ex.: os módulos de um *software*).

Outro tipo de interface consiste em compromissos entre partes do projeto e/ou entre pessoas. Este segundo tipo comporta interfaces:

- *organizacionais,* as existentes entre as partes do projeto responsáveis pelos processos gerenciais ou administrativos (os blocos das gestões da Figura 7.6 e entre o projeto e a organização);
- *técnicas,* aquelas que ocorrem entre partes do projeto (os blocos do produto da Figura 7.6) responsáveis pelo sistema/produto ou seus componentes (Ex.: responsável por um ensaio e quem solicitou o serviço); e
- *interpessoais,* relacionamento funcional entre pessoas da equipe do projeto.

4.2. O Ambiente do Projeto

O projeto, sob um enfoque sistêmico, tem uma interação com o ambiente e, internamente, dispõe de partes constitutivas, os subsistemas, as gestões específicas, todos com grande interação e interdependência entre si e com as partes interessada externas à organização, e com as partes da própria organização. A garantia do perfeito inter-relacionamento entre estas partes é proporcionada pela gestão da integração do projeto (Capítulo 6). Nesta Seção estuda-se o ambiente do projeto para melhor compreensão de seus componentes e atuações.

Tal como estudado com relação à organização, o projeto também tem seu **ambiente**. Podem-se distinguir três níveis: o *ambiente externo,* a *organização* e o *programa,* se for o caso. Como foi mencionado no início deste Capítulo, a missão geral do projeto é satisfazer ou exceder as necessidades e expectativas das partes interessadas. De forma idêntica à organização, nem todas as necessidades e expectativas são coincidentes e muitas delas são conflitantes, necessitando serem administradas pelo gerente de projeto. Portanto, é de suma importância que o gerente conheça os protagonistas com os quais terá de exercer suas habilidades de negociador.

4.2.1. O Ambiente Externo à Organização Hospedeira

Compõem o ambiente externo todas as partes interessadas no projeto e não integrantes dele nem componentes da organização hospedeira. Fazem parte do ambiente externo: o cliente, os fornecedores, os agentes financiadores, os patrocinadores, os contratados, os assessores e colaboradores eventuais etc. A identificação e as funções de cada um, suas responsabilidades, o relacionamento, as interfaces entre eles etc. deverão ser bem estabelecidas nas diversas gestões e formalmente declaradas nos vários documentos, como se verá com detalhes no estudo de cada uma destas gestões.

4.2.2. A Organização Hospedeira

A organização hospedeira desempenha importantes papéis em relação ao projeto. O mais comum é o de sediar o projeto, proporcionando-lhe abrigo e segurança, fornecendo recursos, especialmente recursos humanos e materiais, podendo também ser cliente do projeto. A organização hospedeira, por ter personalidade jurídica, pode delegar ao projeto as autoridades e competências legais necessárias à execução do projeto: contratar pessoas e serviços, comprar, administrar recursos financeiros, administrar áreas, materiais etc.

Dependendo da forma de organização adotada, do vulto do projeto, da interdisciplinaridade requerida, o projeto pode estar vinculado a um alto nível da administração da organização, constituir-se em uma organização por projeto ou uma organização matricial, por exemplo. Pode, ainda, estar vinculado a um departamento, se todos ou quase todos os recursos estiverem concentrados neste departamento.

Mas o caso mais comum é o de projeto multidisciplinar, em que seu gerente manterá relacionamento com os departamentos envolvidos. Muitas vezes precisará negociar com os chefes ou gerentes departamentais as necessidades de seu projeto que, muitas vezes, colidem com as dos departamentos. Os conflitos deverão ser resolvidos construtivamente pelos gerentes e, na impossibilidade, deverão ser solucionados por uma autoridade com ascendência comum aos dois. Os conflitos e suas soluções são objeto da Seção 4.5.

4.2.3. O Programa

Em uma escala descendente, foi visto o ambiente externo e a organização. Agora focaliza-se o nível de programa, como o ambiente mais próximo do projeto. Aqui, trata-se de um conjunto de projetos que se destinam a gerar um sistema em que há um produto ou vários produtos correlatos, e os serviços a eles associados. Antes de desenvolver este assunto, vêem-se, na Figura 4.3, os três níveis de ambiente do projeto para se ter, desde já, uma imagem visual ampla. (O leitor é convidado a comparar com a Figura 2.1, o ambiente da organização.)

```
┌─────────────────────────────────────────────────────────────────┐
│                   Nível 1 — AMBIENTE EXTERNO                    │
│  Ambiente físico, ecológico, tecnológico etc. Clientes,         │
│  fornecedores, financiadores, patrocinadores, contratados,      │
│  concorrentes etc.                                              │
│  ┌──────────────────────────────────────┐   ┌───────────────┐   │
│  │   Nível 2 — ORGANIZAÇÃO HOSPEDEIRA   │──▶│  ORGANIZAÇÃO  │   │
│  │      (DE PROJETOS/DE PROGRAMAS)      │   │    PRODUTO    │   │
│  │                                      │   └───────────────┘   │
│  │                                      │      Produto/         │
│  │                                      │      Serviços         │
│  │          Nível 3 — PROGRAMA          │      associados       │
│  │   (SISTEMA PRODUTO/SERVIÇOS ASSOC.)  │   ┌───────────────┐   │
│  │                                      │   │ Distribuidores│   │
│  │    Projetos                          │   │   logística,  │   │
│  │    isolados                          │   │ serviços ao   │   │
│  │                                      │   │   cliente     │   │
│  │     Projetos constituintes do Programa                       │
│  └──────────────────────────────────────┘                       │
└─────────────────────────────────────────────────────────────────┘
```

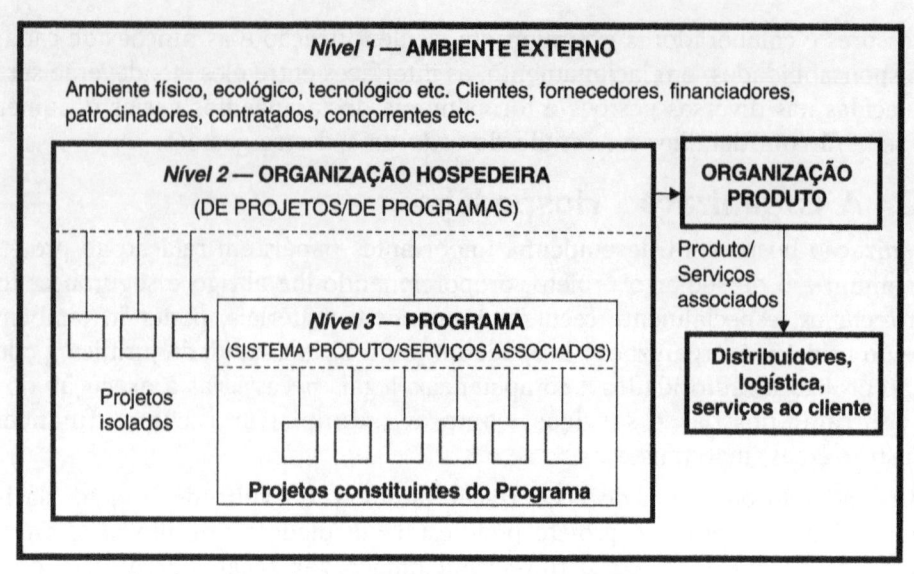

Figura 4.3 Os três níveis de ambiente de projeto.

4.2.3.1. O Programa Produto/Serviços Associados

É muito comum um programa ser dedicado a um produto e seus serviços associados, estes, constituindo um sistema. O sistema produto/serviços associados é objeto de atenção especial desde os momentos iniciais do programa, sobrevive aos projetos e persiste até o descarte final do produto.

Ainda no âmbito da organização produtora, o produto está associado a uma gama de serviços, entre os quais citam-se o manuseio, embalagem, rotulagem, estocagem etc. Do produtor até o usuário/consumidor final há uma série de agentes intermediários: *marketing*, distribuidor, atacadista, varejista, serviços de distribuição e manutenção, incluindo espaços físicos, (escritórios, salas, oficinas, depósitos etc.), instalações (máquinas e equipamentos) sobressalentes, manuais, treinamento, registros diversos etc., enfim, todo um aparato logístico, incluindo embalagem, rotulagem, transporte, armazenamento etc.

Com relação ao cliente, há que considerar manuais e instruções, seguro, garantias e atualizações do produto/serviço etc. De permeio com tudo isto, há revisões, exames e análises críticas para ajustar o realizado com o planejado. Para manter a efetividade do produto, os serviços associados devem estar ativos durante todo o ciclo de vida do produto, acompanhando-o desde a concepção até o fim de sua vida ou, usando as palavras da ISO 14040: "do berço ao túmulo" (ao focalizar as interações do produto com o ambiente).

É necessário fazer uma distinção entre serviço, quando considerado como o produto, do ponto de vista do cliente, e os serviços associados. **Produto**, como foi já conceituado (1.1.1), é o resultado de atividades ou processos, podendo ser: materiais e equipamentos, materiais processados, informações, *serviços* ou uma combinação destes e **serviço** é o resultado gerado por atividades na interface fornecedor e cliente e por atividades internas do fornecedor para atender às necessidades do cliente.

Observa-se que, de um lado, tem-se serviço como um tipo de *produto* fornecido ao cliente. Mas este serviço/produto é acompanhado de serviços outros, chamados de serviços associados. Por serviços associados[6] entende-se aqueles que são prestados ao produto (bem ou serviço) e ao usuário para manter a efetividade deste produto durante sua vida útil, como mostrado na Figura 4.4.

Produtos de um projeto	
Bens: Materiais e equipamentos Materiais processados Informações **Serviços**	← **Serviços associados** *(Apoio a bens e serviços)* ←

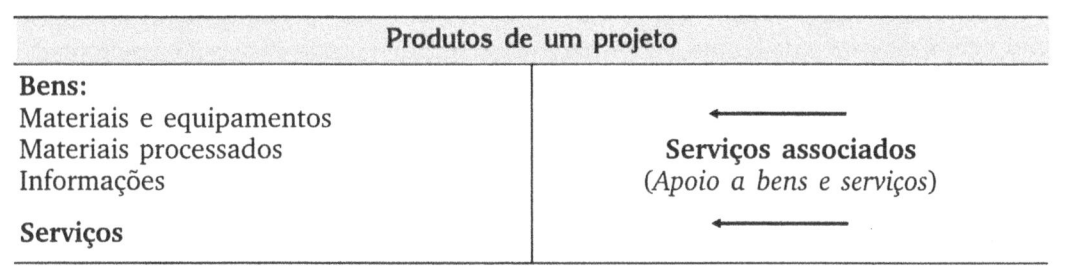

Figura 4.4 Bens, serviços e ... serviços associados.

Um serviço telefônico é gerado por projetos e instalação de centrais, linhas e seus equipamentos complementares que disponibilizam a comunicação do cliente por meio de um telefone e, como serviços associados, há o fornecimento periódico de listas telefônicas, que são produtos de projetos gráficos, edição, distribuição etc., complementados pela assistência (informações úteis, por exemplo) e manutenção.

4.2.3.2. O Sistema Produto/Serviços Associados e Seu Programa

Chama-se de **sistema produto/serviços associados** o conjunto formado pelo *produto* (materiais e equipamentos, materiais processados, informações, serviços ou uma combinação destes) e *serviços* de apoio ao produto e ao usuário.

Assim, do ponto de vista do projeto, entre seus produtos incluem-se *bens* (entregues ao cliente), *serviços* (prestados ao cliente) e *serviços associados* (como apoio aos bens e serviços).

Os projetos, as operações e os serviços (igualmente gerados por projetos), em seu conjunto, formam o *programa produto/serviços associados*. Programa (1.2.4) vem a ser uma subdivisão de um plano para permitir o agrupamento das decisões por áreas de ação afins ou por objetivos setoriais. Mas também chama-se de **programa** a um conjunto de projetos e atividades inter-relacionados, constituindo um empreendimento

---

6. A expressão "serviços associados" foi parte dos títulos das normas ABNT ISO 9001 e 9002, ambas de 1994.

de razoável vulto, geralmente compreendendo um sistema formado por um produto e seus serviços associados.

É evidente que todas as ações de um programa (projetos e outras atividades) devem ser criteriosamente planejadas, coordenadas e controladas por uma "gerência de programa" ou de "gerência de sistema". Caberá à gerência a coordenação e integração de todas as organizações envolvidas no programa que geralmente recebe o nome do sistema produto/serviços.

4.2.3.3. O Ciclo de Vida do Sistema Produto/Serviços Associados. Engenharia de Sistemas

Para bem compreender a posição do projeto em um programa, será necessário entender o ciclo de vida de um produto e o programa elaborado para criar esse produto e mantê-lo operacional até ser retirado do uso.

Tal como o ciclo de vida de uma pessoa, que pode ser encarado sob diversos aspectos, variando nos detalhes, desde o mais compacto: infância, juventude, maturidade e senilidade, pode-se desdobrar estas fases em outras mais detalhadas: pré-natal, primeira infância etc. etc.

Para o ciclo de vida de um sistema produto/serviços associados, pode-se adotar uma das formas concisas, constituída das seguintes fases:

- Fase A — *Design* conceptual
- Fase B — *Design* detalhado
- Fase C — Projetos (pesquisa e desenvolvimento do produto e serviços associados)
- Fase D — Produção/construção/instalação
- Fase E — Operação/utilização/serviços associados
- Fase F — Retirada de serviço e descarte

Elas preparam a materialização do sistema: o produto que o caracteriza e todos os serviços associados que o acompanharão durante sua vida operacional e são brevemente descritas a seguir:

Fase A — Design conceptual

Trata-se de identificar uma *necessidade* (*demanda* explícita) ou uma *oportunidade* (*oferta* potencial, demanda presumida) e fazer sua precisa caracterização quanto à missão ou funções que o produto deva desempenhar para satisfazê-las, por quanto tempo, sob que condições ou restrições, em que ambiente etc. Por **design** deve-se entender a concepção do produto e seus serviços associados e sua descrição restrita às partes essenciais, como um esboço do sistema que será posteriormente realizado. O *design* é um processo que transforma requisitos operacionais em um conjunto de características técnicas do produto.

Fase B — Design detalhado

Esta Fase é executada de forma interativa com a Fase A, objetivando detalhar o *design* nela elaborado, estabelecendo uma arquitetura funcional que será o ponto de partida para a fase seguinte. Os elementos componentes do sistema (o produto e todos os serviços associados) deverão ser identificados e ter definidos os requisitos funcionais e seus parâmetros de desempenho. Dois resultados das fases A e B são a declaração e a definição do escopo, assuntos desenvolvidos nos Itens 7.2 e 7.3, respectivamente.

Fase C — Projetos (do produto e serviços associados)

Com base nos requisitos funcionais, o produto, seus serviços associados e os componentes são detalhados, atribuindo-se os requisitos físicos e funcionais, com as respectivas condições de verificação. A Fase C é desempenhada pelos projetos de pesquisa tecnológica e projetos de desenvolvimento, não só do produto como também de todos os serviços associados.

Fase D — Produção/construção/instalação

Aqui materializa-se o sistema: o produto (bens e/ou serviços, processos administrativos, produtivos etc.), os serviços associados (a instalação da logística, da manutenção, dos treinamentos, as obras civis, produção/aquisição de equipamentos) etc.

Fase E — Operação/serviços associados

O sistema entra em operação, com o produto sendo utilizado pelo cliente e este é assistido pelos serviços e apoio do sistema. Assim, a necessidade que originou o sistema é satisfeita.

Fase F — Retirada de serviço e descarte

Em função da obsolescência, competição, mudança de hábitos, extinção da necessidade etc., o produto é retirado de serviço e, conforme cada caso, tem um destino: desmancho, sucateamento, reciclagem ou transformação (reaproveitamento), destruição, armazenamento sob controle etc.

O ciclo de vida acima descrito teve origem na "engenharia de sistemas", atividade desenvolvida para definição, projeto e produção de sistemas complexos, passando a ter emprego generalizado em todos os casos em que uma necessidade tem de ser satisfeita pelo fornecimento de um novo produto ou serviço e sua assistência em serviço ou pós-venda.

As Fases A e B tratam da concepção do sistema e da "arquitetura" de todo o ciclo de vida, até seu descarte final. As fases executivas, de C até F, são desempenhadas sob a coordenação da gerência do programa ou do sistema.

Assim, a gerência do programa tem início na Fase A, *Design* conceptual e, à medida que ela vai tomando corpo e forma, com seu detalhamento vertical, passa-se para a Fase B, *Design* detalhado, e assim por diante, voltando muitas vezes a alguns pontos das Fases anteriores, retocando e otimizando as estruturas e planejamentos dos projetos e atividades que são as ações a serem executadas.

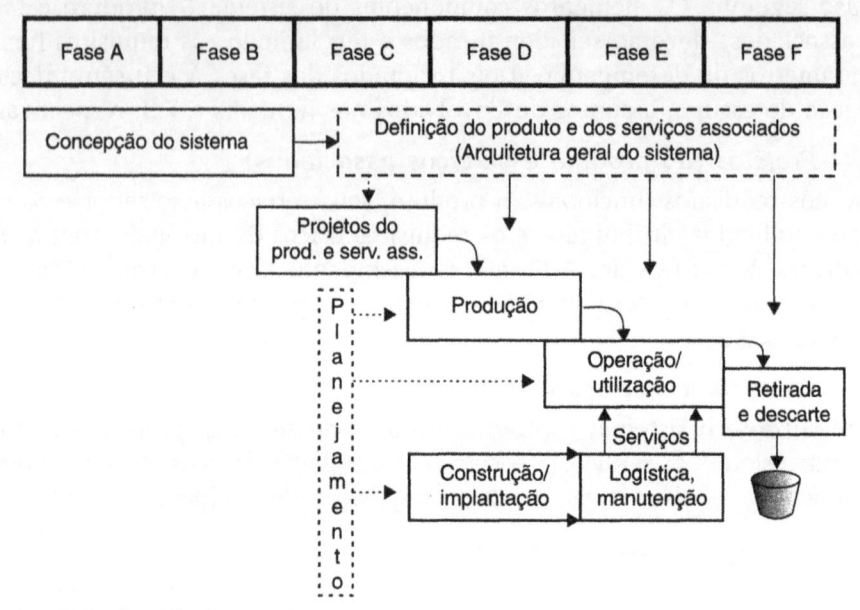

Figura 4.5 Ciclo de vida de um sistema.
Fonte: Adaptada de figura em VALERIANO, Dalton. *Gerência em Projetos - Pesquisa, Desenvolvimento, Engenharia*, São Paulo, Makron *Books*, 1998. p. 113.

A Figura 4.5 ilustra estes conceitos e dela destacam-se alguns aspectos importantes, em especial o gerenciamento do sistema (atividades incluídas no quadrilátero tracejado) desenvolvendo-se em duas direções, com retroalimentações constantes:

- na "horizontal" (de A até F): em que estuda, analisa, planeja e coordena *todas as fases do ciclo de vida* do sistema percorrendo-as desde o início até o descarte final do produto; e
- na "vertical": detalhando, em uma escala descendente, *os mais altos níveis das estruturas de decomposição* dos projetos e atividades que irão realizar o sistema (em geral, os três primeiros níveis das estruturas do sistema).

Com os dados resultantes das Fases A e B, ficam definidos o produto e seus serviços associados, o que permite a elaboração dos respectivos projetos que, por sua vez, darão origem à construção/instalação do produto ou serviço, para, finalmente suprir a uma necessidade ou fazer uso de uma oportunidade.

Um projeto isolado e de pequeno porte pode incluir, usualmente como subprojeto, os trabalhos que correspondem a projetos dos serviços associados. Por exemplo, o projeto de um novo processo de administração de materiais, visto como sistema, pode incluir, como subprojetos: o processo administrativo propriamente dito, o novo *lay-out* dos depósitos ou almoxarifados, os manuais, o treinamento etc.

Neste caso, as Fases A e B fazem parte do projeto (como concepção do sistema), juntamente com os demais subprojetos citados, um dos quais é do produto e os demais são dos serviços associados.

Como se vê, o programa encerra os vizinhos mais próximos do projeto, com os quais ele vai interagir, em um relacionamento muito íntimo. À medida que vão alcançando seus objetivos, os projetos constituintes do programa vão sendo encerrados, dando origem a produtos, serviços, atividades ou operações que permanecem até o fim da vida útil do sistema, produto principal do programa.

Completa-se, assim, o panorama que envolve o projeto: o ambiente externo, o da organização hospedeira e o programa.

Nota   *Neste ponto convém atentar que tudo que se viu no gerenciamento estratégico, no interesse da organização, pode ser estendido ao gerenciamento de projeto (ambiente, oportunidades, ameaças, forças, fraquezas, objetivos gerenciais, es tratégias do projeto, riscos etc).*

Exercício 4.2

Nota: Releia o Item 2.6.3.

A Seção de Informática da empresa ABC vai absorver todo o pessoal do mesmo serviço da empresa XYZ, recém-adquirida. Para facilitar o processo, será ministrado, pelo "pessoal da casa", um treinamento de duas semanas, incluindo prática, sobre três softwares principais em uso na ABC. (Se preferir, escolha outro tema de sua preferência para o treinamento: marketing, compras, apoio ao cliente etc.)

Incumbido de preparar o curso, você deve estabelecer um programa cujo produto seja o treinamento propriamente dito (aulas, exercícios, notas de aula etc.) e serviços (alimentação, transportes etc.).

Esboce o conteúdo e a metodologia, defina locais, pessoal envolvido e forma do treinamento.

Organize seu programa, identificando produto(s) e serviços associados.

Sugestões:

1. *Por se tratar de um cenário hipotético, redija as suposições ou hipóteses feitas, para dar coerência a seu resultado.*
2. *Simule outro projeto de seu interesse e monte o ciclo de vida e o programa correspondente.*

4.3. O Gerente

4.3.1. Atributos dos Gerentes no Projeto

A **Gerência de projeto**, como definida em 1.5.1, é a aplicação de conhecimentos, habilidades e recursos nas atividades de um projeto a fim de atingir e exceder às necessidades e às expectativas das partes interessadas. Os atributos pessoais, (conhecimentos e habilidades) e os meios (ferramentas e técnicas) vêm sendo cada vez mais repartidos entre o gerente e a equipe, à medida que a complexidade e multidisciplinaridade dos projetos estão aumentando sensivelmente, com maiores exigências de prazos, custos e qualidade.

Desta maneira, os atributos dos executantes do projeto são, de certa forma, os mesmos desejáveis nos gerente de projeto e isso será constatado no trato do planejamento, da execução e do controle do projeto, em que esses atributos não podem ser dispensados atualmente em qualquer dos componentes de equipe de projeto. Deve-se observar que muitos dos atributos estão diretamente relacionados com o trabalho em equipe e que são, por este motivo, objetos de tópicos a eles dedicados neste livro, como, por exemplo, conhecimento de sua própria organização; capacidade para planejamento, organização, controle e tomada de decisão; capacidade de trabalhar em equipe; liderança etc.

Assim, cada responsável por uma dada atividade do projeto pode ser considerado um gerente, com as mesmas atribuições do gerente do projeto, limitadas, evidentemente, a sua atividade específica. Todas as atividades têm as características de um projeto: meta própria (objetivo), orçamento, cronograma, equipe, coordenação e controle dos blocos subordinados, um ambiente e interfaces (com outros blocos, por exemplo).

Os atributos, classificados quanto ao conhecimento, às habilidades e às atitudes, podem ser vistos na Tabela da Figura 4.6.

A descentralização e a administração participativa no projeto produzem resultados em diversas áreas, como a tomada de decisão baseada em consenso ou, no mínimo, com a participação interessada de vários especialistas, cada um no seu campo específico, e que podem entender melhor o problema que uma só pessoa ou mesmo um pequeno grupo. Outro resultado é o aprendizado no campo da gerência. De fato, se todos os responsáveis pelas partes do projeto atuam de uma forma coordenada, como se gerentes fossem, eles estão aprendendo em uma das melhores escolas de gerenciamento que é a prática consciente e bem conduzida.

O despertar de lideranças também é outro dos produtos deste tipo de gerenciamento. A liderança, como alguns outros atributos, era antes encontrada em raras pessoas. Mas com a descentralização, a liderança desponta e cresce em várias outras pessoas, que, para sucesso dos empreendimentos em que elas se acham, assumem temporariamente o papel de líder de um grupo e o conduz ao destino certo, passando depois a serem lideradas por outra pessoa, em outro trecho do caminho, à medida que o projeto evolui (Rever o que diz Drucker em 3.3.4).

ATRIBUTOS DESEJÁVEIS NO GERENTE DO PROJETO		
Conhecimentos	Conhecimento organizacional	Conhecimento do sistema administrativo-financeiro da organização
		Conhecimento do sistema de administração de RH da organização
		Conhecimento da organização, de suas práticas, políticas e valores
		Consciência de custo e das implicações administrativas das decisões técnicas
		Conhecimentos dos produtos, missões e mercados ou clientes da organização
	Conhecimento técnico	Conhecimento em áreas correlatas à especialização
		Competência técnica na área de especialização
		Domínio de métodos de pesquisa
Habilidades	Habilidades de comando	Capacidade de planejamento, organização e controle
		Capacidade de liderança
		Capacidade de auto-análise
		Capacidade de alocação de recursos
		Capacidade de gerar confiança no superior
		Escolha do estilo de liderança adequado
		Habilidade de tomada de decisão
	Outras habilidades	Capacidade de trabalhar em equipe
		Criatividade
		Habilidade de relacionamento pessoal
		Capacidade de redigir com clareza, precisão e concisão
Atitudes	Posicionamento em relação a aspectos internos e externos	Interesse por questões administrativas
		Disciplina de trabalho
		Entrosamento com pessoal externo à organização
		Ambição profissional
	Estratégia de ação	Hábito de atacar o problema pela revisão da literatura
		Hábito de leitura sistemática de textos técnicos

Figura 4.6 Atributos desejáveis no gerente[7].

---

7. DONAIRE, Denis. Atributos Desejáveis do Gerente de Pesquisa e Desenvolvimento São Paulo, (P&D). Anais do XI Simpósio Nacional de Pesquisa de Administração em Ciência e Tecnologia. PACTO/FEA/USP, 1986.

4.3.2. Atribuições da Gerência de Projeto

Cada fase do projeto (4.1.7) tem suas características peculiares, ressaltando, assim, diferentes atribuições do gerente e de sua equipe conforme a fase do projeto predominante na atividade que executam em um dado momento. Além disso, como já referido, a gerência de projetos tende a se difundir, de forma compartilhada entre os componentes da equipe, às vezes com predominância de alguns, em certas fases, ou, de um modo geral, como uma descentralização ampla, durante todas as fases do projeto. Isto não implica necessariamente na diminuição do papel do gerente, mas sim no fato de que as exigências ficaram muito grandes a ponto de terem de ser supridas pelo esforço combinado de todos.

A relação seguinte contém as atividades e responsabilidades da gerência de projeto segundo as fases do projeto. Destas atribuições podem-se inferir os atributos mais requisitados em cada uma delas (as partes *destacadas em itálico* são tratadas neste livro).

Fase de Iniciação

- Estabelecer o *objetivo do projeto*; começar o *desenvolvimento do escopo* do projeto;
- Estabelecer as linhas gerais do projeto e estimar custos, prazos e esforço a despender;
- Obter o comprometimento da organização para assumir o projeto.

Fase de Planejamento

- Selecionar e indicar as "pessoas-chave" da *equipe do projeto* (em especial, a *equipe de planejamento)*, com este grupo o gerente do projeto irá prosseguir com as tarefas seguintes;
- Coordenar o *planejamento* do projeto;
- Estabelecer a *estrutura de decomposição do produto*;
- Elaborar a *árvore de especificações*;
- Estabelecer a *estrutura de decomposição do trabalho*, inicialmente para as providências mais imediatas e depois de forma detalhada para a execução;
- Estabelecer *seqüenciamento de atividades* (redes de precedência);
- Definir *insumos, processos e tecnologias* necessários e levantar fontes;
- Identificar e compromissar os *executantes e responsáveis* pelas partes (pessoas, "departamentos", outras organizações etc.);
- Definir os *pacotes de trabalho* (os blocos, as missões e atribuições das partes) e elaborar:
  - As *Declarações de trabalho dos blocos*; e

- A *Matriz* de responsáveis/tarefas.
◆ Estabelecer o *cronograma-mestre*;
◆ Estimar custos e preparar o *orçamento-mestre*;
◆ *Propor o projeto* e "vendê-lo" à organização, ao cliente, às agências de fomento etc., obtendo sua *aprovação*;
◆ Organizar a *equipe de projeto*, em negociação com os *gerentes funcionais*;
◆ Elaborar (ou coordenar) os *planos das gestões*:
  - *da qualidade, ambiental, das comunicações, da configuração, de interfaces e de dados técnicos, do suprimento, dos riscos* etc.;
◆ *Integrar os planos* das diversas gestões no *plano do projeto*;

Fase de Execução
◆ *Formar e desenvolver a equipe* do projeto;
◆ Autorizar os *inícios de trabalho*, inclusive os externos, subcontratados;
◆ Dar início à implementação do projeto;
◆ *Delegar autoridades* e definir *responsabilidades*;
◆ Levantar as questões referentes à propriedade industrial (evitar delito criminal, proteger direitos e pedir licença, compulsória ou não);
◆ Participar dos *processos de aquisições* e de *contratações* (de pessoal, de materiais e de serviços) e acompanhá-los ou *supervisioná-los*, conforme o caso;
◆ *Alocar os insumos*;
◆ Administrar as *interfaces* e os *conflitos* dos níveis diretamente subordinados;
◆ Preservar alta *motivação* e supervisionar o apoio à equipe do projeto;
◆ Manter as linhas de *comunicações*: com a alta *gerência da organização, com clientes, com fornecedores, com outras organizações externas* etc. e participar dos *conflitos* surgidos entre o projeto e o exterior.

Fase de Controle
◆ Estabelecer os mecanismos do sistema do valor agregado, para o *controle de custos/prazos/execução física*:
  - *Avaliar* o progresso e *revisar* o "status";
  - Acompanhar o uso dos insumos (*recursos e serviços*);
  - Fazer *estimativas de prazos e custos no término do projeto*
◆ Coordenar *ensaios e avaliações, revisões*, aprovações em todos os níveis:
◆ Fazer as *revisões* de *design* e do produto;
◆ Propor e negociar externamente as alterações e decidir internamente sobre aquelas a seu alcance, especialmente as *mudanças de engenharia*;

♦ Implementar as *mudanças*;

Fase de encerramento

♦ Concluir o projeto: *transferir resultados, encerrar contratos, prestar contas, conduzir revisão e avaliação finais do projeto, devolver materiais e instalações, concluir e encaminhar a documentação, dissolver equipe e encerrar o projeto.*

4.3.3. Gerência e Liderança

Repete-se mais uma vez: autoridade é o direito ou poder de se fazer obedecer, de dar ordens, de tomar decisões, de agir etc. Distinguem-se dois tipos de "autoridade": a que é concedida a alguém por disposição legal e aquela aceita por outros ou conquistada por alguém. A primeira forma é a *chefia*, o *comando*, a *direção*, a *gerência* etc. enquanto a segunda é a **liderança**. A autoridade do chefe ou a do gerente é *"de jure"*, ou seja, ela tem base legal. A do líder é *"de facto"*, fundamentada na ascendência sobre seus seguidores, por sua personalidade, pelo exemplo, pelo carisma, ou por outra característica que lhe é peculiar.

Faz-se aqui um paralelo entre gerente e líder, segundo Kotter[8]:

Gerente é aquele que administra, gere ou dirige um empreendimento. Dentro do escopo deste livro, trata-se, em especial de gerente de projeto. **Líder** é aquele que guia, conduz pela mão, vai ou está à frente de alguém, leva alguém em uma direção etc. Eis aí o motivo de tanta preocupação e estudos sobre liderança, sobre equipes de trabalho etc. Tanto a gerência quanto a liderança são necessárias em uma organização. Não há superioridade de um sobre o outro: eles são complementares. Uma forma não substitui a outra.

A gerência trabalha com complexidade enquanto a liderança promove mudanças. O gerente planeja, orça, estabelece objetivos, cursos de ação e aloca recursos, enquanto o líder aponta uma direção, uma *visão* do futuro e a estratégia para conseguir a mudança.

O gerente define os objetivos de seu empreendimento, cria uma organização e preenche as funções com pessoal qualificado, difunde o plano, distribui tarefas e controla o trabalho, enquanto o líder alinha pessoas, isto é, aponta a nova direção àqueles capazes de criar coalizões, aos que entendem a *visão* e estão comprometidos com sua obtenção.

O gerente assegura o cumprimento de seu plano pelo controle da execução e resolução de problemas e conflitos. Para o líder, alcançar a *visão* requer motivação e inspiração — movimentando a equipe na direção certa, a despeito dos obstáculos à mudança, e fazendo apelo para as necessidades, os valores e emoções básicas humanas.

---

8. KOTTER, John P. What Leaders Really Do. *Harvard Business Review*, May/June 1990. p. 103-111.

O gerente de projeto muitas vezes de especialização diferente da do executante, pode julgar e valorizar seu pessoal em vista dos resultados obtidos. Para a equipe, o gerente de projeto é mais um coordenador do trabalho conjunto do que um chefe a quem se devota lealdade, como na organização funcional. Por serem essencialmente multidisciplinares, temporárias e estimuladas à obtenção de algo que envolve riscos (por ser diferente de tudo quanto foi anteriormente alcançado), as equipes de projeto são campos férteis para criações de novos conceitos, novos processos e novos produtos oriundos desta fertilização cruzada, comum nos trabalhos das equipes de projeto, cada vez mais multidisciplinares.

Daí, recomenda Kotter, deve-se procurar reconhecer líderes potenciais e desenvolver a liderança nos gerentes, o que resultará em superpor as duas formas de autoridade: a de direito e a de fato, com as organizações passando a desenvolver gerentes-líderes.

4.3.4. Estilos de Gerência — A Grade Gerencial

As preocupações e problemas dos gerentes de projeto, em geral, centram-se em dois aspectos:

- a *produção*, com o foco sobre o resultado do trabalho que lhe foi atribuído; e
- as *pessoas* que constituem a equipe do projeto.

Além de planejar, organizar e controlar o projeto, o gerente terá de interagir com os executantes, sejam como indivíduos, isoladamente, sejam como grupos de pessoas. Estará vivendo, portanto, com problemas interpessoais e problemas grupais. Entretanto, no mais das vezes, os objetivos e os interesses da produção não coincidem com os das pessoas, o que certamente contribui para a geração de conflitos, fatos quase inevitáveis em projetos.

O gerente de projeto, no seu trabalho de coordenação da equipe, mas também responsável maior pelos resultados do projeto, pode pender em favor de uma ou de outra destas áreas.

Em seus estudos sobre estilos gerenciais, Blake e Mouton[9] produziram um gráfico, a "grade gerencial" que levou seus nomes, baseada na combinação de atuações do gerente em uma ou em outra direção em que se mostram cinco características gerenciais predominantes.

A grade gerencial é formada por dois eixos ortogonais graduados de 1 a 9. O eixo horizontal representa o interesse gerencial com a produção enquanto o eixo vertical expressa a preocupação do gerente com as pessoas. Os autores combinaram cinco pares de coordenadas que correspondem a cinco formas principais de estilo gerencial, como visto na Figura 4.7.

---

9. BLAKE, Robert R. & MOUTON, Jane S. *O Grid Gerencial*. São Paulo, Pioneira, 1976.

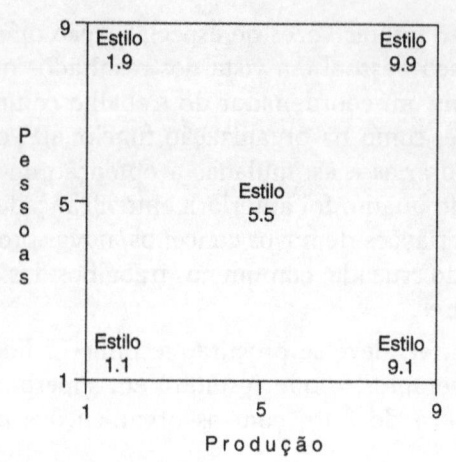

```
         9 ┌─────────────────────────────────┐
           │ Estilo                  Estilo  │
           │  1.9                     9.9    │
         P │                                 │
         e │                                 │
         s │                                 │
         s │            Estilo               │
         o 5│            5.5                 │
         a │                                 │
         s │                                 │
           │                                 │
           │ Estilo                  Estilo  │
           │  1.1                     9.1    │
         1 └─────────────────────────────────┘
           1              5                 9
                      Produção
```

Figura 4.7 Grade gerencial de Blake e Mouton.

Os principais aspectos de cada estilo, com os respectivos comportamentos do gerente de projeto e as conseqüências sobre a equipe, são mostrados pelos autores como se segue.

Estilo 1.1 — O gerente é indiferente ao atendimento de seus compromissos com a organização e aos membros da equipe. Os conflitos são raros e, quando surgem, são desprezados. A equipe é desinteressada e pouco comprometida com o trabalho. As pessoas mostram tendências para a apatia e para o isolamento e conseqüente falta de cooperação. O esforço feito é o suficiente para conseguir algum resultado, apenas para manter a posição do gerente e dos membros da equipe. Os autores denominaram este estilo de "gerência empobrecida".

Estilo 1.9 — Há enorme atenção às pessoas e pouca ou nenhuma exigência quanto ao trabalho. O gerente gosta de ser apreciado por seu tratamento à equipe, ainda que com perda da eficiência. O ambiente geral é tranqüilo, com relacionamento amistoso. Os erros e a ineficiência são relevados, resultando em uma produção mínima e custo/benefício desfavorável para a organização. É chamada pelos autores de "gerência de clube de campo".

Estilo 9.1 — O gerente procura seu êxito pessoal com grande preocupação com a produção e pouca atenção com as pessoas. O resultado é a baixa motivação da equipe, pouca criatividade e pequeno trabalho cooperativo. O resultado não é o melhor para a organização nem para a equipe. Segundo Blake e Mouton, é gerência do tipo "autoridade/obediência".

Estilo 9.9 — O gerente busca tanto os objetivos da organização quanto o êxito pessoal de sua equipe. Os problemas e os conflitos têm tratamento aberto, procurando balancear os fatores, obtendo a melhor solução. O ambiente é construtivo, com discussão franca dos problemas e ampla comunicação entre todos. Há dedicação, cooperação, comprometimento e lealdade. Os autores chamam de "gerência de equipe".

Estilo 5.5 — Este estilo é o do meio termo, visando atingir os objetivos organizacionais bem como os pessoais, sem obter os melhores resultados de ambos. O ambiente é de ajuste, há transigência e acomodação, ainda que com vistas a conseguir resultados para a equipe e para a organização. Há cooperação entre todos e o gerente mantém bom nível de coordenação. É a "gerência organização/pessoas", segundo os autores.

4.4. A Equipe

4.4.1. Caracterização

Deve-se fazer nítida distinção entre grupo de pessoas e equipe. Quando se refere a um grupo de pessoas, não há qualquer conotação de propósito ou de cooperação entre os constituintes, a menos que seja expressamente qualificado. A palavra **equipe**, por si só, contém a idéia de reunião de pessoas com uma finalidade determinada, devendo haver o comprometimento de todos os componentes com os objetivos do conjunto, ao mesmo tempo em que cada componente está atingindo também seus objetivos profissionais e satisfazendo suas necessidades pessoais. As equipes são consideradas as peças basilares ou os blocos construtivos das organizações de alto desempenho.

Uma organização pode evoluir para a criação de uma cultura de trabalho em equipes até chegar ao mais alto grau de eficiência, como as equipes de projeto de alto desempenho. Neste patamar, estas equipes têm as seguintes características:

- os objetivos de cada um estão voltados para o objetivo do projeto;
- a gerência é difusa, com potencialização e uso de equipes autogerenciadas;
- os membros participam dos planejamentos, das decisões e das revisões;
- a maior parte das decisões e das soluções de conflitos é tomada por consenso; e
- as necessidades e problemas individuais são compartilhados pela equipe.

É necessário haver persistência para atingir um nível ótimo de trabalho em equipes e, acima de tudo, muita delegação, treinamento, prática e humildade no levantamento de erros e insucessos e estabelecimento das medidas corretivas e preventivas.

4.4.2. Desenvolvimento de Equipe

Muito estudo tem sido feito para formar equipes eficientes e delas obter o máximo resultado. Estas são importantes preocupações do gerente de projeto: afinal, o sucesso ou o desastre muito devem à natureza da equipe, a seus componentes e ao trabalho conjunto. E a criação destas equipes é, atualmente, um dos grandes desafios e consiste em transformar um conjunto de pessoas, de formação, especialização e história profissional diferentes, em um conjunto voltado a alcançar um objetivo comum, executando trabalho cooperativo.

Em especial, uma equipe de projeto é organizada e formada deslocando pessoas de seus respectivos ambientes de trabalho para integrar outro conjunto profissional, ainda em busca de sua própria identidade, iniciando-se com várias pessoas desconhecidas, reunindo-se de uma só vez, em um ambiente ainda de muita expectativa.

É de se esperar que, a partir do momento inicial, o grupo deve passar por algumas fases de evolução, sob a coordenação do gerente. As fases do **desenvolvimento de equipe** são:

1. *Formação*, há grande expectativa e falta de clara definição de propósitos do grupo, do papel dos componentes e das responsabilidades individuais. Os canais de comunicação entre os componentes do grupo são fracos ou mesmo inexistentes. Ainda não há comprometimento das pessoas nem espírito de equipe. O relacionamento é superficial, em um ambiente ainda de confusão, desconfianças e de certa agitação.

2. *Turbulência*, quando os contatos pessoais fazem surgir atritos, gerando conflitos e ataques. Há confrontações com o gerente do projeto, manifestam-se resistências e desistências, formação de pequenos grupos e lideranças dispersas, com dificuldades para entendimento amplo.

3. *Normalização*, quando surgem padrões de comportamento e processos de entendimento, resultando em coesão no conjunto, com retroalimentação. Os confrontos são resolvidos e levantam-se importantes questões. Começa-se a trabalhar em grupo.

4. *Desempenho*, quando a equipe do projeto atinge boa articulação entre todos os componentes da equipe, manifestando-se alta criatividade e flexibilidade. O tratamento é franco e produtivo, o ambiente é cooperativo, de apoio mútuo e de confiança.

Compete ao gerente de projeto conduzir o processo enquanto os membros da equipe devem procurar a integração para formar um sólido conjunto, em que todos esforçam-se para conseguir o objetivo comum que é o resultado do projeto com que estão comprometidos.

A metamorfose das palavras

As palavras mais ouvidas em cada uma das fases expressam a evolução do estado de espírito dos componentes do grupo inicialmente formado, à medida que este se transforma verdadeiramente em uma equipe:
Na fase de formação proliferam dúvidas: O quê? Quem? Como pode? Quando? Para que?
Na turbulência, o negativismo: Eu não posso! Isso não é possível! Não vai dar certo!
Mas na normalização aparecem expressões positivas: Eu posso. Eu sei. Eu farei.
Só no desempenho fala a equipe: Nós podemos! Nós sabemos! Nós faremos! Nós conseguiremos!

4.4.3. Motivação

Em qualquer atividade produtiva humana, incluídas as atividades exercidas em um projeto, há que se considerar o balanceamento entre o desempenho do profissional, representado pelo resultado de seu trabalho e a recompensa ou a satisfação das necessidades do executante.

O desempenho em qualquer atividade humana resulta da conjugação de três fatores: a definição de um *objetivo*, a *capacidade em buscá-lo* e a *motivação*, o que pode ser traduzido por saber o que fazer, saber e poder realizar seu propósito e ter determinação e energia para tanto.

A **motivação** é definida como o "conjunto de fatores psicológicos (conscientes ou inconscientes) de ordem fisiológica, intelectual ou afetiva, os quais agem entre si e determinam a conduta de um indivíduo"[10]. Ela é como uma determinação baseada em percepções de necessidades, de sentimentos, de valores etc. que leva o indivíduo a agir.

A compreensão dos aspectos relativos à motivação permite que o gerente e os administradores obtenham os melhores resultados tanto para o projeto e a organização como para seu pessoal, por meio de judiciosos critérios de recompensas e satisfação de necessidades.

Os estudos da motivação costumam agrupar as teorias existentes em dois grandes conjuntos:

- *teorias do conteúdo*, baseadas nas necessidades humanas, ainda que inconscientes, e nos esforços para supri-las. Pressupõem uma energia interna que tem origem na busca da satisfação de necessidades. São teorias que procuram explicar os *motivos* que levam os indivíduos a agir.
- *teorias do processo*, baseadas em escolhas mais racionais com vistas aos resultados esperados. São teorias que procuram explicar os *mecanismos* ou *processos* que levam os indivíduos a agir.

4.4.3.1. Teorias do Conteúdo

Passa-se, a seguir, a uma breve apresentação dos principais aspectos destas teorias.

1. *Teoria da hierarquia das necessidades (Maslow[11], 1954)*

    Segundo seu autor, os indivíduos procuram satisfazer prioritariamente as necessidades de níveis inferiores, a partir dos níveis mais básicos. Quando as necessidades mais elementares são atendidas, passa a ser buscada a satisfação do nível seguinte.

    - Fisiológico: alimento, ar, água, abrigo, sexo.

---

10. HOLANDA, Aurelio B. de. *Novo Dicionário da Língua Portuguesa*. Rio de Janeiro, Nova Fronteira. s/d.
11. MASLOW, Abraham H. A Theory of Human Motivation. *Psychological Review*, v. 50, July 1954. p. 370-396.

- Segurança: segurança contra ameaças ou perigos; estabilidade no trabalho, saúde, pensão etc.
- Social: relações afetivas com amigos, com a família, aceitação pelo grupo.
- Ego: autoconfiança, auto-estima, reputação.
- Auto-realização: auto-satisfação, realização naquilo em que é potencialmente capaz.

2. *Teoria X e teoria Y* (McGregor[12], 1957)

O autor formula duas teorias, X e Y. Segundo a Teoria X, o trabalho é, intrinsecamente, desagradável:

- O indivíduo médio é indolente — trabalha o menos que puder.
- Falta-lhe ambição, evita responsabilidades, prefere ser conduzido.
- É inerentemente autocentrado, indiferente às necessidades da organização.
- É, por natureza, resistente a mudanças.
- É simplório, não muito brilhante, uma acabada vítima de charlatães e demagogos.

Mas pela Teoria Y, o trabalho é tão natural quanto o lazer:

- As pessoas não são, por natureza, passivas ou resistentes às necessidades da organização. Elas assim se tornam como resultado de suas experiências na organização.
- A motivação, o potencial para desenvolvimento, a presteza em dirigir o comportamento a favor das necessidades da organização estão presentes em todas as pessoas. É responsabilidade do gerente fazer as pessoas reconhecerem e desenvolverem estas características por si próprias sem forçá-las neste sentido.
- Cabe ao gerente propiciar condições da organização e métodos de trabalho de forma que as pessoas possam atingir *seus próprios objetivos* dirigindo *seus próprios esforços* no sentido dos objetivos da organização.

A Teoria X baseia-se no controle externo do comportamento humano e a Teoria Y vale-se do autocontrole e da autodireção das pessoas, em um paralelo entre tratar as pessoas como crianças e tratá-las como adultos amadurecidos. E isto faz sentido com o que se tem chamado de equipes, especialmente as autogerenciadas.

3. *Teoria dos dois fatores* (Herzberg[13], 1968)

---

12. McGREGOR, Douglas M. The Human Side of Enterprise. *The Management Review*, Nov. 1957. p. 22-28; 88-92.
13. HERZBERG, Frederick. One More Time: How Do You Motivate Employees?. *Harvard Business Review*, v. 46 n. 1, Jan./Feb. 1968. p. 57.

Em um levantamento de opinião sobre quais fatores levavam à extrema satisfação e os que conduziam à extrema insatisfação no trabalho o autor concluiu que:

- os fatores *positivos ou motivadores* produziram 81% da *satisfação, quando atingidos* e estes são os fatores *intrínsecos* ao trabalho: realização, reconhecimento, o trabalho propriamente dito, responsabilidade, progresso, crescimento.
- os fatores *negativos* ou *higiênicos*, segundo o autor, produziram 69% da *insatisfação, quando não atingidos* e estes são fatores *extrínsecos* ao trabalho: administração e política da organização, supervisão, relacionamento interpessoal, condições de trabalho, salário, vida pessoal, "status" e segurança.

Os fatores motivadores correspondem aos altos níveis da escala de Maslow e os fatores higiênicos correspondem aos níveis inferiores.

4.4.3.2. Teorias do Processo

Das teorias do processo, citam-se as duas mais representativas.

1. *Teoria da expectativa*

   Aqui a motivação decorre do esforço que uma pessoa faz, na expectativa de atingir um determinado objetivo. Isto envolve a combinação de duas expectativas:

   - expectativa de desempenho em função do esforço (a expectativa de que o resultado de seu trabalho satisfaça um objetivo da organização); e
   - expectativa de resultado em função do desempenho (a expectativa de que, atingindo um determinado nível de desempenho, deverá haver uma intrínseca ou extrínseca recompensa).

2. *Teoria da eqüidade*

A teoria baseia-se no fato de que as pessoas querem ser tratadas da mesma forma que as demais: recompensas proporcionais aos esforços, iguais direitos para iguais situações etc.

Qualquer regalia, distinção, prêmio ou elogio só produz resultado quando pode distinguir o autor do feito. Se uma recompensa for vulgarizada produz no autor do verdadeiro esforço o sentimento de que foi lesado. Mas se uma recompensa for dada com eqüidade, isso passa a ser motivador para quem a recebe e é estímulo para os outros que esperam merecê-la um dia.

4.5. Administração de Conflitos

O **conflito** ocorre quando o comportamento de uma pessoa ou de um grupo impede ou dificulta a realização dos objetivos de outra destas partes. Por grupo entende-se uma organização de qualquer tipo: empresa, associação, país etc. Conflito, portanto, é o choque ou o antagonismo entre pessoas, grupos ou idéias oponentes.

Os conflitos são de ocorrência comum, provenientes do relacionamento entre pessoas ou grupos de pessoas, aparecendo e crescendo em quase todas as condições e a qualquer tempo. É necessário que os conflitos, especialmente no ambiente de trabalho, sejam reconhecidos como ocorrências normais e devem ser administrados, não para extingui-los mas para tirar-lhes o melhor proveito. Os conflitos são inevitáveis em qualquer organização e, bem gerenciados, são ocorrências valiosas.

No âmbito de uma organização altamente dinâmica como um projeto os conflitos precisam ser admitidos, entendidos e administrados, sendo considerados como o resultado natural de uma proposta de mudança. Deve-se reconhecer que uma organização isenta de conflitos encontra-se em estagnação.

Os conflitos são estudados a seguir, inicialmente na organização e depois no projeto.

4.5.1. Os Conflitos na Organização

4.5.1.1. Fontes de Conflitos

Já foi dito que nem sempre os objetivos dos indivíduos ou de grupos de profissionais, coincidem com os objetivos dos órgãos internos e com os da organização como um todo. Os conflitos surgem como decorrência dessas diferenças: os objetivos de um empregado em uma organização, de um modo geral, refletem mais seus valores profissionais enquanto os da organização estão voltados para resultados, lucros etc. É o que mostra a Figura 4.8.

OBJETIVOS, PREFERÊNCIAS E DESEJOS	
Do Profissional	Da Organização
Busca inovação, criação	Busca lucro
Deseja mais autonomia	Deseja integrar os profissionais na organização
Procura livrar-se de regras e procedimentos	Enfatiza submissão a regras e procedimentos
Quer autoridade baseada em "status" profissional	Autoridade baseada na posição na estrutura
Quer recompensas pelo desempenho profissional	Ajusta as recompensas aos interesses da organização
Quer ampla comunicação entre os pares	Enfatiza o bloqueio da comunicação interna
Busca a otimização de seu trabalho	Exige cumprimento de cronogramas e custo

Figura 4.8 Exemplos de fontes de conflito entre profissionais e a organização.

4.5.1.2. Tipos de Conflito

Reconhecem-se três tipos de conflito:

- intrapessoal, o que existe em um mesmo indivíduo;
- interpessoal, o que surge entre indivíduos; e
- intergrupal, o que se desenvolve entre grupos de indivíduos.

Conflito intrapessoal:

O conflito intrapessoal origina-se de diferenças de entendimento de uma mesma pessoa sobre aspectos inerentes ao trabalho e a seu ambiente. Os conflitos intrapessoais ocorrem quando as formas de entendimento não estão perfeitamente de acordo entre si. Os principais aspectos são:

- *O papel do indivíduo na organização*, podendo haver diferenças entre:
  - papel *esperado*: aquele entendido como o requerido pelo chefe, pelos subordinados etc.;
  - papel *subjetivo*: aquele como entendido pela própria pessoa; e
  - papel *imposto*: aquele atribuído formalmente por documentos: contratos, regulamentos, prescrições etc.
- Sobre *a carga de trabalho*: há conflito interno quando a pessoa entra em dúvida ao determinar quanto esforço deve despender em uma função ou tarefa. O conflito é intensificado se a organização ou o chefe atribuir carga de trabalho muito maior ou muito menor que a capacidade e a competência da pessoa.
- Sobre os *limites organizacionais ou funcionais*, causando conflitos intrapessoais se houver indefinição sobre quem deve fazer determinada atividade.
- Sobre a *percepção de outras pessoas* com relação a seu papel. Algumas categorias profissionais sentem-se depreciadas no conjunto ou em face de outros grupos: pessoal de serviços *versus* pessoal da produção; os "de macacão" perante aqueles "de gravata" etc.
- Sobre as *expectativas do superior e do subordinado*. As dificuldades de comunicação criam conflitos intrapessoais quando levam um indivíduo a não saber bem o que o chefe quer ou o que o subordinado faz.

Conflito interpessoal:

Esse tipo de conflito pode ocorrer:

- entre os pares (↔);
- com os superiores (↑); e
- com os subordinados (↓).

Eles ocorrem tanto na área profissional como na do relacionamento pessoal. No primeiro caso envolvem questionamentos e diferenças de ponto de vistas quanto a objetivos do trabalho, metas a atingir, meios a empregar para obter os resultados etc. Quando ocorrem na área do relacionamento, envolvem aversões e preferências pessoais, confianças e desconfianças mútuas etc. São devidos a incompatibilidades causadas por assuntos estranhos ao trabalho, como religião, credo político, aspectos étnicos etc.

Os conflitos oriundos de problemas na área profissional são racionais e, por isso, mais fáceis de serem resolvidos enquanto os provenientes de relacionamento pessoal são irracionais, mais difíceis de serem administrados.

Conflito intergrupal:

É inata ao ser humano a tendência gregária: salvo casos patológicos, há a propensão de formar rebanhos, grupos, "panelinhas", bandos ou *"gangues"*. Os conflitos intergrupais aparecem quando "eu" reconheço aqueles de *meu grupo* (*in-group*) e que diferem dos de *outro grupo* (*out-group*). O "meu grupo" é aquele com o qual "eu" estou identificado e em cujos participantes "eu" confio. O "outro grupo" é aquele em cujos membros "eu" não confio. No conflito entre grupos, o indivíduo não distingue quem é pessoa do "outro grupo" nem está preocupado com suas características, a não ser a de pertencer a "outro grupo".

A percepção existente é a de que aqueles do "meu grupo" são mais heterogêneos enquanto os do "outro grupo" são *todos iguais*. Em muitos casos os conflitos degeneram em violências. São conhecidas as chamadas *gangues* de bairros, por exemplo, e ultimamente, as torcidas de futebol passam a ser casos de polícia.

É comum a existência de diferentes "grupos" nas organizações, o que concorre para a geração de conflitos: os técnicos e os administrativos, os cientistas e os engenheiros, os da "produção" e os de *marketing*, o pessoal da atividade-fim e o de serviços de apoio, fornecedores e clientes etc. Deve-se mencionar ainda a existência de projetos, organizações transitórias, em cujo seio se desenvolvem conflitos, às vezes de grande intensidade, não apenas dos "projetos" entre si mas também destes com os "departamentos".

4.5.2. Os Conflitos no Projeto

O projeto tem características que fazem dele um terreno fértil para conflitos de todos os tipos, inclusive quando o projeto sente-se como um grupo na sua organização.

Os fatores que devem ser considerados são:

- o fato de ser o projeto uma organização temporária, instalada em uma organização permanente;
- os componentes da equipe do projeto serem deslocados de seus locais de trabalho, estando sob outros supervisores e possuindo outros subordinados;

- os objetivos do projeto não são, necessariamente, os mesmos da organização;
- há tensões derivadas de exigências de cronogramas, restrições de custos e de apresentação de resultados que deverão ser utilizados por outros etc.;
- o projeto, em geral, encontra-se entre a organização e o cliente e as necessidades e enfoques do cliente se contrapõem, às vezes, aos da organização; e
- os valores dos indivíduos podem divergir dos da organização e daqueles do próprio projeto.

Os conflitos no projeto ocorrem nos três tipos já vistos: intrapessoais, interpessoais e intergrupais.

Quanto aos conflitos *intrapessoais* o indivíduo deve abrir-se com seus superiores, colegas e subordinados com o objetivo de resolver os conflitos existentes. Isto requer da organização e do projeto um ambiente de comunicação fácil e de mútua confiança.

Quanto aos conflitos *interpessoais* e *intergrupais*, é recomendável que o gerente do projeto defina e comunique um *objetivo superior* reconhecido pelas partes em confronto e que só será atingido com a cooperação de todos, como que apontando uma *visão* de um líder (4.3.3).

As principais causas de conflitos no projeto são mostradas na Figura 4.9. Nota-se que apenas uma das causas, a última, não tem origem em questões técnicas ou gerenciais, enquanto as demais são inteiramente originadas por aspectos básicos e fundamentais do projeto.

Já foi dito que os conflitos são inevitáveis, mas a maior parte daqueles pouco produtivos pode ser evitada porque suas causas residem no insuficiente planejamento, na má organização do projeto e na deficiência das comunicações.

Algumas *medidas preventivas* devem ser tomadas para evitar conflitos desnecessários, promovendo a remoção de causas que levam a conflitos estéreis:

Conflitos intrapessoais:

Com relação à organização:
- Estabelecer clara descrição dos cargos e estabelecer limites de autoridades e de responsabilidades com precisão.
- Incentivar a cooperação interna e não a competição.
- Administrar com a participação franca dos subordinados.

Potenciais causas de conflitos	Características
Cronogramas	Desacordos que se desenvolvem em torno de ocasiões, seqüenciamento e cronogramas.
Prioridades	Os participantes do projeto divergem quanto a seqüência de atividades e tarefas que poderiam ser adotadas para a conclusão do projeto com sucesso.
Recursos humanos	Conflitos que surgem sobre a formação da equipe de projeto com pessoal de outras áreas funcionais ou de assessoramento ou então do desejo de usar pessoas de outro departamento para apoio ao projeto.
Balanceamento de opiniões técnicas e de desempenho	Os desacordos podem surgir, particularmente em projetos orientados para tecnologia, em questões técnicas, especificações de desempenho, ajustamentos técnicos e os meios para alcançar os desempenhos.
Procedimentos administrativos	Conflitos voltados para a gerência e a administração, e que se desenvolvem sobre como o projeto será gerenciado, isto é, o relacionamento com o gerente do projeto, as definições de responsabilidades, o relacionamento nas interfaces, objetivo do projeto, negociações sobre trabalho com outros grupos e procedimentos com respeito a suporte administrativo.
Custos	Conflitos que se desenvolvem sobre estimativas de custo das áreas de apoio às diversas partes do projeto. Por exemplo, os recursos financeiros destinados pelo gerente do projeto para um grupo de apoio podem ser percebidos como insuficientes para o apoio pedido.
Conflitos de personalidade	Desacordos que tendem a girar em torno de diferenças interpessoais, em vez de questões técnicas. Estes conflitos às vezes são "ego-centrados".

Figura 4.9 Potenciais causas de conflito em projeto[14].

Com relação ao projeto:

◆ Procurar integrar a equipe desde o início do projeto.
◆ Estabelecer um clima de franqueza e de confiança.

---

14. THAMHAIN, Hans J. & WILEMON, David L. Leadership, Conflict and Program Management Effectiveness. *Sloan Management Review* (MIT), v. l19, n. 1, Autumn 1977. p. 75.

- Fixar tarefas, responsabilidades, objetivos e metas, prazos e níveis de qualidade etc., com bastante clareza, e em cooperação com a equipe.
- Estabelecer eficiente nível de comunicação interna, com especial atenção para a retroalimentação ou retorno sobre resultados apresentados.

Conflitos interpessoais:
Com relação à organização, os mesmos relativos aos conflitos intrapessoais e mais:
- Estabelecer princípios éticos que valorizem a reciprocidade e a cooperação.
- Estabelecer e divulgar critérios claros e explícitos para promoção, prêmios e demais assuntos relativos a avaliações pessoais.

Com relação ao projeto, todas as anteriores e mais:
- Cultivar ambiente participativo em todos os níveis.

Conflitos intergrupais:
- Combater a tendência de formação de grupos incentivando a integração da equipe e movimentando os que teimam em se aglutinar.

Com relação a *medidas corretivas*, deve-se atentar que, quanto mais cedo o conflito ou a iminência de sua instalação forem percebidos, maior probabilidade de êxito em sua administração[15]. Assim, é recomendável pronta ação ao se observar a iminência ou a existência de um conflito, para que ele possa ser prontamente administrado a fim de minimizar perdas e maximizar ganhos.

Um estudo de Blake e Mouton[16] mostra algumas formas pelas quais os conflitos podem ser resolvidos, centradas em cinco abordagens básicas para a solução de conflitos, listadas por ordem decrescente de freqüência, conforme a Figura 4.10.

Em uma disputa entre dois antagonistas, a acomodação leva a perdas dos dois lados, com a prevalência e com a retirada, um perde e o outro ganha. Se houver comprometimento, a solução adotada representa perdas e ganhos, em um "meio-a-meio". Somente a confrontação permite ganhos das partes, por ser a mais racional de todas.

Estes modos são mostrados em uma outra grade gerencial dedicada ao tratamento de conflitos, como a da Figura 4.11.

---

15. Já em 1513, Maquiavel observou, em *O Príncipe*, que os problemas de Estado são como a tísica (tuberculose): quando em seu início é difícil de detectar mas é fácil de curar, mas nos estágios avançados é fácil constatar mas é difícil de curar.
16. BLAKE, Robert R. & MOUTON, Jane S. *O Grid Gerencial.* São Paulo, Pioneira 1976.

Modos de Administração	Características
Confrontação ou solução de problemas	Envolve uma abordagem racional de solução de problemas. As partes em disputa resolvem as diferenças nas questões procurando as alternativas e escolhendo a melhor delas. O confronto pode conter elementos dos outros modos tais como comprometimento e acomodação.
Comprometimento	Negocia e busca soluções que trazem algum grau de satisfação para as partes envolvidas no conflito. Uma vez que estes comprometimentos conduzem a resultados inferiores ao ótimo, o gerente de projeto deve pesar tais ações em relação aos objetivos do projeto.
Acomodação	Enfatiza áreas comuns de acordo e despreza áreas de diferenças. Tal como o modo de retirada, a acomodação pode não se voltar para as áreas de real interesse em desacordo. Entretanto a acomodação é um modo mais efetivo porque, identificando as áreas de acordo, ela pode focalizar mais claramente sobre as áreas de desacordo e então o trabalho no projeto pode, muitas vezes, continuar onde houver concordância entre as partes.
Prevalência	Prevalece o ponto de vista de alguns em prejuízo do de outros — caracterizado pela competitividade e um comportamento ganha/perde. A prevalência, às vezes, é empregada como um último recurso pelo gerente do projeto já que pode causar ressentimentos e deterioração do clima do projeto.
Retirada	Retirada de uma questão em conflito. Aqui o gerente do projeto não trata com os desacordos. Ele pode ignorá-los inteiramente, pode retirar-se sem receios, pode sentir inadequado buscar uma efetiva solução ou pode evitar o afundamento do barco. Se as questões ou os desacordos são importantes para outra parte, a retirada pode intensificar a situação em conflito. Em alguns casos o gerente do projeto pode preferir a retirada como uma estratégia temporária para a outra parte esfriar ou como meio de ter tempo para estudar como agir posteriormente.

Figura 4.10 Modos de administração de conflitos.

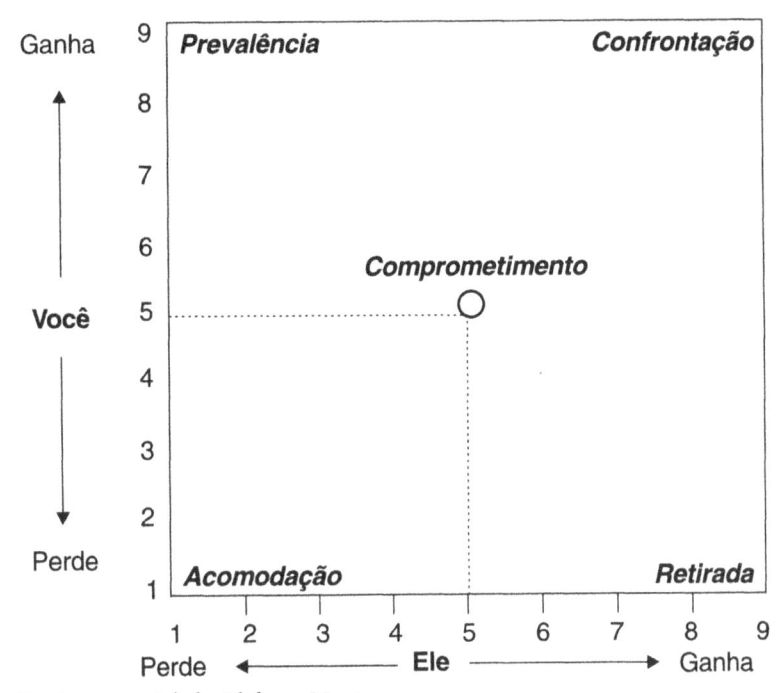

Figura 4.11 Grade gerencial de Blake e Mouton.

4.6. Conclusão

O projeto pode ser visto como um processo: recebe insumos, dispõe internamente de recursos e exerce atividades que transformam os insumos em produto. É, também, uma organização, por ter missão definida, estrutura, regras de funcionamento, objetivo e recursos humanos, materiais e financeiros. Sob um enfoque sistêmico, da mesma forma que qualquer organização, o projeto está sob influências de seu ambiente e também exerce influência sobre ele: o ambiente externo, a organização hospedeira e o programa do qual eventualmente faz parte.

O principal componente do projeto é seu recurso humano, representado pelo gerente e pela equipe. Cada vez mais, o gerente é um coordenador, o harmonizador e o impulsor da equipe. Esta, por seu lado, cada vez mais integrada e responsável, compartilha tarefas gerenciais ao mesmo tempo em que desempenha atividades muitas vezes de alta complexidade e elevada especialização. Não é raro verificar que a equipe do projeto, mesmo sabendo que tem uma existência limitada, adquire tanta personalidade, identidade e coesão que chega a criar problemas quando, ao chegar ao término dos trabalhos, ela reluta em ser dissolvida, como já comentado. O projeto exige do gerente e de sua equipe muitas habilidades, posturas, técnicas e conhecimentos muito diversificados mas que devem ser ajustados como peças de uma máquina de precisão.

O choque de opiniões e de condutas introduz no projeto, mais que em outro tipo de organização, os conflitos, dos quais devem ser obtidos os melhores resultados pois, como mostrado, se bem conduzidos, os inevitáveis conflitos serão benéficos.

4.7. Bibliografia

HAMILTON, Abert. *Management by Projects*, Dublin, Oak Tree Press, 1997.

MAXIMIANO, Antonio Cesar A. *Administração de Projetos*. São Paulo, Atlas. 1997.

MEREDITH, Jack R. & MANTEL, Samuel J. *Project Management - A Managerial Approach*, New York, John Wiley & Sons, 1995.

PROJECT MANAGEMENT INSTITUTE. *A Guide to the Project Management Body of Knowledge — PMBOK Guide*, Pennsylvania, USA 2000.

SHTUB, Avraham et alii. *Project Management, Engineering, Technology and Implementation*. New Jersey, Prentice Hall, 1994.

VALERIANO, Dalton. *Gerência em Projetos - Pesquisa, Desenvolvimento, Engenharia*. São Paulo, Makron *Books*, 1998. 438 p.

5
As Gestões Específicas

Introdução

Este curto Capítulo apresenta as principais gestões em que se desdobra o gerenciamento de projeto. Cada gestão é voltada para um aspecto do projeto mas todas são intimamente interligadas e interdependentes, fazendo um conjunto único que não pode sequer admitir fissuras e, muito menos, conflitos, discordâncias e inconsistências. As gestões devem ser conduzidas com o total emprego dos procedimentos do gerenciamento simultâneo (Rever 3.3.3).

Elas formam a base do gerenciamento de projeto e podem ser acrescidas de outras gestões, a critério do gerente. Nem todas têm igual peso e importância. A natureza e o conteúdo de cada projeto determinarão o valor e a intensidade do esforço a ser despendido em cada gestão. Assim, em um projeto que trata de reestruturação de uma empresa, a gestão ambiental poderá ser irrelevante e até mesmo desnecessária, mas um outro projeto que visa uma exploração mineral deverá observar rigorosamente todos os aspectos de preservação ambiental. Entretanto, gestões como as dos custos, tempo, qualidade, recursos e pessoal não podem deixar de preocupar o gerente e sua equipe, merecendo o tratamento devido. Após esta visão de conjunto, cada gestão é objeto de um capítulo específico a seguir.

Conteúdo

5.1 — Uma visão de conjunto

5.2 — A abordagem processual

5.3 — Apresentação das gestões

5.4 — As gestões e as fases do projeto

5.5 — Conclusão

5.6 — Bibliografia

Objetivos gerais
- Conhecer o desdobramento do gerenciamento de projetos em gestões
- Apresentar a metodologia do estudo das gestões como processos
- Apresentar cada uma das gestões
- Conhecer a distribuição das gestões pelas fases do projeto
- Indicar bibliografia para leitura suplementar e normas de referência

5.1. Uma Visão de Conjunto

As gestões são partes do gerenciamento do projeto dedicadas a aspectos particulares, como, por exemplo, as gestões dos custos, do tempo, da qualidade etc. O gerente de projeto poderá delegar autoridade a membros de sua equipe para conduzir as gestões em um processo de descentralização, o que é comum em projetos de maior envergadura e complexidade.

São apresentadas e estudadas neste livro as principais gestões, as mais comumente empregadas nos projetos. Entretanto, nem todas estas deverão existir em todos os projetos, como mencionado. Por outro lado, o projeto poderá ser de tal natureza que se torna recomendável criar uma gestão específica, não tratada aqui, dar o *status* de gestão a partes significativas do projeto ou, ainda, desdobrar uma gestão em suas partes, para melhor administrá-las. Como nos exemplos seguintes:

- Pode-se criar uma *gestão de transporte*, se movimentação de material for um aspecto relevante, ou uma *gestão de segurança*, em projetos que envolvam riscos pessoais e/ou materiais.
- Um projeto que, além do produto principal, deva também projetar serviços associados como treinamento, documentação técnica, instalação de equipamentos etc. pode necessitar de uma *gestão de serviços associados*, como uma miniatura de um programa (1.2.4 e 4.2.3.2).
- O gerente de um projeto poderá dividir a gestão da qualidade em *gestão da qualidade de software* e *gestão da qualidade de hardware*.

Cada uma das gestões dispõe de um plano e sua execução é controlada para que atinja os objetivos fixados. Elas são intensamente interdependentes, recobrem-se no tempo e muitas vezes usam recursos de forma compartilhada (pessoas, materiais etc.). Além disso, trocam dados, informações e materiais em larga extensão, existindo, portanto, elevado número de interfaces entre elas. Assim, as citadas gestões do tempo, dos custos e da qualidade interagem com todas as demais, recebendo informações, exercendo monitoramento e controle sobre outras. Pode-se dizer que todas as gestões são, simultaneamente, clientes e fornecedoras, umas das outras.

Desta forma, é imperiosa a necessidade de uma coordenação dos planos e das execuções de todas as gestões, o que é feito pela *gestão da integração*, tendo como documento de base e orientador, o plano do projeto. Esta gestão pode ser comparada à regência de uma grande orquestra em que o maestro dispõe de uma partitura geral da obra, dirige o conjunto, orienta os diversos naipes de instrumentos, marcando o tempo, a intensidade e a qualidade sonora, integrando toda a orquestra, ao mesmo tempo em que cada grupo tem seu plano específico, que são as partituras para seus instrumentos, e executa sua parte, sob uma coordenação única. Este é o relacionamento entre o plano do projeto e os planos das gestões específicas, o papel do gerente de projeto e de sua equipe. As gestões são resumidamente caracterizadas a seguir, em uma visão de conjunto que antecede o estudo mais detalhado de cada uma.

5.2. A Abordagem Processual

5.2.1. Componentes do Processo

As gestões são estudadas segundo um *enfoque de processo* (1.1.1), que tem como *componentes*:

- *entradas* que lhe são fornecidas ou insumos (materiais, informações, por exemplo)
- *recursos* e *atividades*, respectivamente os meios, as ferramentas e instrumentos que o processo emprega; e os trabalhos que transformam as entradas em saídas; e
- *saídas*, que são os resultados ou produtos do processo.

5.2.2. Elementos do Processo

Todos os processos das gestões são apresentados como no exemplo dado na Figura 5.1 e que é o primeiro processo da gestão da integração, o processo de desenvolvimento do plano do projeto.

Para cada componente (primeira coluna da Figura 5.1) são apresentados e estudados seus elementos (segunda coluna) e que variam extensamente. Podem ser dados e informações existentes na organização (políticas, metodologias e dados históricos etc.). Outros são fornecidos ao projeto por diversas fontes (como clientes, fornecedores, legislação aplicável etc.). Há ainda documentos e resultados gerados como saídas de outras gestões (planos, relatórios de desempenho etc.), em uma seqüência de relacionamentos como será mostrado por diversas vezes no estudo das gestões. E há aqueles existentes ou produzidos pela própria gestão, como habilidades, conhecimentos, hipóteses adotadas e documentação complementar.

Componentes do processo	Elementos do processo	Referências
Entradas	Planos das gestões do projeto Políticas da organização Hipóteses e restrições Dados históricos	6.1.1 5.2.2.8 1.8.1.2 5.2.2.2
Recursos e atividades	Metodologia de planejamento Habilidades e conhecimentos Sistema de informações gerenciais	5.2.2.8; 6.1.2 5.2.2.3 4.1.8
Saídas	Plano do projeto Documentação complementar	6.1.3 5.2.2.5

Figura 5.1 Esquema de um processo de gestão.

Para cada elemento indica-se a referência a uma parte do texto que o apresenta, estuda ou detalha (terceira coluna).

As indicações dos elementos de cada processo devem cobrir grande maioria das necessidades, mas será preciso tratá-las com certa elasticidade. Assim, nem todos os elementos devem necessariamente existir (hipóteses ou restrições, por exemplo). Outros são imprescindíveis: não haverá integração sem os planos das gestões a serem integrados. Alguns elementos indicados poderão ser formados por um conjunto de detalhamentos a serem tratados individualmente (políticas, metodologia de planejamento, por exemplo). Após a apresentação do quadro com os elementos de cada gestão, uma breve descrição se segue, com os esclarecimentos e orientações julgadas necessárias.

Como há elementos dos diversos processos que se repetem, por questões de concisão, faz-se aqui a apresentação destas partes comuns a vários processos. Deve-se observar que apenas a conceituação destes é comum, variando extensamente o conteúdo. Assim, as hipóteses adotadas na gestão do tempo nada têm a ver com hipóteses na gestão dos riscos, por exemplo. O mesmo se dá quanto a habilidades e conhecimentos necessários em cada etapa do processo.

5.2.2.1. Medidas de Desempenho

O desempenho é medido por meio de técnicas apropriadas, em **inspeção** que consiste em "atividades tais como medição, exame, ensaio, verificação com calibres ou padrões, de uma ou mais características de uma entidade, e a comparação dos resultados com requisitos especificados, a fim de determinar se a conformidade para cada uma dessas características é observada"[1].

---

1. ASSOCIAÇÃO BRASILEIRA DE NORMAS TÉCNICAS — ABNT. *ABNT-ISO-IEC Guia 2, Termos gerais e suas definições relativas à normalização e atividades correlatas*. 1993, item 13.3.1.

5.2.2.2. Dados Históricos

Dados históricos são aqueles oriundos de experiências pregressas na condução de projetos e constituem-se em importantes auxílios, especialmente nas fases iniciais dos mesmos. Com o passar do tempo, as organizações coletam valiosas *lições aprendidas* e que devem ser postas em prática como entradas de vários processos (rever 3.2.2).

5.2.2.3. Habilidades e Conhecimentos

Habilidades e conhecimentos são importantes recursos que devem ser buscados nos diversos envolvidos no projeto. Eles existem no cliente (referentes a suas necessidades), nos fornecedores, (com relação aos produtos e serviços fornecidos), nos especialistas do projeto, seja quanto ao produto (técnicas, materiais, processos, ensaios etc.), quanto ao trabalho em equipe, seja quanto ao gerenciamento (planejamento, controle, negociação, solução de conflitos) etc.

5.2.2.4. Análise de Especialistas

Por mais sofisticados que sejam os instrumentos, devem ser consideradas as valiosas contribuições da intuição e da bagagem de experiências e *análise de especialistas* (rever 2.2.1.2) nos assuntos do projeto, opiniões de consultores e as orientações de entidades técnicas e profissionais.

5.2.2.5. Documentação Complementar

As saídas podem ser enriquecidas por uma *documentação complementar*, tais como normas e especificações empregadas, legislação e regulamentação aplicável, desenhos, arquivos, tabelas, gráficos etc. completados por informações subsidiárias como os principais riscos, as hipóteses e restrições, bem como as justificativas das decisões tomadas, sempre úteis no caso de revisão destas.

5.2.2.6. Modelos

As organizações desenvolvem *modelos* de documentos diversos, tais como relatórios, gráficos, tabelas e formulários-padrão, estruturas de decomposição do trabalho (7.6) etc. Estes modelos poderão fazer parte dos *softwares* empregados ou podem estar disponíveis em papel. Quando indicados como recursos nos processos, entende-se que são empregados aqueles referentes ao assunto em pauta.

5.2.2.7. Ações Corretivas e Preventivas

Como resultado do controle e, em caso de afastamentos dos parâmetros previstos, devem ser tomadas as convenientes *ações corretivas* para repor os resultados nas condições planejadas e, sempre que possível, adotam-se *ações preventivas*, corrigindo os elementos que causaram os afastamentos (processos, materiais, instrumentos etc.) e que orientarão as futuras ações a fim de corrigir desvios e retomar os caminhos previstos.

5.2.2.8. Documentos e Procedimentos Diversos da Organização

Alguns *documentos* são necessários para vários processos, tais como o plano estratégico e a política geral da organização, a política da qualidade, política ambiental, *procedimentos diversos*, como métodos e critérios de seleção de projetos, de contratação de pessoal, de reconhecimento e premiação, de treinamento, de compras etc. Para muitos processos é útil a organização de listas de verificação, em que se acumulam boas práticas e as lições aprendidas.

Note-se que os procedimentos podem ser formais e documentados ou informais e consagrados pelo uso, em geral coexistindo os dois tipos em uma mesma organização e que se complementam.

5.2.2.9. Relatórios de Desempenho

Todos os resultados parciais do projeto devem ser submetidos a inspeções (ver 7.4.2) para verificar sua conformidade com os parâmetros fixados no planejamento. Isto diz respeito ao desempenho do produto e de suas partes, aos custos, aos prazos e a todos os demais dados mensuráveis no projeto. Os resultados das inspeções são os *relatórios de desempenho*.

5.2.2.10. Replanejamento e Atualizações

O **replanejamento** consiste em alterar elementos constitutivos de um plano em face de eventuais mudanças no desempenho de qualquer item ou do produto final, prazos, custos etc., como resultado de mudanças autorizadas e as **atualizações** consistem em incorporar ao plano fatores ocorrentes, não conhecidos anteriormente. O replanejamento e a atualização modificam o plano em vigor, substituindo qualquer de suas partes, objeto de mudança, fazendo com que o executado e o planejado estejam em harmonia. Tanto o replanejamento quanto a atualização devem dar origem à edição parcial ou total do plano e sua imediata divulgação a todas as partes interessadas.

5.2.2.11. Resultados dos Trabalhos

Para aceitar aquilo que o projeto se propôs a debitar, os agentes destinatários precisam dispor dos *resultados do trabalho*, que são provenientes da execução do plano do projeto (6.2.7) e que se constituem em itens tais como materiais, peças, informações, processos operacionais ou administrativos, os conjuntos e, finalmente o produto integrado, seja um bem ou serviço. Estes resultados são submetidos a inspeções para verificar sua conformidade (gerando relatórios de desempenho), antes da **aceitação formal** que deve ser expressa por um documento firmado por quem recebe uma entidade e declara de acordo com as condições de entrega, qualidade, quantidade etc.

5.3. Apresentação das Gestões

5.3.1. Gestão da Integração

Evidentemente, as gestões necessitam ser cuidadosamente coordenadas em um processo de harmonização que leve à maximização do desempenho, com o mínimo de esforços e maior qualidade dos resultados. É importante salientar a interdependência das gestões e os efeitos dos processos relativos ao produto sobre os processos gerenciais e vice-versa. Por exemplo: a mudança em um processo produtivo pode acarretar efeitos sobre custos, prazos, qualidade etc. Uma restrição de tempo pode tender a elevar custos ou a diminuir desempenho ou qualidade do produto. Uma ineficiente ou inadequada gestão do pessoal poderá ter reflexos catastróficos em todo o projeto. As comunicações podem ser comparadas ao sangue ou à seiva do projeto, afetando todas as partes, quando deficientes.

Desde os momentos iniciais da concepção e do planejamento, as gestões estão interagindo intensamente. Por exemplo: cada atividade, seja em que gestão estiver, contribui para os custos e prazos, afeta a constituição da equipe, gera informações e precisa delas, pode acarretar riscos, tem compromissos com a qualidade e com a gestão ambiental etc. A gestão da integração preocupa-se em harmonizar todas as partes.

5.3.2. Gestão do Escopo

Cada produto exige um tratamento especial, dependendo de sua natureza: uma reorganização da empresa, um prédio, um *software*, um novo instrumento ou um programa de treinamento. A gestão do escopo parte da perfeita definição do produto desejado e a exata delimitação do próprio projeto. Assim, a gestão do escopo tem parte voltada para o *produto* (sua descrição e seus requisitos, as partes componentes, os processos a empregar etc.) e parte dedicada ao *projeto* (as atividades gerenciais que serão levadas a efeito). A gestão do escopo cuida para que não haja desvio durante o ciclo de vida do projeto, executando aquilo, e somente aquilo, incluído no escopo.

5.3.3. Gestão do Tempo

Os prazos de um projeto são restrições vitais para o sucesso. As durações das atividades são estimadas e controladas durante a execução, tendo como peça básica um *cronograma mestre* e diversos cronogramas parciais ou setoriais.

5.3.4. Gestão dos Recursos

A gestão dos recursos é formada pelos processos que asseguram que todos os insumos necessários ao projeto sejam previstos, obtidos, distribuídos, mantidos e utilizados. Assim, pessoal, bens e serviços são levantados nesta gestão para serem obtidos, distribuídos e controlados durante a execução do projeto. Este levantamento é a base para o orçamento da gestão dos custos, para a gestão do pessoal e para a gestão do suprimento. A administração dos recursos humanos, uma vez integrada no projeto, é tratada em uma gestão à parte (gestão do pessoal). A gestão dos recursos financeiros é objeto da gestão dos custos. A obtenção de recursos estranhos à organização é feita pela gestão do suprimento.

5.3.5. Gestão dos Custos

Todos os insumos ou recursos necessários (bens, serviços e pessoal) são avaliados em termos de custos, distribuídos pelas partes do projeto, segundo um *orçamento mestre* e vários orçamentos parciais ou setoriais.

5.3.6. Gestão da Qualidade

A gestão da qualidade é feita sobre o *produto*, para assegurar a satisfação do cliente e demais partes interessadas, e sobre o próprio *projeto*, em todas as atividades gerenciais, incluindo todos os processos ligados à participação dos interessados com vistas à eficiência e eficácia (1.4.4) do empreendimento.

5.3.7. Gestão Ambiental

A gestão ambiental estende as obrigações e atenções do projeto a toda a sociedade, com os compromissos de emprego racional dos recursos naturais e preservação da qualidade ambiental.

Observação importante

A gestão da qualidade e a ambiental sobrevivem ao projeto. São atividades que extrapolam a duração do projeto, pois acompanham o produto até o fim de sua vida útil. Estas duas gestões são planejadas nos projetos e devem ser continuadas a cargo da organização responsável pela produção, manutenção e acompanhamento em serviço.

5.3.8. Gestão do Pessoal

A equipe do projeto deve ser planejada e o pessoal necessário deve ser procurado, integrado, estimulado e coordenado para produzir os melhores resultados. Os aspectos de contratação e de custos de pessoal não fazem parte desta gestão.

5.3.9. Gestão das Comunicações

As comunicações devem ser asseguradas para garantir o fluxo de informações e seu necessário registro. Sua gestão compreende todo o ciclo de vida das informações, desde sua geração, passando pela disseminação, registro etc. até o descarte final. Estes são aspectos de fundamental importância para o gerenciamento de projeto, para a organização responsável, para os clientes e demais partes interessadas.

5.3.10. Gestão dos Riscos

Por ser um empreendimento único e nunca antes realizado, as incertezas inerentes aos projetos têm riscos a elas associados. Os riscos precisam ser reconhecidos, identificados, avaliados e administrados, se não para eliminá-los ou evitá-los, pelo menos para minimizar as conseqüências.

5.3.11. Gestão do Suprimento

A obtenção dos recursos levantados e planejados anteriormente na gestão dos recursos constitui o objetivo da gestão do suprimento, em especial, a administração de contratos.

5.3.12. Referências

O estudo geral das gestões é feito neste livro com base na norma ISO 10006[2] e no Guia do Project Management Institute — PMI, conhecido por PMBOK *Guide*[3]. Como parte da "gestão do escopo", a "gestão da configuração" tem como referência formal a ISO 10007[4]. A "gestão ambiental" está fundamentada especialmente nas normas NBR ISO 14001 e 14004[5]. Outras referências sobre as gestões são encontradas na bibliografia existente no fim de cada Capítulo.

As gestões tratadas neste livro estão relacionadas na tabela da Figura 5.2 e os relevantes afastamentos das referências são apresentados nas Notas que se seguem.

Gestões [a]	Referências
1. Gestão da integração [b]	ISO 10006 - PMBOK *Guide*
2. Gestão do escopo [c]	ISO 10006 e 10007- PMBOK *Guide*
3. Gestão do tempo	ISO 10006 - PMBOK *Guide*
4. Gestão dos recursos [d]	ISO 10006 -
5. Gestão dos custos	ISO 10006 - PMBOK *Guide*
6. Gestão da qualidade [e]	- PMBOK *Guide*
7. Gestão ambiental [f]	ISO 14001 - ISO 14004
8. Gestão do pessoal [g]	ISO 10006 - PMBOK *Guide*
9. Gestão das comunicações	ISO 10006 - PMBOK *Guide*
10. Gestão dos riscos	ISO 10006 - PMBOK *Guide*
11. Gestão do suprimento	ISO 10006 - PMBOK *Guide*

Figura 5.2 Gestões constitutivas da gerência de projeto.

---

2. INTERNATIONAL ORGANIZATION FOR STANDARDIZATION — ISO. *ISO 10006. Quality management — Guidelines to quality in project management*, 1997.
3. PROJECT MANAGEMENT INSTITUTE. *A Guide to the Project Management Body of Knowledge — PMBOK Guide*. Pennsylvania, USA, 2000.
4. ASSOCIAÇÃO BRASILEIRA DE NORMAS TÉCNICA — ABNT. *NBR ISO 10007: Diretrizes para a gestão da configuração*, 1997.
5. Idem. *NBR ISO 14001 — Sistemas de gestão ambiental — Especificação e diretrizes para uso*, 2000 e *NBR ISO 14004 — Sistemas de gestão ambiental — Diretrizes gerais sobre princípios, sistemas e técnicas de apoio*, 2000.

Notas sobre as gestões específicas:

(a) O que neste livro é denominado por "gestão específica", na ISO 10006 chama-se "processo relacionado" (Ex.: *"Time related processes"*) e no PMBOK *Guide* é "gerenciamento (ou gestão) de tal área do projeto" (Ex.: *"Project time management"*). Sobre o nome adotado aqui, *gestão*, rever item 1.2.2.

(b) A "Gestão da integração", assim chamada no PMBOK *Guide*, recebe, na ISO 10006, o título de "Gestão de interdependência" (*"Interdependency management"*).

(c) Na ISO 10006, o escopo "inclui a descrição do produto do projeto, suas características e como elas serão medidas e avaliadas". Mas a norma inclui também na gestão do escopo a "definição das atividades". No PMBOK *Guide*, o escopo pode referir-se ao escopo do produto, e ao escopo do projeto, que são as atividades a serem executadas para obter o produto. A ISO 10007 trata do que é conhecido como Gestão da configuração, inteiramente voltada para características do produto cujas mudanças devem ter maior controle, os chamados itens de configuração controlada.

(d) O PMBOK *Guide* não inclui a "Gestão dos recursos". Trata apenas do "planejamento dos recursos", como parte da "Gestão dos custos" e que serve ainda para a aquisição do pessoal e para contratos. Por outro lado, a ISO 10006, em sua Gestão dos recursos, não aborda importantes responsabilidades do projeto sobre os recursos que utiliza, como guarda, manutenção, utilização, seguro, desmobilização, devolução etc., assuntos tratados neste livro.

(e) A ISO 10006 não inclui uma gestão voltada para a qualidade, embora toda esta norma seja voltada para a qualidade no projeto. Inclui, entretanto uma "Gestão estratégica", em que fixa princípios gerais da qualidade do projeto. O conteúdo e o espírito desta "Gestão estratégica" estão contidos na "Gestão da qualidade", como tratada neste livro.

(f) Nem o PMBOK *Guide* nem a ISO 10006 tratam da "Gestão ambiental" no projeto e que se tornou imperiosa em decorrência da recente edição das normas da família ISO 14000, citadas anteriormente.

(g) A "Gestão do pessoal" recebe no PMBOK *Guide* o título de "Gestão dos recursos humanos do projeto" (*"Project human resource management"*).

5.4. As Gestões e as Fases do Projeto

Recorde-se que o projeto foi desdobrado em um conjunto coordenado de atividades que se desenrolam em cinco fases: de iniciação, planejamento, execução, controle e encerramento (4.1.7). Por outro lado, foi mencionado que as gestões específicas são formadas de processos. Agora deve ser dito que estes processos acham-se distribuídos pelas fases do ciclo de vida dos projetos: todos eles têm processos na fase de iniciação e na de planejamento mas não necessariamente em todas as três seguintes. A tabela da Figura 5.3 mostra as gestões e seus processos constitutivos distribuídos em cada uma das fases anteriormente referidas, nas quais cada um deles prevalece.

Fases Cap/Gestões	Iniciação e Planejamento	Execução	Controle	Encerramento
6. Integração	1. Desenvolvimento do plano do projeto	2. Execução do plano do projeto	3. Controle integrado de mudanças	-x-
7. Escopo	1. Iniciação 2. Planejamento do escopo 3. Definição do escopo	4. Verificação do escopo	5. Controle de mudanças do escopo	-x-
8. Tempo	1. Definição das atividades 2. Seqüenciamento das atividades 3. Estimativa das durações das atividades 4. Desenvolvimento do cronograma	-x-	5. Controle do cronograma	-x-
9. Recursos	1. Planejamento dos recursos	2. Recebimento e distribuição dos recursos	3. Controle dos recursos	4. Desmobilização
10. Custos	1. Estimativa de custos 2. Orçamentação	-x-	3. Controle dos custos	-x-
11. Qualidade	1. Planejamento da qualidade	2. Garantia da qualidade	3. Controle da qualidade	-x-
12. Ambiental	1. Planejamento ambiental	-x-	2. Verificação e ações corretivas	-x-
13. Pessoal	1. Planejamento da organização do projeto 2. Aquisição do pessoal	3. Desenvolvimento da equipe	-x-	4. Dissolução da equipe
14. Comunicações	1. Planejamento das comunicações	2. Disseminação das informações	3. Relatórios de desempenho	4. Encerramento administrativo
15. Riscos	1. Planejamento da gestão dos riscos 2. Identificação dos riscos 3. Avaliação dos riscos 4. Quantificação dos riscos 5. Planejamento de respostas a riscos	-x-	6. Controle de riscos	-x-
16. Suprimento	1. Planejamento do suprimento 2. Planejamento das solicitações	3. Solicitações 4. Seleção de fontes 5. Administração de contratos	-x-	6. Encerramento de contratos

Nota - Na primeira coluna as gestões estão numeradas de acordo com os respectivos capítulos e os processos seguem a numeração dentro do capítulo.

Figura 5.3 Distribuição dos processos das gestões pelas fases do projeto.

5.5. Conclusão

O Capítulo apresenta o conjunto das principais gestões em que se decompõe o gerenciamento de projetos. É uma visão abrangente, como a ante-sala do estudo mais detalhado de cada uma delas que vem a seguir. Como mencionado, estas gestões podem ser descentralizadas pelo gerente de projeto, este pode criar outras bem como desmembrar aquelas aqui estudadas. Algumas podem deixar de existir, como a gestão do pessoal em um pequeno projeto de dois ou três executantes e a gestão ambiental, onde não houver interação com o meio ambiente que a justifique. As comunicações podem ser extremamente formais e rigorosas em muitos casos mas em outros até convém que sejam informais, com ligeiros registros.

O importante é que todas elas devem convergir harmoniosamente para o escopo do projeto, sob a coordenação do gerente e sua equipe, na gestão da integração.

5.6. Bibliografia

Este Capítulo e os subseqüentes têm a bibliografia básica de referência citada a seguir. Outras referências para gestões específicas serão apresentadas no fim dos respectivos Capítulos.

INTERNATIONAL ORGANIZATION FOR STANDARDIZATION. *ISO 10006. Quality management — Guidelines to quality in project management*, 1997.

PROJECT MANAGEMENT INSTITUTE. *A Guide to the Project Management Body of Knowledge — PMBOK Guide*. Pennsylvania, USA, 2000.

6
Gestão da Integração

Introdução

A gestão da integração consiste em processos que visam assegurar a coordenação das várias partes constitutivas do gerenciamento do projeto — as outras gestões. Para isso, a gestão da integração incorpora e harmoniza, em um plano do projeto, os dados relevantes dos demais planos, orienta a execução deste plano e exerce o controle das ações nele previstas. Dois Apêndices completam este Capítulo. O primeiro estuda o sistema do valor agregado, possante instrumento que permite obter um controle conjunto de custos, prazos e execução física, além de permitir obter estimativas de custos e prazos ao término do projeto. O outro trata da gestão da configuração, de cujos conceitos podem ser extraídas importantes peças para organizar um sistema geral de controle de mudanças.

A gestão da integração compreende os processos relacionados no Conteúdo que se segue, nos itens 6.1 a 6.3.

Conteúdo

6.1 — Desenvolvimento do plano do projeto

6.2 — Execução do plano do projeto

6.3 — Controle integrado de mudanças

6.4 — Apêndice A: Sistema do valor agregado

6.5 — Apêndice B: Gestão da Configuração — GC

Objetivos gerais

◆ Estudar a gestão da integração

◆ Compreender cada um dos processos desta gestão

◆ Compreender o inter-relacionamento desta gestão com as demais

- Estudar o sistema do valor agregado e ter indicação de bibliografia pertinente
- Estudar a gestão da configuração e ter indicação de bibliografia pertinente

6.1. Desenvolvimento do Plano do Projeto

Neste processo, é elaborado um **plano do projeto** com a finalidade de proporcionar um guia para a execução e o controle, para as revisões e medidas de progresso do projeto. O plano documenta as hipóteses, as restrições e as justificativas das decisões e é peça de referência para facilitar a comunicação no âmbito do projeto.

O processo de desenvolvimento do plano do projeto tem os elementos mostrados na Figura 6.1.

Componentes do processo	Elementos do processo	Referências
Entradas	Planos das gestões do projeto	6.1.1
	Políticas da organização	5.2.2.8
	Hipóteses e restrições	1.8.1.2
	Dados históricos	5.2.2.2
Recursos e atividades	Metodologia de planejamento	5.2.2.8; 6.1.2
	Habilidades e conhecimentos	5.2.2.3
	Sistema de informações gerenciais	4.1.8
	Sistema do valor agregado	6.1.2; 6.4
Saídas	Plano do projeto	6.1.3
	Documentação complementar	5.2.2.5

Figura 6.1 Elementos do processo de desenvolvimento do plano do projeto.

6.1.1. Entradas

A principal entrada deste processo é constituída pelo conjunto dos *planos das gestões do projeto* que deverão ser ajustados entre si, por serem intensamente interdependentes, como mencionado por diversas vezes. Há um aparente paradoxo ao se apresentar esta gestão da integração em primeiro lugar, quando, à primeira vista ela precisa do resultado dos planejamentos das demais para exercer sua função. A explicação reside no fato de que os planejamentos das gestões devem ser feitos, desde o início, sob a visão ampla e conciliadora desta gestão da integração que exercerá suas habilidades de negociadora. Muitos documentos subsidiários dos planos das gestões devem ser considerados objeto desta gestão, em especial a estrutura de decomposição do trabalho (Figura 7.6). Devem ser consideradas e registradas, as *políticas da organização*, as *hipóteses*, as *restrições* e os *dados históricos*, especialmente aqueles referentes a projetos anteriores e de similar natureza.

6.1.2. Recursos e Atividades

O principal recurso a empregar é a *metodologia de planejamento* praticada pela organização, em especial a de planejamento de projeto. Desenvolvida e aperfeiçoada continuamente, esta metodologia, adaptada à cultura, às tecnologias e às demais condições da organização, encurta caminho, permite um linguajar único e procedimentos comuns entre os diferentes projetos, evitando-se improvisações, discrepâncias e desencontros. Esta metodologia é complementada e ampliada pelas *habilidades e conhecimentos* das partes interessadas (gerente, equipe, clientes, fornecedores, departamentos da organização etc.). Deverá haver um adequado *sistema de informações gerenciais* (ver 4.1.8), geralmente auxiliado por *"softwares"*, que processarão dados e informações e que servirão de apoio a todas as gestões, facilitando a integração destas. Inúmeros e possantes *softwares* são encontrados no mercado, com diferentes níveis e latitude de aplicação (ver 3.6). O *sistema do valor agregado* é uma técnica que permite obter avaliações precisas da situação do projeto, quanto a custos, prazos e execução física. Seus resultados, entre outras aplicações, são analisados pela gestão das comunicações para produzir relatórios de desempenho (14.3.2). Este sistema é mostrado no Apêndice A deste capítulo.

6.1.3. Saídas

O principal produto deste processo é o *plano do projeto* (ou plano geral do projeto, ou, ainda, plano global do projeto), resultado da integração e harmonização de todos os planos subsidiários e mais detalhados, como os das gestões específicas, estudadas nos capítulos seguintes.

O **plano do projeto** deverá conter informações de várias naturezas e os *softwares* existentes oferecem oportunidades de emprego de muitas opções e formas de apresentação. As principais informações contidas no plano do projeto são indicadas a seguir:

- O documento de criação formal do projeto;
- A descrição geral do projeto, as abordagens adotadas e o resumo das demais gestões;
- A definição do escopo e do objetivo do projeto;
- A EDT (7.6), até o nível de detalhamento conveniente para a integração;
- Principais metas e datas limites;
- Cronograma-mestre (8.4.3) e orçamento-mestre (10.2.3);
- Linhas de base para avaliações de desempenho, custos e prazos (6.5.2.2);
- Principais revisões, seus objetivos, datas, participantes;
- Hipóteses e restrições (1.8.1.2);
- Principais riscos e as respostas planejadas para cada um (15.5);
- Pessoal-chave da equipe; e
- Questões em aberto e decisões pendentes.

6.2. Execução do Plano do Projeto

Obtido o plano do projeto, a maior parte dos trabalhos consistirá na sua execução simultaneamente com o controle que, por sua vez, realimentará o plano com as ações corretivas.

O processo de execução do plano tem os elementos mostrados na Figura 6.2.

Componentes do processo	Elementos do processo	Referências
Entradas	Plano do projeto	6.1.3
	Documentação complementar	5.2.2.5
	Ações corretivas e preventivas	5.2.2.7
Recursos e atividades	Habilidades gerenciais e conhecimento do produto	5.2.2.3
	Sistema de autorização de trabalho	6.2.2
	Revisões de desempenho	6.2.2
	Análises de desempenho e de tendências	6.2.2
	Sistema de informações gerenciais	4.1.8
Saídas	Resultados dos trabalhos	6.2.3
	Relatórios de desempenho	5.2.2.9; 6.2.3
	Pedidos de mudanças	6.2.3; 6.5.3.2

Figura 6.2 Elementos do processo de execução do plano.

6.2.1. Entradas

O *plano do projeto* é o documento básico para a execução, subsidiado, quando necessário, pelos planos das demais gestões e por *documentação complementar* que incorpora informações outras não contidas nos planos, como documentação técnica ou normativa, regulamentos e dados relevantes. Observe-se que, conforme visto no Item 6.1.3, o plano contém os elementos básicos e orientadores das revisões e as linhas de base de medidas de desempenho, custos, prazos, como anteriormente tratado. Estes elementos e mais as saídas dos outros processos de controle permitirão o exercício integrado do controle do plano do projeto e, em caso de afastamentos dos parâmetros previstos, permitem gerar as necessárias *ações corretivas* que orientarão as futuras providências para corrigir desvios e retomar os caminhos previstos.

6.2.2. Recursos e Atividades

A execução do plano muito dependerá das *habilidades gerenciais*, como liderança, resolução de conflitos, formação de equipes e negociação (Capítulo 4). É essencial ao sucesso do projeto que a equipe tenha excelente *conhecimento do produto* e dos processos envolvidos.

Um *sistema de autorização de trabalho* adequado à natureza, tamanho e complexidade do projeto é outra peça importante na execução do plano. Este sistema, que pode ser leve e informal, para os pequenos projetos, assegura que os trabalhos sejam feitos na ocasião certa e na seqüência apropriada. As *revisões de desempenho* são efetuadas com a finalidade de ajustar as diversas partes do projeto em andamento, independentemente das revisões mais detalhadas, como as efetuadas em cada gestão específica. Entretanto, será necessário manter uma cerrada coordenação dos vários resultados para obter a integração indispensável.

Os resultados das revisões são submetidos a análises, em busca de sinais de desvios e de *tendências* de afastamentos futuros. O *sistema de informações gerenciais* continua a servir de apoio ao registro de informações e seu tratamento, ao acompanhamento, às decisões e ao controle.

6.2.3. Saídas

As saídas são os itens, tangíveis e intangíveis, produzidos pelas diversas atividades durante a execução do plano, os *resultados dos trabalhos* propriamente ditos: materiais, peças, informações, processos operacionais ou administrativos, os conjuntos e, finalmente o produto integrado, seja um bem ou serviço. Os resultados obtidos são documentados em *relatórios de desempenho* que espelham as condições destes resultados em face dos requisitos e especificações.

Outras saídas são os *pedidos de mudanças*, decorrentes de necessidade de alterar qualquer elemento previamente definido no plano. Os pedidos de mudança constituem as entradas do processo seguinte que trata da formal avaliação, aprovação ou rejeição e implementação de mudanças. A mudança pode ocorrer no escopo do produto, alterando alguma característica física ou funcional, pode envolver aspectos gerenciais, alterando o escopo do projeto: prazos, custos, pessoal, material, localização etc.

6.3. Controle Integrado de Mudanças

Como adiantado no item anterior, eventualmente ocorre necessidade de se proceder a mudanças em qualquer elemento já estabelecido no projeto. Em princípio, as mudanças devem ser documentadas, a partir do pedido formal de mudança e devem passar por um processamento preestabelecido e bem definido, o *sistema integrado de controle de mudanças* da organização, com atribuições claras de autoridades e responsabilidades, prazos, modos de aprovação e maneiras de implementação e verificação. Este sistema geral de controle assegura que outros sistemas de controle das demais gestões permaneçam compatíveis e interconectados, permitindo que os efeitos das mudanças de uma parte sejam refletidos sobre outras partes e variáveis do projeto.

O processo de controle integrado de mudanças tem os elementos mostrados na Figura 6.3.

Componentes do processo	Elementos do processo	Referências
Entradas	Plano do projeto Relatórios de desempenho Pedidos de mudanças	6.1.3 5.2.2.9 6.5.3.2
Recursos e atividades	Sistema de controle de mudanças Sistema de informações gerenciais Medidas de desempenho Gestão da configuração Replanejamento	6.3.2 4.1.8; 6.3.2 5.2.2.1; 6.3.2 6.5 5.2.2.10
Saídas	Atualizações do plano do projeto Ações corretivas e preventivas Lições aprendidas	5.2.2.10; 6.3.3 5.2.2.7; 6.3.3 3.2.2

Figura 6.3 Elementos do processo de controle integrado de mudanças.

Precedendo a apresentação dos elementos do processo, convém estabelecer os pontos capitais deste.

Controle Geral de Mudanças	
Controles de mudanças das gestões	Seções
Controle de mudanças do escopo	7.5
Controle do cronograma	8.5
Controle dos recursos	9.3
Controle dos custos	10.3
Controle da qualidade	11.3
Controle ambiental: verificação e ações corretivas	12.2
Controle de riscos	15.6
Administração de contratos	16.5

Figura 6.4 Coordenação cruzada das mudanças no projeto.

O controle integrado de mudanças tem por finalidades:

- manter a integridade do desempenho, como fixado nas linhas de base (6.5.2.2);
- assegurar que as mudanças do escopo do produto sejam refletidas na definição do escopo do projeto (7.3); e
- coordenar os controles das demais gestões, como visto na Figura 6.4.

Geralmente a avaliação e a aprovação de mudanças são feitas por um colegiado multidisciplinar (Comissão de Controle de Mudanças) com representantes das áreas administrativas e gerenciais e das áreas de conhecimento envolvidas. Dependendo da natureza da mudança e do vulto do projeto pode haver mais de um colegiado, como um voltado para as mudanças nos aspectos gerenciais (escopo do projeto) e outro para as mudanças no produto (escopo do produto). Ainda no caso especial de mudanças no escopo do produto, há um procedimento de maior rigor que pode ser implantado e que é a *gestão da configuração*, objeto do Apêndice B deste Capítulo (6.5). Em muitos casos, a gestão da configuração vem a ser um caso particular e mais rigoroso do controle de mudanças. Entretanto, muitos dos aspectos inerentes ao controle da configuração poderão ser empregados no controle de mudanças, em geral. Naquele Apêndice, o leitor encontra elementos para orientar a instalação de um sistema geral de controle de mudanças e dos sistemas específicos de controle de mudanças de cada gestão.

6.3.1. Entradas

As entradas são o próprio *plano do projeto*, referência básica de todos os trabalhos, acompanhado dos *relatórios de desempenho*. O controle geral de mudanças tem início com os *pedidos de mudanças*, originados no processo anterior, a execução do plano do projeto.

6.3.2. Recursos e Atividades

Dois recursos são essenciais para este processo: o *sistema de controle de mudanças* e o *sistema de informações gerenciais*. O primeiro é a razão de ser deste processo e consiste em um conjunto formal de procedimentos documentados que regula como qualquer parte do produto, da gerência ou da documentação pode ser mudado. Como já referido, o Apêndice descreve o Controle da Configuração, do qual podem ser extraídas informações para o estabelecimento de um sistema geral de controle de mudanças para um projeto

O segundo é o repositório de dados e informações que orientarão as decisões a tomar, em face das *medidas de desempenho* efetuadas. A *gestão da configuração*, se houver, será parte específica deste controle de mudanças. Se necessário, procede-se a *replanejamentos*.

6.3.3. Saídas

Sempre que ocorrerem fatos novos, torna-se necessária uma *atualização do plano do projeto*. As mudanças autorizadas são implementadas e são tomadas *ações corretivas e preventivas* para que os futuros resultados estejam de acordo com o planejado.

Como recomendado, as *lições aprendidas* devem ser reconhecidas, identificadas e organizadas para utilização posterior.

6.4. Apêndice A — Sistema do Valor Agregado

6.4.1. Introdução[1]

Embora existam várias e excelentes metodologias e ferramentas para acompanhar e avaliar custos, prazos e desempenho, com os apropriados parâmetros, é necessário que estes sejam considerados em conjunto, simplesmente porque eles se acham interligados.

De fato, de certo modo e dentro de limites, os prazos, os custos, a execução física e o desempenho são intercambiáveis. Não há sentido em uma verificação isolada de cada um destes componentes.

Será mostrado a seguir um processo que permite exercer o controle integrado dos custos, dos prazos e do trabalho efetivamente realizado no decorrer do projeto. Uma metodologia conhecida é a do "sistema do valor agregado" ou "gestão do valor agregado"[2], também conhecido por "sistema de controle custos/prazos" ou, ainda, como "método da curva S" (ver Figura 6.5). Ele é relativamente simples e eficiente, podendo ser aplicado com o detalhamento e com o grau de formalismo necessários.

Esta metodologia, em prática há quase 30 anos, vem sendo utilizada por vários órgãos públicos de vários países, e acha-se hoje largamente difundida e empregada com sucesso em inúmeros programas e projetos, contratados ou diretamente executados, e tem gerado inúmeras versões para aplicações correntes em empresas diversas, inclusive como parte integrante de muitos *softwares* de planejamento e controle de projetos. Entre suas vantagens encontra-se a de não impor à organização controlada qualquer sistema de orçamentação e contabilização de custos, exceto poucos critérios para ajustes de custos, prazos e execução física, como referido a seguir.

6.4.2. Conceituação do Valor Agregado

Para se aplicar o método citado, é necessário, inicialmente, que o planejamento do projeto ou do programa a ser controlado seja feito conforme apresentado no Capítulo 7, "gestão do escopo", isto é, o planejamento, todo ele a partir da EDT, deve pro-

---

1. Este Apêndice é um breve resumo de parte do Capítulo 8 do livro de VALERIANO, Dalton. *Gerência em Projetos — Pesquisa, Desenvolvimento, Engenharia*. São Paulo: Makron Books, 1998. p. 234 e seguintes.
2. Em inglês, *earned value system* — EVS e *earned value management* — EVM, respectivamente e *earned value* significa: "valor ganho", valor merecido, **valor agregado**.

porcionar informações integradas dos eventos (ou realizações resultantes de trabalhos ou tarefas), com os respectivos prazos e custos, como sintetizado nos Capítulos 8 e 10, respectivamente. Com este embasamento será possível aplicar o conceito do *valor agregado*, ou seja, o custo do trabalho realizado, e que é a chave que permite integrar o levantamento dos custos, prazos e progresso técnico ou material.

O conceito do **valor agregado** é simples: à medida que o trabalho evolui, o executante da tarefa ou do bloco da EDT "agrega" um valor em moeda corrente, e que corresponde ao valor planejado (orçado) para aquele resultado. Em determinadas épocas, levantam-se as situações das tarefas da EDT, obtendo-se três valores de custos[3], *todos referentes à mesma data* (acompanhar na Figura 6.5).

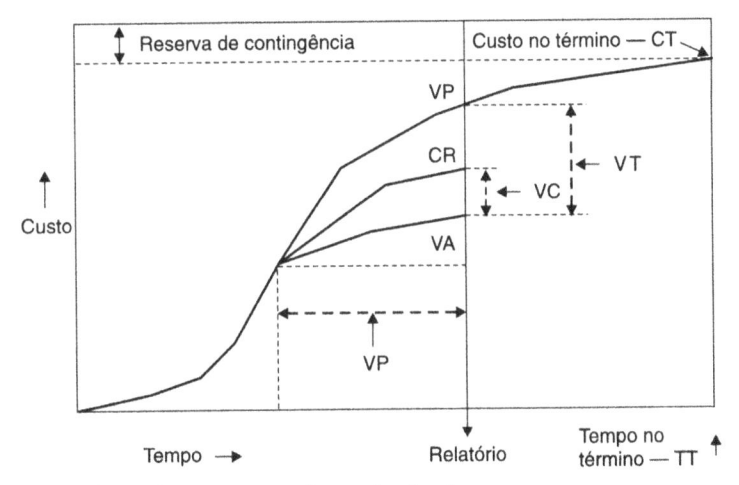

Figura 6.5 Situação do projeto em uma determinada data.

- Valor planejado — VP: é a parte do custo estimado e planejado no orçamento para ser despendida nas atividades do projeto durante um dado período;
- Custo real — CR: é o total dos custos incorridos para executar as atividades do projeto durante um dado período; e
- **Valor agregado — VA**: é o valor previsto no orçamento e correspondente ao trabalho realmente executado.

Se os três valores forem iguais, o projeto corre exatamente como previsto no cronograma e no orçamento, isto é, prazo, custo e realização física estão "em dia", tal como planejados.

---

3. Definições baseadas nas contidas no PMBOK-2000, item 10.3.2, p. 123.

Se, entretanto, houver diferenças, elas refletem afastamentos em relação ao orçamento, ao cronograma e à execução física, permitindo obter os dados que se seguem (acompanhar na Figura 6.5).

Dados relativos a custo:

- Variação de custo (VC)

    VC = Valor agregado − Custo real

    VC = VA − CR

(Uma variação negativa significa que o custo real foi maior que o planejado)

Dados relativos a tempo:

- Variação de tempo (VT)

    VT = Valor agregado − Valor planejado

    VT = VA − VP

(Uma variação negativa significa que o trabalho executado foi menor que o planejado).

Observe na Figura 6.5:

1. Na data do relatório o trabalho:

    a) está atrasado, com uma variação de tempo VT = diferença entre o valor agregado e o valor planejado; e

    b) tem custo acima do previsto: VC = diferença entre o valor agregado e o custo real.

2. O gerente do projeto manteve uma reserva, como referida em 10.1.3.

Dados projetados para o término do projeto:

Outros dois parâmetros podem ser obtidos: a estimativa de custo no término (ECT) e a estimativa de tempo no término (ETT). Estes podem ser obtidos por uma extrapolação de tendências (uma simples "regra-de-três"), considerando as previsões iniciais de "custo no término" — CT e de "tempo no término" — TT. (Ver Figura 6.5)

Estimativa de custo no término (ECT):

1. Este parâmetro ECT é dado pela soma:

    - de todos os custos das tarefas terminadas;
    - das estimativas atuais dos custos restantes das tarefas em andamento; e
    - das estimativas atuais dos custos das futuras tarefas ainda não iniciadas.

    Uma das maneiras de avaliá-lo consiste em aplicar a relação seguinte:

    ECT = (CR / VA) x CT

2. Estimativa de tempo no término (ETT)

    É a previsão da duração do projeto, considerando-se as tendências observadas:

    ETT = (VP / VA) x TT

6.4.3. Análise das Variações

O conhecimento do valor e do sentido das variações não será suficiente para a tomada de medidas oportunas que recoloquem o projeto na direção do objetivo, com prazos e custos realistas. É necessário conhecer as causas das variações para:

- redirecionar ou corrigir a execução;
- obter reforços de insumos (recursos e/ou serviços);
- replanejar cronogramas, orçamentos etc.

Assim, as variações observadas nos custos diretos somente podem resultar de duas causas:

- variações das taxas (quando valores reais de homem-hora, preços de material e de serviços etc. diferem dos valores planejados); e
- variações de quantidade empregada (a quantidade realmente utilizada difere daquela planejada).

A investigação deve prosseguir para determinar se as causas residem em:

- estimativas irreais e previsões inadequadas de prazos e custos;
- acréscimo incontrolado do desempenho do produto (escopo, especificações); e
- dificuldades técnicas imprevistas etc.

A determinação das causas das variações decorrentes dos custos indiretos dá mais trabalho, requerendo a verificação de cada uma das fontes de custos indiretos (gerência, gestões, serviços de apoio comuns etc.), suas composições de custo, taxas de rateio pelos custos diretos etc. Tão logo sejam levantadas as causas dos desvios, deve-se determinar as ações a tomar para moldar o replanejamento e a condução futura do projeto.

As medidas corretivas são decorrentes das causas e podem determinar:

- replanejamento, com a incorporação de valores reais e mais adequados, o que poderá, por sua vez, conduzir à reorganização e ao redimensionamento do projeto;
- correção de desvios de procedimentos; redimensionamento de esforço técnico etc.

O tratamento estatístico dos dados obtidos permite a obtenção de previsões, ou tendências dos custos finais e do prazo de término. Um grande número de *softwares* encontra-se disponível para aplicação deste controle integrado e da emissão de relatórios de diversas naturezas. Uma literatura específica é indicada para exploração integral do método aqui apresentado em suas partes essenciais. Este método está incorporado em grande número de *softwares* dedicados a controle de projeto (ver 3.6).

6.4.4. Bibliografia Complementar

Sistema do valor agregado:

FLEMING, Quentin W. *Cost/Schedule Control Systems Criteria, — The Management Guide to C/SCSC*. Chicago, Probus Publishing, 1988.

FLEMING, Quentin W. & Kopelman, J. M. *Earned Value Project Management*. Project Management Institute, 1996.

6.5. Apêndice B — Gestão da Configuração — GC

A **configuração** é o conjunto das características físicas e funcionais de um produto, conforme definidas na documentação técnica e obtidas no produto. As configurações do produto estão identificadas nos documentos técnicos de projeto e de produção: desenhos, especificações, listas diversas etc., muitas vezes resultantes de várias modificações e de melhoramentos havidos no decorrer do projeto, do desenvolvimento, da produção, da utilização etc.

As configurações de alguns itens, por motivos relevantes, como se verá, devem ser controladas desde o início do projeto, segundo procedimentos regulares, o que constitui objeto da **Gestão da configuração** (GC), a parte do gerenciamento de projeto que assegura que o produto entregue esteja em conformidade com seus requisitos e que todos os seus itens estejam devidamente identificados e documentados. Isto é conseguido por meio de um conjunto de atividades técnicas e administrativas que, acompanhando todo o ciclo de vida do sistema, desde sua concepção inicial até o fim de sua vida útil, consiste em[3]:

- *identificação* da configuração;
- *controle* da configuração;
- *contabilização* da situação da configuração; e
- *auditoria* de configuração.

6.5.1. Conceituações

É conveniente conceituar alguns termos e expressões, antecedendo o estudo e a discussão da gestão da configuração.

Item configurado (ou item de configuração controlada) é qualquer conjunto de materiais e equipamentos, informações, materiais processados, serviços ou ainda de qualquer de suas partes distintas, que tenha sido designado para ter sua configuração controlada e tratado como entidade singular no processo de GC.

Identificação da configuração consiste nas atividades que compreendem a seleção dos itens de configuração, com base na estrutura de decomposição do produto — EDP (objeto de estudo na Seção 7.6), no registro das características físicas e funcionais atualizadas de cada um destes itens e no estabelecimento de números ou caracteres de identificação para os itens e respectivos documentos.

---

3. ASSOCIAÇÃO BRASILEIRA DE NORMAS TÉCNICAS - ABNT. *NBR ISO 10007. Gestão da qualidade - Diretrizes para a gestão da configuração*, 1996. p. 2.

Controle da configuração consiste na avaliação, coordenação, aprovação ou rejeição sistemáticas e a implementação de todas as mudanças aprovadas, na configuração de um item configurado depois do estabelecimento formal de sua identificação da configuração.

Contabilização da situação da configuração consiste no registro e relato formal dos documentos de configuração estabelecidos, da situação das mudanças propostas e a situação das implementações das mudanças.

Auditoria de configuração é o exame que tem por finalidade determinar se um item de configuração está em conformidade com seus documentos de configuração.

Documentos de configuração são aqueles que definem os requisitos, projeto, produção/construção/operação, suporte e a verificação para um item de configuração.

Interface é um compromisso de ajuste físico ou funcional entre partes que se relacionam. Em um projeto, a interface é definida como sendo a compatibilidade de produtos ou sistemas em seus pontos de interligação, definida por requisitos especificados em normas de interface.

6.5.2. Identificação da Configuração

A primeira fase da GC comporta algumas tarefas preparatórias para então proceder-se à identificação e à marcação de itens configurados e sua documentação: a seleção dos itens configurados, a determinação das configurações básicas e a identificação propriamente dita e marcação dos itens e documentos.

6.5.2.1. Seleção de Itens Configurados

Alguns itens são criteriosamente selecionados e designados para ter suas configurações submetidas a controle. Se em excessiva quantidade, perde-se a visibilidade do produto, dificulta a gestão, encarece o processo e provoca atrasos. Em quantidade insuficiente, resulta em dificuldades e maiores despesas com serviços de manutenção.

Alguns critérios são indicados para orientar a seleção de itens configurados:

- criticalidade quanto a riscos (missão, desempenho, custos etc);
- criticalidade quanto a segurança (pessoal, material);
- desenvolvimento novo ou se se incorpora nova tecnologia; e
- se há interface com contratado ou com item controlado por outra entidade.

6.5.2.2. Configurações Básicas

Configuração básica é a configuração inicial de um item, formalmente estabelecida em um *determinado momento* e que serve como referência para futuras mudanças de desempenho, de projeto ou de produção. As configurações básicas são de grande importância para desenvolvimento e produção contratados, pois os custos dos contratos as têm como referência e por elas são determinados.

No ciclo de vida de um sistema há três ocasiões em que se fixa cada uma das respectivas configurações básicas. Referindo-se à Figura 4.5, identificam-se as três configurações básicas, também chamadas de *linhas de base,* como referências para o controle e para as mudanças:

- **configuração básica funcional**, quando o produto estiver definido funcionalmente, como resultado da fase A, *design* conceptual. Significa: "que o produto funcione assim";
- **configuração básica do projeto**, quando o produto estiver concebido, como resultado da fase B, *design* detalhado. Significa: "projete e desenvolva o produto assim"; e
- **configuração básica do produto**, quando se fixar como ele deve ser feito, o que resulta do respectivo projeto. Significa "realize/fabrique o produto assim".

A configuração básica funcional é o ponto de partida do controle da configuração, expressa pela especificação do sistema quanto a seu funcionamento, e deve ser aprovada pelo cliente operador futuro.

A configuração básica de projeto fornece os elementos para desenvolver as partes mais altas da estrutura de decomposição do produto (segmentos do produto, partes integrantes), atingindo, tipicamente, o terceiro nível de decomposição do produto ou do sistema (7.6).

A configuração básica do produto é descrita por especificações referentes aos itens componentes do sistema (requisitos físicos) complementadas por especificações de detalhe (materiais, processos de fabricação), desenhos e listas, normas de ensaio, normas de interfaces e demais dados necessários à produção etc.

6.5.2.3. Identificação e Marcação da Configuração

Consiste na atribuição de números, caracteres ou outros identificadores para os itens de configuração e registro na respectiva documentação. A documentação deve incluir a descrição da estrutura do produto, a posição do item configurado e seu relacionamento nesta estrutura, as interfaces e todas as características funcionais e físicas do item.

6.5.3. Controle da Configuração

Consiste na avaliação e na aprovação ou rejeição de pedidos de mudanças de configurações de itens configurados, em fase de projeto, de produção ou mesmo em uso. Estas atividades são exercidas por uma Comissão de Controle de Configuração instituída pelo gerente do projeto e que funciona segundo procedimentos estabelecidos no projeto (6.5.3.3).

6.5.3.1. Atividades e Finalidades
O controle da configuração tem por finalidades:
- assegurar visibilidade à GC;
- evitar mudanças de configuração desnecessárias ou marginais;
- estabelecer prioridades para as mudanças de projeto; e
- assegurar pronta ação quanto:
  - ao controle de mudanças;
  - à documentação de mudanças; e
  - ao controle das liberações dos itens de configuração do sistema.

6.5.3.2. Mudanças da Configuração
As mudanças da configuração podem ser de três tipos, assim definidos:

Mudanças de projeto (também chamadas de mudanças de engenharia): são mudanças da configuração de um item (em desenvolvimento, a ser entregue ou já em uso) ocorridas depois do estabelecimento formal de sua identificação de configuração.

Desvios: são mudanças temporárias, formalmente autorizadas antes da fabricação de um item que tenha apresentado afastamentos quanto a um desempenho ou requisito de uma especificação, de desenho ou de outro documento.

Concessões: são autorizações dadas por escrito para aceitação de itens configurados, que, durante a produção ou depois de uma inspeção, demonstraram afastamento de requisitos, sendo considerados passíveis de utilização "como estão" ou depois de retrabalhados por um método aprovado.

Pedido de mudança: Qualquer mudança deve ter como ponto de partida um documento formal, denominado **Pedido de mudança,** emitido em *qualquer fase do ciclo de vida do produto,* e que pode partir do desenvolvedor, do fornecedor, do cliente, do contratado, do produtor, do vendedor, do usuário etc. Assim, a organização responsável pelo ciclo de vida de um produto deve manter a GC atuante, como o setor responsável pelo processamento das mudanças, até que o produto seja retirado do serviço.

O pedido de mudança é motivado por uma ou mais razões, como:
- corrigir deficiências ou defeitos;
- promover significativos melhoramentos na efetividade, na operação ou serviços;
- alcançar substancial redução no custo do ciclo de vida do produto; e
- evitar atrasos nos cronogramas.

O pedido deve ser objetivo, sintético e claro e geralmente contém as seguintes informações:

- Identificação do proponente;
- Item e configuração afetados pela mudança proposta;
- Descrição da mudança proposta;
- Grau de urgência;
- Soluções alternativas;
- Justificativas;
- Especificações e demais documentos técnicos afetados pela mudança; e
- Efeitos sobre:
  - outros itens ou outros produtos;
  - prazos e custos;
  - cláusulas contratuais;
  - desenvolvimento, produção, treinamento, logística etc.

Classificação das mudanças: A organização poderá classificar as mudanças para tratá-las de acordo com suas características. Em geral, usam-se duas classes:

Classe I: modificações que afetam o desempenho do sistema, a confiabilidade, a segurança, a manutenção, o custo do ciclo de vida e/ou qualquer outro requisito do sistema ou a configuração do produto, especificada em contrato.

Classe II: modificações de menor conseqüência, tais como correções, adições ou esclarecimentos de documentação ou de desenhos, substituições ou alternativas de material.

6.5.3.3. Comissão de Controle de Configuração — CCC

A Comissão de Controle de Configuração deve ser constituída por representantes de todas as atividades relacionadas com o sistema: concepção, desenvolvimento, engenharia, produção, contratos, compras, jurídica, qualidade, logística, treinamento, operação (cliente, usuário), manutenção, gestões de interfaces e de dados etc.

Em geral, a Comissão tem autoridade para:

- elaborar o Plano da gestão da configuração — PGC (6.5.6);
- estabelecer os procedimentos ou rotinas da GC;
- selecionar os itens de configuração;
- estabelecer as configurações básicas;
- aprovar ou rejeitar as mudanças, desvios e concessões;
- liberar documentação (especificações, desenhos, relatórios de GC etc.); e
- verificar a implementação das mudanças.

A Comissão executa as seguintes tarefas, uma vez recebido o pedido de mudança:

1. *Identificação e classificação do pedido*: identifica o pedido e classifica-o (classe I ou classe II, se for o caso).

   Análise: a Comissão analisa e avalia o pedido quanto:
   - ao mérito da mudança e sua necessidade;
   - aos efeitos sobre interfaces, intercambialidade;
   - às repercussões sobre contrato, custos e prazos;
   - aos efeitos na produção, ensaios, inspeções;
   - aos efeitos nas aquisições, na logística (estoques, instalações, manuseio etc.);
   - à exeqüibilidade; e
   - a riscos decorrentes.

2. *Decisão*: consideradas as análises do pedido feitas pelos membros da Comissão, seu Presidente pode:
   - rejeitá-lo, arquivando o pedido; ou
   - aprová-lo, dando seqüência ao processo.

3. *Preparo da implementação* (se a mudança for aprovada): esta atividade é desempenhada pelo pessoal competente para estabelecer as medidas para implementar a mudança aprovada e as conseqüentes mudanças na documentação. Estas tarefas *não são* da competência da Comissão.

4. *Liberação para implementação das mudanças*: a Comissão verifica se os dados elaborados na atividade anterior e se as mudanças na documentação estão em conformidade com o pedido aprovado e, se positivo, autoriza a implementação.

5. *Implementação*: a mudança aprovada é implementada nos setores responsáveis pelas tarefas previstas na preparação da implementação: projeto, engenharia, produção, processo administrativo, documentação, registros etc.

6. *Verificação da implementação*: Após a implementação, a Comissão finaliza o processo, verifica se a mudança foi implementada tal como aprovada e registra o resultado.

6.5.4. Contabilização da Situação da Configuração

A contabilização da situação da configuração é a atividade-fim da GC, para a qual todas as atividades concorrem. Ela se incumbe de consolidar os registros e as mudanças da identificação da configuração, de organizar os documentos dos itens configurados e os relatórios da situação da configuração.

Os registros devem incluir não apenas o "status" da configuração mas todas as mudanças feitas desde o estabelecimento das configurações básicas.

Esta fase da GC consiste especialmente em:

1. Rastrear todas as mudanças de configuração, incluindo a documentação.
2. Manter as informações de configuração dos itens configurados com:
   - identificação do item:
     - por seu número de série e outros identificadores;
     - pela posição na árvore de decomposição do produto;
   - localização do item (depósitos ou almoxarifados, locais de instalação e, quando possível, usuários);
   - situação corrente da configuração de cada item:
     - configurações básicas;
     - registro das mudanças aprovadas subseqüentes: pedidos de modificações e respectivos processamentos (registro histórico completo de cada uma).
3. Manter atualizada a documentação de cada item: a original e vias de todas as mudanças ou revisões de todos os documentos, como especificações, desenhos, listas e suas mudanças etc.
4. Elaborar e remeter relatórios de situação da configuração às pessoas que têm necessidade de conhecer estas mudanças, sejam da equipe de projeto, de organização incumbida da produção/construção/instalação, de suporte e de manutenção.

6.5.5. Auditorias de Configuração

As auditorias de configuração têm por finalidade verificar se os itens configurados e suas documentações estão de acordo, se estas estão completas e precisas, se satisfazem os requisitos estabelecidos, registrando todos estes fatos.

Em geral, a auditoria de configuração pode ser dividida em:

- auditoria de configuração *funcional*, para comprovar que o desempenho de um item configurado está conforme especificado; e
- auditoria de configuração *física*, para verificar se a configuração do produto está conforme a respectiva documentação de configuração física em vigor.

6.5.6. Plano da Gestão da Configuração

O Plano da gestão da configuração (PGC) é o documento no qual fica estabelecida a organização da GC, descrevendo-se o sistema de GC e os procedimentos para um programa, projeto ou produto específico. Ele segue a orientação e modelos adotados pela organização, devendo receber as adaptações que cada caso recomendar. Em situações contratuais, o PGC deverá estar referenciado no contrato ou pode ser peça integrante do mesmo.

Resume-se, a seguir, a estrutura e o conteúdo recomendados para o PGC[4].

---

4. ASSOCIAÇÃO BRASILEIRA DE NORMAS TÉCNICAS — ABNT. *NBR ISO 10007. Gestão da qualidade — Diretrizes para a gestão da configuração*, 1996. Anexo A.

Plano da gestão da configuração

Introdução

- Descrição do sistema de configuração sob a abrangência do PGC;
- cronograma das atividades relevantes da GC;
- objetivo e abrangência do PGC;
- documentos relacionados; e
- documentos aplicáveis e suas precedências.

Política e procedimentos

- Políticas de GC e disciplinas de gestão relacionadas;
- organização da GC, responsabilidades: da CCC, dos grupos de trabalho etc.;
- critérios para a seleção de configurações;
- freqüência, distribuição e controle de documentos internos e externos à GC; e
- terminologia.

Identificação de configuração

- Árvore de decomposição de itens de configuração, árvore de especificações e demais documentos de alto nível;
- convenções de numerações de documentos, desenhos e mudanças;
- procedimentos para uso e atribuição de numeração de séries e outros dados de rastreabilidade; e
- procedimentos para liberações.

Controle da configuração

- Organização (estrutura e funções) da CCC;
- procedimentos para o controle de mudanças antes da configuração básica acordada em contrato; e
- procedimentos para o processamento de mudanças após a implementação no item de configuração (isto é, as iniciadas pelo cliente, as internas e/ou as do contratado).

Contabilização da configuração

- Procedimentos para aquisição, registro, processamento e manutenção de dados necessários à elaboração de relatórios de contabilização da configuração; e
- definição de forma e teor dos relatórios de GC.

Auditoria de configuração

- Relação das auditorias e conexão com os cronogramas do programa;
- procedimentos de auditoria;

- autoridades e disciplinas envolvidas; e
- definição de forma e teor dos relatórios de auditoria da configuração.

6.5.7. Bibliografia Complementar

SAMARAS, T. T. & CZERWINSKI, F. L. *Fundamentals of Configuration Management*. New York, John Wiley & Sons, 1971.

BERSOFF, E. H., HERDERSON, V. D. e SIEGUEL, S. G. *Software Configuration Management*. New Jersey, Prentice-Hall, 1980.

Norma:

ASSOCIAÇÃO BRASILEIRA DE NORMAS TÉCNICAS — ABNT. *NBR ISO 10007 — Gestão da qualidade — Diretrizes para a gestão da configuração*, 1996.

7
Gestão do Escopo

Introdução

O **escopo** constitui uma descrição documentada de um projeto quanto a seu objetivo ou resultado, sua abordagem e conteúdo, isto é, o que pretende obter, como fazê-lo e o que envolve, como ações. Portanto o escopo deve conter as seguintes informações: justificativas do projeto, produto do projeto, itens a entregar, dados quantificados e metodologia a empregar. A **gestão do escopo** consiste em assegurar que o projeto inclui todo o trabalho necessário, e apenas o necessário, para ser concluído com sucesso.

O escopo desdobra-se em duas grandes partes: aquela referente ao produto e a que diz respeito ao projeto ou, em outras palavras, descrição do produto do projeto e a dos processos e meios de como obtê-lo. Assim, tem-se:

- **escopo do produto**, em que se definem e se delimitam as funções e as características do produto ou do serviço a ser gerado pelo projeto.
- **escopo do projeto**, que define e quantifica o trabalho a ser feito a fim de gerar o produto ou serviço tal como estabelecido no seu escopo.

O tratamento do escopo do produto varia de acordo com as áreas de aplicação, as tecnologias, recursos e atividades empregados para projetar, desenvolver e materializar cada tipo de produto: o modo de estabelecer o escopo de uma obra civil difere daquele de um software, de um processo administrativo e de um processo operacional.

Por outro lado, o escopo do projeto, à medida que as técnicas e processos gerenciais têm evoluído, pode ser conduzido em todas as suas fases de maneira uniforme, segundo processos bem estabelecidos. As duas facetas do escopo são objeto deste Capítulo, que tem como Apêndice a elaboração da "estrutura de decomposição do trabalho — EDT", que expressa estas duas vertentes do escopo.

---

1. A ISO 10006 trata apenas do escopo do produto enquanto o PMBOK, embora reconheça os dois, dá desenvolvimento apenas ao escopo do projeto. Este Capítulo aborda igualmente os dois tipos de escopo.

O escopo do produto é medido, avaliado e recebido conforme seus requisitos enquanto o escopo do projeto, para estes fins, é referido ao plano do projeto.

A gestão do escopo compreende os processos mostrados no Conteúdo que se segue, nos itens de 7.1 a 7.5.

Conteúdo

7.1 — Iniciação

7.2 — Planejamento do escopo

7.3 — Definição do escopo

7.4 — Verificação do escopo

7.5 — Controle de mudanças do escopo

7.6 — Apêndice: Estrutura de decomposição do trabalho — EDT

Objetivos gerais

- Estudar a gestão do escopo
- Compreender cada um dos processos desta gestão
- Estudar a estrutura de decomposição do trabalho — EDT

7.1. Iniciação

A iniciação da gestão do escopo, que coincide com o começo do projeto, é o processo que compreende atividades que vão desde o reconhecimento de um estímulo que dá início ao projeto até a formalização deste pela organização responsável e com a concordância das partes interessadas. A iniciação do escopo é parte da fase de iniciação do projeto, quando os planos preliminares têm início.

O início do projeto é devido, como já foi visto, a uma *oportunidade* ou a uma *necessidade* ou, em outras palavras, a uma *oferta* ou a uma *demanda* (4.1.1). Os estímulos de iniciação de um projeto são, portanto, as forças que regem o mercado. Ante o reconhecimento de um ou mais destes estímulos, o produto do projeto precisa ser identificado e descrito, origem da gestão do escopo.

O processo de iniciação da gestão do escopo tem os elementos mostrados na Figura 7.1.

Componentes do processo	Elementos do processo	Referências
Entradas	Descrição do produto	7.1.1
	Plano estratégico	2.6.1; 5.2.2.8
	Critérios de seleção de projeto	7.1.2; 5.2.2.8
	Dados históricos	5.2.2.2
Recursos e atividades	Métodos de seleção de projetos	7.1.2; 5.2.2.8
	Opinião de especialistas	5.2.2.4
Saídas	Formalização do projeto	7.1.3
	Designação/nomeação do gerente de projeto	7.1.3
	Hipóteses e restrições	1.8.1.2

Figura 7.1 Processo de iniciação da gestão do escopo.

Os componentes e os elementos do processo são apresentados e estudados a seguir.

7.1.1. Entradas

A *descrição do produto* documenta as características do bem ou serviço que será criado pelo projeto. Ela deve conter também o relacionamento do projeto com os objetivos da organização ou com outros estímulos que deram origem ao projeto.

Usualmente a descrição inicial do produto é feita em termos das necessidades do cliente, expressas por requisitos operacionais, qualificados e/ou quantificados. São do tipo: o produto deve executar tal operação, tal tarefa, deve proporcionar tal resultado, deve ter tal desempenho etc. Com o progresso do projeto, ela vai sendo refinada e melhor ajustada às necessidades do cliente e às condições de sua satisfação (rever 4.2.3.3, fases A e B).

Para elaborar a descrição do produto, deve-se estabelecer:

- cada necessidade operacional que o produto deve satisfazer;
- as características que ele deve possuir para satisfazer cada necessidade;
- quanto o cliente (real ou presumido) se propõe a pagar pelo produto; e
- em que prazos o produto deverá estar disponível e por quanto tempo.

A organização deve possuir critérios que orientam e governam a seleção de projetos. Em princípio, o *plano estratégico* é o principal documento orientador da seleção do projeto. Os projetos devem:

- visar diretamente a objetivos do plano estratégico; ou
- concorrer para o atingimento desses objetivos, por intermédio de objetivos gerenciais, administrativos ou operacionais.

A organização pode dispor de instrumento complementar e derivado do plano estratégico em que estabelece *critérios de seleção de projeto*. Em princípio, entre projetos concorrentes, deve ser dada prioridade àqueles que acrescentam maiores valores à organização, segundo os objetivos estratégicos, e os conseqüentes objetivos administrativos ou operacionais. Os *dados históricos,* tal como em muitas outras gestões, são considerados como entradas neste processo.

7.1.2. Recursos e Atividades

Os *métodos de seleção de projeto* são orientadores da tomada de decisão quando existem diversos projetos ou variações de um projeto, e envolvem instrumentos como os de abordagem comparativa, critérios e métodos de pontuação ou ponderação (valores ou pesos dados a atributos, como estudado no gerenciamento estratégico), modelos econômicos, modelos matemáticos, árvores de decisão (vistos em 1.8.2) etc.

7.1.3. Saídas

A *formalização do projeto* é o meio pelo qual a organização reconhece a existência do projeto, ainda que em seus passos iniciais e a depender, em muitos casos, de decisões posteriores que autorizem maior comprometimento das partes interessadas. A formalização pode ser expressa em um documento singular apropriado, uma decisão contida em uma proposta, um item consignado em publicação interna ou simplesmente incluindo o projeto em um plano ou programa apropriado.

Normalmente, junto com a formalização do projeto, ocorre a nomeação do gerente, que logo assume a responsabilidade pelo projeto.

7.2. Planejamento do Escopo

O processo de planejamento do escopo tem os elementos mostrados na Figura 7.2.

Componentes do processo	Elementos do processo	Referências
Entradas	Descrição do produto	7.1.2
	Formalização do projeto	7.1.3
	Hipóteses e restrições	1.8.1.2
Recursos e atividades	Análise do produto	7.2.2
	Análise de custos/benefícios	7.2.2
	Identificação de alternativas	7.2.2
	Análise de especialistas	5.2.2.4
Saídas	Declaração do escopo	7.2.3
	Documentação complementar	5.2.2.5
	Plano da gestão do escopo	7.2.3

Figura 7.2   Processo de planejamento do escopo.

7.2.1. Entradas

As entradas do processo, como se vê nas duas tabelas precedentes, provêm do processo de iniciação.

7.2.2. Recursos e Atividades

A *análise do produto* visa obter completa compreensão do produto a partir dos estímulos que deram origem ao projeto e da descrição do produto. Várias técnicas podem ser empregadas dentre as quais citam-se a "Engenharia de sistema" (ver 4.2.3, especialmente 4.2.3.3) e o "Desdobramento da Função Qualidade — DFQ" (ver 11.1.2 onde indica-se bibliografia).

A *análise de custos/benefícios*, que varia conforme o objetivo do projeto, faz uso das técnicas adequadas a cada caso, havendo aquelas baseadas em medidas ou índices financeiros (retorno sobre o investimento, por exemplo), e as que se apóiam em análise da relação custo/efetividade para processos administrativos ou processos operacionais etc.

A *identificação de alternativas* é uma técnica presente em todos os elementos dos processos que a comportam. Ela busca outras soluções ou outras abordagens para as mesmas soluções, com vistas a alargar o campo de opções e dar origem a escolha da melhor ou mais conveniente em cada caso. Com relação à conveniência de considerar a *opinião de especialistas* reporta-se aos mesmos comentários anteriores.

7.2.3. Saídas

A **declaração do escopo** é um resumo documentado das partes capitais do projeto e de suas esperadas conseqüências, de forma a permitir uma compreensão do que se pretende fazer e com que finalidade. Ela deve conter as bases para futura decisão, especialmente a *aprovação formal do projeto*, após a compreensão e avaliação geral das partes interessadas. A declaração do escopo deve incluir:

- *Justificativa do projeto* — indicando as razões pelas quais o projeto foi iniciado. Estas justificativas, identificando necessidades e/ou oportunidades, devem servir de base para futuras negociações em razão das mudanças porventura necessárias.

- *Descrição do produto* — uma exposição sumária das principais características do produto de forma a se ter uma clara compreensão do que será fornecido ao cliente.

- *Principais itens do produto* — uma relação das partes componentes do produto a serem entregues e itens complementares que devem ser fornecidos pelo projeto, indicando assim, seu encerramento. São relatórios, manuais de manutenção, instruções de operação, modelos e formulários, acessórios etc. Aquilo que não estiver explicitamente declarado na relação está implicitamente excluído do produto.

- **Dados quantificados** — a quantificação de características do projeto que devem ser atingidas para que o projeto tenha sucesso, devidamente acompanhadas dos respectivos padrões de medida: custos, prazos e medidas de desempenho e qualidade do produto e de seus itens acessórios. Aqui devem ser evitadas informações qualitativas como "baixo custo", "eficiente desempenho" etc.
- **Metodologia a empregar** — as tecnologias, a abordagem, os insumos internos e externos, a descrição das interfaces ou limites entre o projeto e seu ambiente.

A declaração do escopo é também conhecida como *plano preliminar do projeto*, ou *planejamento preliminar do projeto*, ou ainda, *proposta de projeto*. O escopo do projeto é um dos produtos da fase de iniciação do projeto (4.1.7) ou das fases de *design* de um sistema (4.2.3.3).

Documentação complementar contém outras informações não contidas na declaração do escopo e que devem ser documentadas para permitir o completo entendimento do trabalho realizado e seus resultados. As restrições impostas e reconhecidas e as hipóteses assumidas têm registro neste tipo de documento.

O *plano da gestão do escopo* é o documento que estabelece como o escopo será controlado e como as mudanças serão administradas, verificadas e controladas. O Plano estabelece como as mudanças do escopo serão integradas com os outros tipos de controle, como o dos custos, de prazos, de qualidade, ambiental etc.

7.3. Definição do Escopo

A **definição do escopo** consiste no detalhamento do projeto (dividindo o *produto* em suas partes constitutivas e as *gestões* em suas atividades elementares) e tem por finalidade tornar os processos administráveis, em particular, promovendo:

- melhoramento das estimativas de custos, de prazos e de recursos necessários;
- estabelecimento de linhas de base como referência de medições e controle (6.5.2.2); e
- fixação e distribuição de responsabilidades dos executantes e envolvidos.

O resultado desta decomposição é conhecido como **estrutura de decomposição do trabalho — EDT**, como se fosse um "organograma do projeto" ou, em outra forma, uma tabela, contendo as mesmas informações da forma anterior. As partes constitutivas da EDT são realizadas por processos, chamados correntemente de "atividades", "pacotes de trabalho", "blocos de trabalho" ou simplesmente "blocos da EDT". O Apêndice deste Capítulo é dedicado à elaboração desta estrutura.

O processo de definição do escopo tem os elementos mostrados na Figura 7.3.

Entradas	Declaração do escopo	7.2.3
	Hipóteses e restrições	1.8.1.2
	Outras saídas do planejamento do escopo	7.2.3
	Dados históricos	5.2.2.2
Recursos e atividades	Modelos de Estrutura de decomposição do trabalho — EDT	5.2.2.6; 7.3.2
	Técnicas de decomposição e de elaboração da declaração de trabalho.	5.2.2.8; 7.6
Saídas	Estrutura de decomposição do trabalho	7.3.3; 7.6
	Declarações de trabalho	7.6.8

Figura 7.3 Processo de definição do escopo.

7.3.1. Entradas

As saídas do processo de planejamento do escopo são utilizadas como entradas para a definição do escopo, às quais devem ser acrescentados *dados históricos*, especialmente os referentes a projetos similares e a experiências anteriores da organização e da equipe.

7.3.2. Recursos e Atividades

Para decompor o produto e as gestões, as organizações costumam dispor de *modelos de EDT*, orientadores destas atividades, espécies de gabarito que podem servir de indicação para subdividir os produtos de mesma natureza. É o que se faz em indústrias como a automotiva, a de aeronaves, a de *software*, a de refrigeradores e inúmeras outras, em um aprendizado enriquecido pela experiência acumulada no próprio desenvolvimento de sucessivas EDTs de seus produtos.

As EDTs são complementadas pela declaração do trabalho, que contém informações detalhadas sobre cada componente ou bloco da EDT: o produto, o responsável, as entradas, recursos e atividades, saídas, prazos, requisitos para aferição da qualidade etc.

As organizações necessitam aplicar *técnicas de decomposição* e de *elaboração da declaração de trabalho* para assegurar suficiente grau de detalhamento para todas as atividades do projeto, nas fases em que se trabalhará, da concepção ao encerramento. As mais relevantes técnicas relacionadas a estes dois assuntos são estudadas no Apêndice deste Capítulo — "Estrutura de decomposição do trabalho — EDT".

7.3.3. Saídas

A definição do escopo, objeto deste processo é expressa pela *estrutura de decomposição do trabalho — EDT* complementada pelas *declarações de trabalho*, que vêm a ser a

7.3.3. Saídas

A definição do escopo, objeto deste processo é expressa pela *estrutura de decomposição do trabalho* — EDT complementada pelas *declarações de trabalho*, que vêm a ser a parte descritiva de cada um dos "blocos" constitutivos da EDT. Os detalhes sobre estas partes do processo acham-se no Apêndice, como já mencionado.

7.4. Verificação do Escopo

O processo de verificação do escopo tem os elementos mostrados na Figura 7.4.

Componentes do processo	Elementos do processo	Referências
Entradas	Resultados do trabalho	5.2.2.11; 7.4.1
	Documentação do produto	7.4.1
Recursos e atividades	Inspeção	7.4.2
Saídas	Aceitação formal	7.4.3

Figura 7.4 Processo de verificação do escopo.

A **verificação do escopo** consiste na formal aceitação dos itens do escopo do projeto pelos interessados, como os clientes, os patrocinadores, os usuários etc. Esta verificação do escopo refere-se ao reconhecimento da correção dos resultados dos trabalhos, tal como previstos no escopo. Estas aceitações são feitas com base nos requisitos estabelecidos na definição do escopo, conforme estabelecido nos planos das diversas gestões, mas não se referem à qualidade do produto, objeto de outra gestão, que é a da qualidade. A verificação do escopo ocorre durante a fase de execução do projeto, e é exercida sobre o resultado de uma atividade, seja ele um relatório, uma peça estrutural, o resultado de um processamento, um conjunto de dados ou informações e sobre um sistema constituinte do produto etc. A verificação ocorre à medida que cada atividade vai sendo concluída e seu resultado entregue ao cliente, interno ou externo ao projeto. A verificação, portanto, conclui a seqüência natural, em que, após a execução de uma atividade, segue-se a obtenção de um resultado, sua inspeção, para verificar as condições exibidas, sua comparação com as exigências requeridas e a decisão de aceitar o resultado ou não.

7.4.1. Entradas

Os *resultados do trabalho* são provenientes da execução do plano do projeto (6.1.3) e que se constituem em itens tais como materiais, peças, informações, processos operacionais ou administrativos, os conjuntos e, finalmente, o produto integrado, seja um bem ou serviço. A *documentação do produto* é toda sorte de registros como normas, especificações, desenhos, documentos de configuração etc.

7.4.2. Recursos e Atividades

Inspeção é um nome genérico que inclui "atividades tais como medição, exame, ensaio, verificação com calibres ou padrões, de uma ou mais características de uma entidade, e a comparação dos resultados com requisitos especificados, a fim de determinar se a conformidade para cada uma destas características é obtida"[2]. Elas incluem ainda revisões, auditorias, e os ensaios podem abranger extensas aplicações do produto ou de protótipos, inclusive por usuários selecionados, como nos casos das fases beta de *softwares*. Para executar as atividades compreendidas na inspeção, será necessário dispor dos recursos adequados, inclusive alvos de certificações e homologações, no caso de instrumentos de medições, de padrões, de materiais de referência etc., o que varia extensamente com a área do produto em consideração. O resultado das inspeções são as medidas de desempenho (5.2.2.1), obtidas por técnicas e recursos apropriados, podendo ser obtidas em quaisquer parâmetros mensuráveis do projeto, como desempenho físico e funcional do produto, custos de bens e de serviços, prazos de atividades etc.

As medidas de desempenho são registradas em *relatórios de desempenho* (5.2.2.9), e, por meio delas, levantam-se os afastamentos em relação ao esperado e planejado, o que pode exigir medidas corretivas e preventivas.

7.4.3. Saída

A saída deste processo é a *aceitação formal do produto*, seja em fase intermediária seja em fase final. A **aceitação**, baseada nos requisitos e especificações, é feita pelo cliente (interno ou externo) ou pelo patrocinador do projeto e pode envolver retroalimentações, retoques ou retrabalhos.

7.5. Controle de mudanças do escopo

O processo de controle de mudanças do escopo tem os elementos mostrados na Figura 7.5.

---

2. ASSOCIAÇÃO BRASILEIRA DE NORMAS TÉCNICAS — ABNT. *ABNT-ISO-IEC Guia 2 — Termos gerais e suas definições relativas à normalização e atividades correlatas*, 1993. Item 13.3.1, p 7.

Componentes do processo	Elementos do processo	Referências
Entradas	Estrutura de decomposição do trabalho — EDT	7.6
	Relatórios de desempenho	5.2.2.9
	Pedidos de mudanças	6.5.3.2
	Plano da gestão do escopo	7.2.3
Recursos e atividades	Sistema de controle de mudanças do escopo	7.5.2
	Medidas de desempenho	7.4.2; 7.5.2
	Planejamentos adicionais ou replanejamento	5.2.2.10; 7.4.2
Saídas	Mudanças do escopo	7.5.3
	Ações corretivas e preventivas	5.2.2.7
	Lições aprendidas	3.2.2

Figura 7.5 Processo de controle de mudanças do escopo.

7.5.1. Entradas

As entradas provêm de processos anteriores e não necessitam maiores considerações exceto a de que são o ponto de partida para o processo de controle de mudanças do escopo.

7.5.2. Recursos e Atividades

O *sistema de controle de mudanças do escopo* é um recurso que define os procedimentos pelos quais o escopo pode ser alterado, estabelecendo as autoridades que aprovam as mudanças, organização de Comissões, tipos, origens e fluxo da documentação, o rastreamento das mudanças e a integração deste sistema com o sistema geral de controle de mudanças (6.3).

Todos os parâmetros do projeto (tempo, custos, requisitos de qualidade e de desempenho, em geral) devem estar sob controle para detectar afastamentos em relação ao previsto para cada um deles. Isto é feito por meio de *medidas de desempenho* adequadas para cada caso particular e as causas dos afastamentos ou discrepâncias devem ser removidas e, se for o caso, aplicar medidas corretivas sobre o resultado.

Alguns dos afastamentos observados podem necessitar de *planejamentos adicionais* ou *replanejamento*, para ajustar a realidade com o esperado. Isto pode significar remanejamento ou mudanças do pessoal, de prazos, custos, de materiais, de processos e pode refletir na EDT.

7.5.3. Saídas

As *mudanças do escopo* e os respectivos reflexos e conseqüências devem ser claramente documentados, os documentos alterados são aprovados e deles deve ser dado conhecimento às partes interessadas. Mudanças no escopo que afetem o cliente ou o patrocinador ou contratante do projeto devem ser por estes aprovados, mediante negociação do gerente do projeto e demais partes interessadas. Sempre que for o caso, devem ser tomadas as necessárias *ações preventivas* e/ou *corretivas*, mantendo sempre os resultados conforme o planejado.

Como em todas as gestões, as *lições aprendidas* devem ser reconhecidas, identificadas e organizadas para utilização posterior.

7.6. Apêndice — Estrutura de Decomposição do Trabalho — EDT

A **estrutura de decomposição do trabalho** — EDT, como já referido, também denominada "estrutura analítica do projeto — EAP", consiste em uma forma de apresentação do projeto que o explicita em suas partes físicas, em *softwares*, serviços e outros tipos de trabalho, a qual organiza, define e graficamente mostra tanto o produto a ser feito como o trabalho a ser realizado para obtê-lo. Ela consiste em uma decomposição do *produto* e dos *processos* necessários para obtê-lo bem como das *tarefas gerenciais* conseqüentes.

A EDT é apresentada simultaneamente segundo duas formas:

◆ como um organograma, também conhecido como *"árvore de decomposição do projeto"* ou *"árvore de decomposição do trabalho"*; ou

◆ como uma *relação* ou *tabela*.

Como "árvore de decomposição do projeto", a EDT consiste em mostrar cada parte da decomposição, em detalhamentos sucessivos, representada por um retângulo ou "bloco" com a aparência de uma árvore invertida, com os galhos voltados para baixo, como se vê na Figura 7.6.

Sob a forma de tabela, a EDT relaciona os diversos níveis de decomposição de cada parte do projeto, como se vê na relação da Figura 7.7. (Compare-a com a Figura 7.6).

Observe-se que a EDT é composta de dois módulos, um deles dedicado ao produto, comumente denominado de estrutura de decomposição do produto — EDP, enquanto o outro trata dos processos gerenciais. Cada um destes aspectos será tratado com detalhes, na seqüência deste livro.

7.6.1. Estrutura de Decomposição do Produto — EDP

A **estrutura de decomposição do produto** — EDP, também denominada estrutura analítica do produto, representa o produto dividido em suas partes lógicas, inter-relacionadas hierarquicamente, com os itens ou componentes mais elementares na parte inferior desta estrutura, sendo sucessivamente integrados até se chegar ao produto final.

O produto deve ser decomposto sucessivamente, a partir do nível mais integrado até se atingir um nível de decomposição adequado para a finalidade do planejamento. Já se viu que, para o planejamento preliminar, a decomposição até o segundo ou terceiro nível é suficiente.

Entretanto, para o planejamento detalhado e conseqüente execução e controle, é preciso atingir o ponto em que se pode determinar itens ou unidades (materiais ou não, como informações, procedimentos administrativos, serviços etc.) que sejam administráveis, isto é: que se identifique um responsável e que esta unidade possa ser planejada, orçada, que tenha seu custo avaliado e que possa ser controlada.

7.6.2. Gestões

À medida que os trabalhos de determinação da estrutura de decomposição do produto são desenvolvidos, as gestões específicas vão sendo agregadas (Figuras 7.6 e 7.7) e posteriormente desmembradas em suas componentes menores: serviços técnicos (consultorias, dimensionamentos, ensaios, montagens e integrações, p. ex.), serviços administrativos (contratos, compras), controles (físicos, financeiros, cronológicos).

7.6.3. Sistema de Identificação

Pela importância que a EDT tem no planejamento e organização do projeto, ela é tomada como a base de um cuidadoso sistema de identificação para todo o projeto e que tem como ponto de partida a numeração dos blocos da EDT. Este sistema é a chave que permite a informação cruzada de todas as atividades, todas as linhas de comunicação, todos os documentos e dados do projeto, como cronogramas, orçamentos, documentação, interfaces, configurações, contratos, controle etc. No caso de um produto, normalmente emprega-se um sistema decimal, numerando-se os diversos níveis seguidamente, em conjuntos de dois dígitos, correspondendo cada grupo a um nível, conforme mostrado na decomposição do produto nas Figuras 7.6 e 7.7.

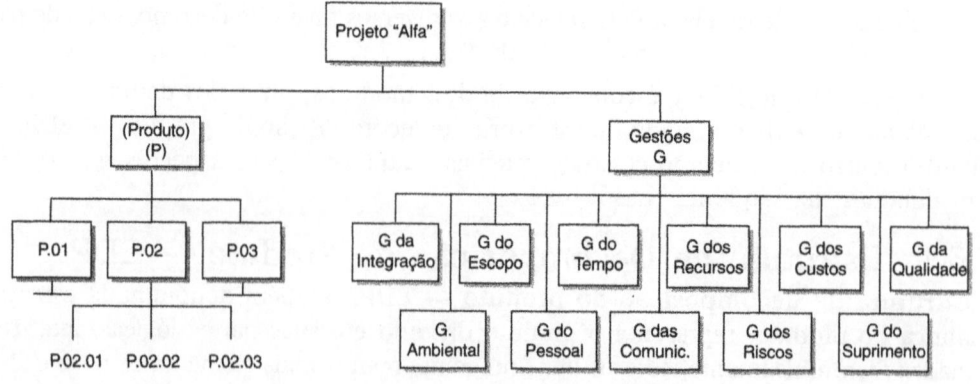

Figura 7.6 A EDT de um projeto na forma de "árvore de decomposição".

Estrutura de decomposição do trabalho (*)	(**)
Projeto "Alfa"	
Produto P	
Sistema P.01	
....	
Sistema P.02	
Subsistema P.02.01	
Subsistema P.02.02	
Subsistema P.02.03	
Sistema P.03	
....	
Gestões G	
Integração	
Escopo	
Escopo do projeto	
Escopo do produto	
Tempo	
Recursos	
Custos	
Moeda nacional	
Em dólares	
Qualidade	
Ambiental	
Pessoal	
Comunicações	
Riscos	
Suprimento	
Contrato ABC	
Contrato XYZ	

(*) — Esta relação poderá ser desdobrada em maiores detalhes, de acordo com o alcance pretendido, como mostrado no escopo, nos custos e no suprimento.

(**) — Com a segunda coluna e seus desdobramentos formam-se diversas tabelas, como por exemplo: cronogramas, diagramas de barras, orçamentos, relações de pessoal, de material, matriz de responsáveis/tarefas etc.

Figura 7.7 A EDT de um projeto na forma de tabela ou relação.

Um sistema de identificação é de suma importância pois será por seu intermédio que todas as partes do projeto, do produto, documentos, arquivos, recursos, cronogramas, orçamentos etc. poderão ser identificados e terem referências cruzadas em todo o projeto.

7.6.4. Blocos Constitutivos da EDT

Os **blocos constitutivos** da estrutura de decomposição do trabalho são de três tipos:

- o *bloco inicial*, representando o projeto acabado com produto final, totalmente integrado e recebido;
- os *blocos intermediários*, formados pela integração dos blocos de níveis inferiores (tanto os do produto como os das gestões); e
- os *blocos elementares*, as menores parcelas da estrutura de decomposição do trabalho.

Na Figura 7.6, o bloco "Projeto Alfa" é o *bloco inicial* e P. P.01; P.02 e P.03 *são blocos intermediários* do produto P (também um bloco intermediário), enquanto na linha do P.02, os blocos P.02.01; P.02.02 e P.02.03 são blocos elementares, pois não há desmembramento deles. Nas gestões ocorrerá o mesmo (embora não mostrado na Figura).

Cada bloco elementar tem as seguintes características:

- tem um objetivo definido, com requisitos para seu recebimento ou aceitação;
- tem um prazo para ser cumprido, definido por datas de início e de término;
- tem apenas um responsável;
- é atribuído a apenas uma unidade organizacional; e
- tem seu orçamento próprio, sendo os menores centros de custo.

7.6.5. Estabelecimento de Requisitos

À medida que os componentes do produto vão sendo mentalmente desagregados, para cada bloco resultante da decomposição deverão ser estabelecidos os requisitos correspondentes a seus itens ou componentes. Os requisitos são consolidados em especificações técnicas e estas, por sua vez, organizadas em uma *árvore de especificações* que as relaciona de forma idêntica à estrutura de decomposição do produto. Um item poderá ter suas especificações desdobradas em vários tipos, incluindo sua norma de produto, especificação de desempenho operacional, especificações técnicas do produto, de processos de fabricação, de materiais etc.

Ao se estabelecerem os requisitos de um produto ou sistema é necessário observar alguns pontos:

- Cada nível deve originar requisitos de suas *necessidades* e *não soluções* a serem supridas pelos níveis que lhe sucedem. Cada cliente (seja o cliente final ou um cliente interno, do projeto) deverá definir suas necessidades em termos funcionais ou operacionais, deixando a solução ser dada pelo fornecedor do produto ou serviço.

- ♦ Nenhum requisito deve ser atribuído a qualquer item sem que tenha sido exigido por requisito de nível superior, ou deste decorrente. Apesar de evidente, esta recomendação costuma ser negligenciada, surgindo requisitos autônomos, independentes e, portanto, supérfluos.

Todos os requisitos, em quaisquer níveis, devem ser rastreáveis até o requisito de mais alto nível e que é o do produto ou do sistema. Para tanto, os requisitos e especificações de um determinado nível de decomposição devem estar referidos aos requisitos ou especificações do nível superior.

7.6.6. Definição de Processos e Técnicas

Ao se decompor mentalmente um determinado item da estrutura de decomposição do produto, devem ser determinados os processos, as técnicas e os materiais a serem empregados. Há duas linhas extremas e várias posições intermediárias: buscar aqueles *necessários* para atingir o objetivo desejado (caso de projetos ambiciosos e agressivos) ou limitar-se àqueles *disponíveis*, ajustando os objetivos à situação existente (projetos conservadores, geralmente de menor custo).

7.6.7. Identificação dos Executantes e de um Responsável pela Tarefa

Trata-se de identificar qual órgão dispõe ou deverá desenvolver os processos, as técnicas e os materiais: entidade externa, órgão da própria organização para execução e gerente funcional, membro da equipe etc. para gerenciar a tarefa. O ambiente deve ser esquadrinhado para se identificar processos, técnicas e materiais disponíveis que satisfaçam às necessidades do bloco.

Neste ponto é interessante organizar a **matriz de responsáveis/tarefas** (Figura 7.10), assim denominada por relacionar nas colunas os responsáveis pelas tarefas identificadas nas linhas (ou vice-versa).

7.6.8. Declaração de Trabalho

Originalmente a **declaração de trabalho** é a parte de um contrato que descreve o produto, estabelece e define todos os requisitos não contidos em especificações e exigidos para os trabalhos de contratados, seja diretamente, seja por meio do uso de documentos específicos citados. A organização interessada na contratação elabora e remete uma declaração de trabalho aos potenciais contratados e estes, junto com as respectivas propostas, incluem suas versões da declaração de trabalho, com detalhes e outras informações julgadas pertinentes.

Por extensão, este também é o nome do documento descritivo de tarefas constitutivas de um projeto, isto é, dos blocos da estrutura de decomposição do trabalho $(7.6.1)^3$.

A **declaração de trabalho** descreve, em detalhes, cada bloco da EDT como um processo, identificando e qualificando as entradas, os recursos e atividades, e os resultados. A Figura 7.8 ilustra sinteticamente a declaração de trabalho do bloco P.02 da Figura 7.6.

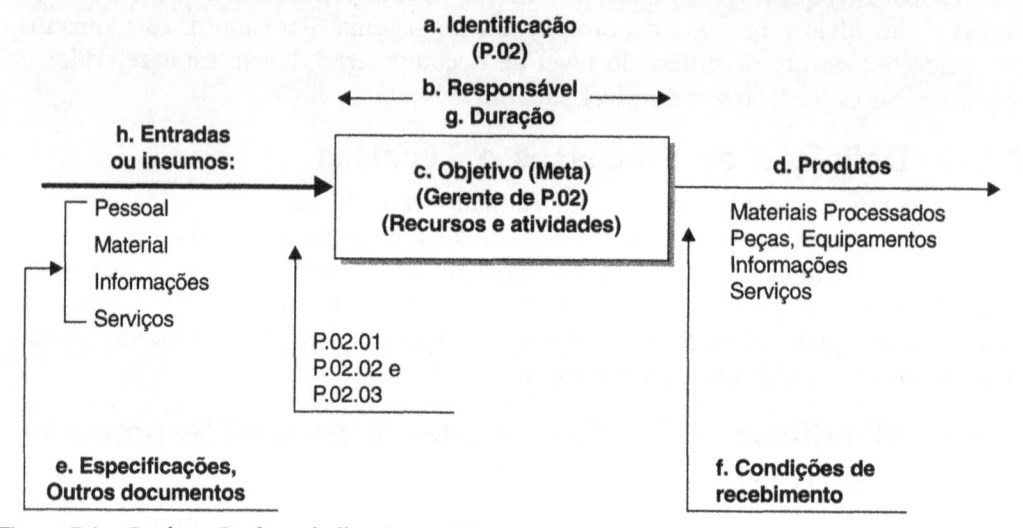

Figura 7.8 Declaração de trabalho de um bloco.

Assim, a declaração de trabalho de um bloco, seja referente a item do produto ou a atividade de uma gestão, deverá ter as informações mostradas na lista abaixo. Esta relação é um exemplo de declaração de trabalho e não implica em seqüência do trabalho pois ele é muito interativo e permeado por elementos obtidos em outras gestões específicas, mostradas entre parênteses, quando for o caso.

- a identificação: título da parte e seu número etc.;
- o responsável: um órgão e/ou um gerente funcional ou um membro da equipe;
- uma descrição do objetivo do bloco;
- as partes em que se deve decompor o bloco considerado: determinar os blocos do nível imediatamente abaixo;
- os requisitos destes blocos imediatamente inferiores;

---

3. Se o produto deve ser suprido pelo próprio projeto (e não por um fornecedor), a declaração do trabalho pode ser chamada de "descrição do produto".

- as atividades necessárias para se obter o objetivo do bloco, a partir de suas partes;
- os executantes ou quem dispõe ou deverá desenvolver processo, técnica, material (gestão dos recursos);
- os resultados ou itens a produzir/entregar: material, *software*, informações, documentos, serviços etc.;
- as especificações e outros documentos aplicáveis (gestão da qualidade);
- as condições de recebimento e medidas de desempenho (gestão da qualidade);
- as durações das atividades, para elaboração do cronograma (gestão do tempo);
- os recursos necessários ou a receber de outros blocos e da organização: pessoal, material, informações, serviços etc., os quais serão transformados em custos (gestões do pessoal, dos recursos e dos custos e do suprimento);
- as interfaces deste bloco com outras partes do projeto, da organização, do exterior (gestão da integração); e
- os elementos do ambiente que podem interferir com a tarefa, avaliá-los e determinar riscos (gestão dos riscos).

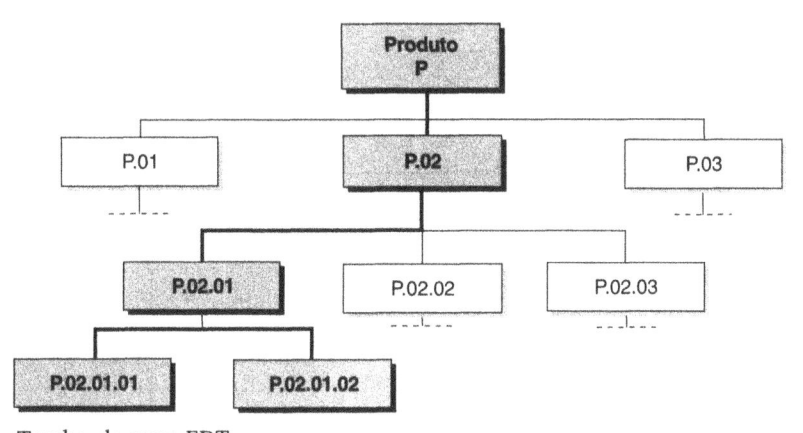

Figura 7.9 Trecho de uma EDT.

A declaração de trabalho é feita de forma iterativa e envolve idas e vindas entre várias gestões, como será mencionado em cada caso. Assim, por exemplo, as atividades que compõem o trabalho a executar no bloco devem ser claramente explicitadas pois delas derivam considerações fundamentais sobre suas durações, o que terá reflexos importantes na gestão do tempo e na dos custos.

Como foi visto no Item 3.2.5, o sistema de *custo baseado em atividades* exige a perfeita identificação dos insumos necessários e dos prazos previstos para utilização. Além disso, os insumos aqui determinados serão básicos para que sejam obtidos, seja na própria organização, recrutando pessoal e recebendo material dos departamentos, seja de fornecedores externos, por meio da gestão do suprimento. Ao interagir com as gestões, estas declarações de trabalho, bem como outras partes da EDT, podem ser modificadas e atualizadas. Na verdade, a EDT, assim como quase tudo no projeto, pode ser modificada em qualquer ocasião, desde que justificadamente.

Um dos importantes documentos que resulta das declarações do trabalho é a matriz de responsáveis/tarefas ou matriz linear de responsabilidades. Toma-se um trecho da EDP de um produto P, como mostrado na Figura 7.9 e as diferentes tarefas do pessoal envolvido nos blocos de fundo cinza, referentes à parte P.02 e suas componentes podem ser sintetizadas na matriz mostrada na Figura 7.10.

Responsáveis («) / Tarefas (»)	A	B	C	D	E	F	...	...
P	G							
- Especificação	A							
- Integração					E	E		
- Ensaio					N	E		
P.01		G						
- Pedido de serviços				N				
- Integração					E			
- Tarefa X					N	E		
- Tarefa Y					N			E
P.01.01			G			E		
- Etc.								
- Etc.								E
P.01.02								
- Etc.								
- Etc.								

Legenda: G - Gerencia   E - Executa
           A - Aprova   N - É notificado/cópia

Figura 7.10 Matriz de responsáveis/tarefas.

8

Gestão do Tempo

Introdução

O tempo é um item cuja disponibilidade deve ser rigidamente administrada no projeto. Todo projeto é um combate que precisa ser vencido em várias frentes, como a do desempenho do produto, a dos custos e a dos prazos. Muitas vezes o projeto deve apresentar seu resultado antes de outros, como se fosse preciso chegar em primeiro lugar, em uma competição de vida ou morte. Quem conhece os segundos lugares dos concursos do Prêmio Nobel? Que é feito dos pedidos de patente que entram depois do registro de um similar? Como deve entrar no mercado um segundo produto, depois da disseminação do que chegou antes?

Como qualquer mercadoria que pode ser trocada por outra, o tempo futuro pode ser intercambiado com importantes variáveis do projeto. Com maior dispêndio de tempo pode-se obter melhor desempenho ou maior qualidade do produto e custos podem ser reduzidos com emprego de processos mais rápidos etc. Por outro lado, atrasos previstos podem ser recuperados com maior gasto de recursos (mão-de-obra extra, métodos mais eficientes e, provavelmente, mais caros). Mas o tempo passado nunca mais poderá voltar. Jamais será recuperado!

A gestão do tempo depende de muito sincronismo das atividades dos vários agentes do projeto. No âmbito do projeto, há uma crítica seqüência de interações em que fornecedores internos precisam abastecer clientes internos de produtos, serviços, informações etc. Assim, torna-se necessário observar um perfeito ajustamento de todos os processos produtivos desde entregas de insumos, duração das atividades e dos procedimentos de transformação, transportes diversos etc.

*Se toda a **gestão do tempo** puder ser resumida em poucas palavras, pode-se dizer que ela consiste no cuidadoso preparo de um cronograma e no seu criterioso* controle, para que o projeto seja concluído no tempo previsto. É o que este Capítulo objetiva mostrar.

A gestão do tempo compreende os processos mostrados no Conteúdo que se segue, nos itens de 8.1 a 8.5.

Conteúdo

8.1 — Definição das atividades

8.2 — Seqüenciamento das atividades

8.3 — Estimativa das durações das atividades

8.4 — Desenvolvimento do cronograma

8.5 — Controle do cronograma

8.6 — Bibliografia

Objetivos gerais

- Entender a gestão do tempo
- Compreender cada um dos processos desta gestão
- Indicar bibliografia para leitura suplementar

8.1. Definição das Atividades

O processo de definição das atividades tem os elementos mostrados na Figura 8.1.

Componentes do processo	Elementos do processo	Referências
Entradas	Estrutura de decomposição do trabalho — EDT	7.6
	Declaração do escopo	7.2.3
	Dados históricos	5.2.2.2
	Hipóteses e restrições	1.8.1.2; 8.1.1
Recursos e atividades	Decomposição	7.6; 8.1.2
	Modelos	5.2.2.8; 7.6
Saídas	Lista de atividades	8.1.3
	Documentação complementar	8.1.3; 5.2.2.5
	Atualização da EDT	7.6; 8.1.3

Figura 8.1 Processo de definição de atividades.

8.1.1. Entradas

A mais importante fonte para a definição das atividades é a *estrutura de decomposição do trabalho — EDT* complementada pelas declarações de trabalho de seus blocos (Seção

7.6.8). A *declaração do escopo* e os *dados históricos* da organização, de seu ambiente e de projetos semelhantes são importantes entradas a considerar. As *hipóteses* e as *restrições* ou fatores condicionantes que afetam prazos, tais como janelas sazonais (safras e climas), ciclos econômicos etc., como anteriormente feito, serão registradas para acompanhamento e ajustagens durante a execução do projeto. Servem como dados orientadores e de apoio à definição das atividades.

Deve-se ter em mente que o escopo do produto trata de itens tangíveis enquanto a EDT descreve os itens a serem produzidos e a entregar e também os processos ou atividades que os realizam. O interesse para a gestão do tempo reside nas atividades que geram o produto e nas atividades gerenciais e não nos produtos propriamente ditos. São as atividades que demandam tempo para ser realizadas.

8.1.2. Recursos e Atividades

Deve-se proceder à *decomposição* das atividades até um detalhamento suficiente para poder seqüenciá-las, isto é, para que, no processo seguinte, sejam dispostas em uma seqüência que considere a precedência de umas em relação a outras. É como separar, em uma construção de um edifício, a atividade de construção das fundações daquela que se segue, a estrutura da obra.

Algumas organizações têm *modelos* ou gabaritos para os produtos correntes de sua linha. Estes modelos são resultados de experiências anteriores e muito facilitam o processo.

8.1.3. Saídas

O principal produto deste processo é uma *lista de atividades* que deve estar em perfeita consonância com a EDT, com as declarações de trabalho e com o escopo. Não deve faltar nada que esteja compreendido nestes documentos nem se deve criar o que neles não está previsto. Outra saída é a *documentação complementar*, principalmente as hipóteses e restrições devidamente documentadas. Ao se rever as atividades constantes da EDT e das declarações de trabalho, especialmente quanto às durações, poderá ser necessário alterá-las, com criação/supressão de algumas atividades ou desdobramentos/fusões de outras. Disto pode resultar uma *atualização da EDT* e também das *declarações de trabalho*.

8.2. Seqüenciamento das Atividades

Este processo tem em vista dispor as atividades de forma que as precedências sejam observadas. Há atividades que podem ser realizadas independentemente de outras, mas há aquelas que precisam ter uma relação de dependência temporal. A principal saída deste processo de seqüenciamento de atividades é o *diagrama de rede do projeto*, forma gráfica de mostrar as ligações lógicas e a interdependência das atividades do projeto.

O processo de seqüenciamento das atividades tem os elementos mostrados na Figura 8.2.

Componentes do processo	Elementos do processo	Referências
Entradas	Lista de atividades	8.1.3
	Descrição do produto	7.1.2
	Dependências: obrigatórias, discricionárias e externas.	8.2.1
	Hipóteses e restrições	1.8.1.2; 8.2.1
Recursos e atividades	Métodos de figuração de precedência	8.2.2
	Modelos de redes	8.2.2
Saídas	Diagrama de rede do projeto	8.2.3
	Atualização da lista de atividades	8.2.3

Figura 8.2 Processo de seqüenciamento das atividades.

8.2.1. Entradas

A *lista de atividades* provém do processo anterior e a *descrição do produto* foi elaborada na gestão do escopo. O primeiro passo para se chegar ao diagrama de rede do projeto é relacionar as dependências entre as atividades. As dependências são limitações que relacionam início e fim de atividades.

As *hipóteses e restrições* referentes a durações, datas e demais elementos que podem influir nesta gestão do tempo devem ser identificados e registrados.

8.2.2. Recursos e Atividades

As atividades que dependem de outra(s) para iniciar ou terminar devem ser dispostas em forma gráfica que mostrem estes relacionamentos e, para isso, empregam-se alguns *métodos de figuração de precedência* os quais, sinteticamente descritos, tratam de fazer um mosaico lógico e bem estruturado das dependências levantadas anteriormente. Os principais métodos de figuração de precedência são estudados na bibliografia indicada na Seção 8.6 e são partes integrantes dos *softwares* de gerenciamento de projetos, que automatizam a elaboração de redes.

Muitas organizações dispõem de *modelos de redes*, como auxiliares para uso comum nas aplicações repetitivas. Eles podem servir para todo o projeto mas podem se destinar a aspectos parciais, na forma de "modelos de sub-redes", como em revisões, desenvolvimento de *softwares*, e módulos peculiares aos projetos da organização.

8.2.3. Saídas

A principal saída deste processo é o *diagrama de rede do projeto,* uma forma gráfica de mostrar as ligações lógicas e a interdependência das atividades do projeto.

Como resultado deste processo poderá ocorrer necessidade de *atualização da lista de atividades,* com possíveis extensões de atualização na EDT e nas declarações de trabalho, podendo refletir no levantamento dos recursos necessários.

8.3. Estimativa das Durações das Atividades

Este processo objetiva determinar os tempos necessários à execução das atividades já dispostas em suas precedências no diagrama de rede do projeto. O processo de estimativa das durações das atividades é muito iterativo com o processo precedente e com o de gestão dos recursos (Capítulo 9). O processo tem os elementos mostrados na Figura 8.3.

Componentes do processo	Elementos do processo	Referências
Entradas	Lista de atividades	8.1.3; 8.2.3
	Hipóteses e restrições	1.8.1.2
	Necessidades de recursos	7.6.8; 8.2.3
	Disponibilidades de recursos	8.3.1
	Dados históricos	5.2.2.2
Recursos e atividades	Análise Opinião de especialistas	5.2.4; 8.3.2
	Estimativas por analogia	8.3.2
	Simulação	8.3.2; Apêndice
Saídas	Estimativas de durações de atividades	8.3.3
	Bases das estimativas	8.3.3
	Atualizações das listas de atividades	8.2.3; 8.3.3

Figura 8.3 Processo de estimativa das durações das atividades.

8.3.1. Entradas

A *lista de atividades* provém do processo anterior e as *hipóteses* e *restrições* e os *dados históricos* são elementos auxiliares como já visto diversas vezes. As *necessidades de recursos* foram levantadas ao se determinar as declarações de trabalho e devem ter por base as atividades atualizadas, que são resultados do processo anterior, como aqui referido. As *disponibilidades de recursos* foram levantadas nas declarações de trabalho e, se for o caso, deve-se considerar as atualizações das listas de atividades.

O correto conhecimento da *disponibilidade de recursos* e da avaliação de sua eficácia são fatores de grande importância para a estimativa da duração das atividades. É tendência adotar-se nas organizações mais complexas um planejamento de recursos empresariais, referido em 3.2.1, como instrumento orientador da gestão dos recursos. A gerência de projetos nas organizações que adotam a administração por projetos deve ser feita em estreita ligação com a gerência de recursos (ver 3.2.1).

8.3.2. Recursos e Atividades

As *estimativas de duração das atividades* são expressas em unidades de tempo (comumente em dias ou semanas) e podem vir acompanhadas de indicativos de tolerâncias ou faixas de tempo mais prováveis, como, por exemplo, 10 dias ± 2 ou então em porcentagens, 20 dias ± 10%.

Entre os principais meios que permitem avaliar a duração das atividades estão a opinião de *especialistas*, as *estimativas por analogia* a outras atividades anteriormente executadas e métodos de *simulação*, segundo os quais é atribuída a cada atividade uma distribuição estatística de durações conforme várias hipóteses e, por processamento matemático, são determinadas as prováveis durações para todo o projeto.

8.3.3. Saídas

Como resultado deste processo, obtêm-se as *estimativas de durações de atividades*, acompanhadas das hipóteses e restrições e demais *bases das estimativas* encontradas. As estimativas geralmente são figuradas no diagrama de rede do projeto ou em gráficos de barra (como estudado na bibliografia indicada na Seção 8.6).

Como nos processos anteriores, este pode dar oportunidade de *atualizações das listas de atividades*, particularmente as declarações de trabalho, pois, neste processo, estas passaram por uma revisão e por possíveis detalhamentos das atividades, em especial as suas durações.

8.4. Desenvolvimento do Cronograma

Este processo tem por finalidade atribuir datas de início e de término das atividades ou, em outras palavras, articular três entidades: o diagrama de rede do projeto; durações das atividades e o calendário, obtendo o cronograma do projeto, cujos elementos são mostrados na Figura 8.4.

Componentes do processo	Elementos do processo	Referências
Entradas	Diagrama de rede do projeto	8.2.3
	Estimativas de durações de atividades	8.3.3
	Recursos necessários	7.6.8; 8.2.3; 8.3.1
	Disponibilidades de recursos	8.4.1
	Calendário	8.4.1
	Hipóteses e restrições	1.8.1.2
Recursos e atividades	Análise matemática, simulações etc.	8.4.2
	Software de gerenciamento de projeto	3.6; 8.4.2
Saídas	Cronograma do projeto	8.4.3
	Documentação complementar	8.4.3; 5.2.2.5
	Plano da gestão do cronograma	6.1.5; 8.4.3
	Atualizações das necessidades de recursos	8.4.3

Figura 8.4 Processo de desenvolvimento do cronograma.

8.4.1. Entradas

Com exceção do calendário, todas as entradas provêm de passos anteriores, às quais se agregam novas *hipóteses* e *restrições*, se houver. O *calendário* civil é a base para se determinar o cronograma do projeto e devem ser consideradas as condições de trabalho locais: feriados, trabalho noturno, legislações e regulamentos específicos, férias, proibições de uso de determinados equipamentos em certos horários etc. Ao mesmo tempo que o cronograma é afetado por estas restrições externas, ele impõe condições a todos os recursos: atividades ininterruptas exigem turnos de trabalho, por exemplo.

8.4.2. Recursos e Atividades

Os principais métodos de *análise matemática, simulações* etc. são geralmente aplicados por meio de *softwares* específicos. Exceto para pequenos projetos, é usual o emprego de *softwares de gerenciamento de projeto* (ver 3.6).

8.4.3. Saídas

Os principais resultados deste processo são o *cronograma do projeto*, geralmente apresentado de forma gráfica, como já referido, e o *plano da gestão do cronograma*, que estabelece os procedimentos de mudanças do cronograma e as autoridades competentes para proceder às mudanças. O cronograma do projeto (também chamado *cronograma-mestre*) poderá ser desdobrado em cronogramas parciais ou setoriais, como cronogramas de subprojetos, de recursos, de disponibilização de pessoal etc.

Como os demais planos das gestões, este é um elemento subsidiário para o plano do projeto (ver 6.1.3).

A documentação complementar e as eventuais atualizações das necessidades de recursos completam a saída deste processo.

8.5. Controle do Cronograma

O processo de controle do cronograma tem os elementos mostrados na Figura 8.5.

Componentes do processo	Elementos do processo	Referências
Entradas	Cronograma do projeto	8.4.3
	Relatórios de desempenho	5.2.2.9
	Pedidos de mudanças	6.5.3.2
	Plano da gestão do cronograma	8.4.3
Recursos e atividades	Sistema de controle de mudanças do cronograma	8.5.2; 6.3
	Medidas de desempenho	5.2.2.1; 8.5.2
	Replanejamento	8.5.2
	Softwares de gerenciamento de projeto	3.6; 8.5.2
Saídas	Atualizações do cronograma	8.4.3; 8.5.3
	Ações corretivas e preventivas	5.2.2.7
	Lições aprendidas	3.2.2

Figura 8.5 Processo de controle do cronograma.

8.5.1. Entradas

As entradas são provenientes de processos anteriormente descritos, segundo referências da Figura 8.5.

8.5.2. Recursos e Atividades

O *sistema de controle de mudanças do cronograma* aplica os procedimentos de mudanças estabelecidos no plano da gestão do cronograma. Este sistema inclui os documentos apropriados, define as pessoas autorizadas a participar das mudanças e procede ao rastreamento das mudanças. Ele é parte integrante do sistema geral de controle de mudanças do projeto (ver 6.3). Como conseqüência dos resultados obtidos, expressos pelas *medidas de desempenho* e conseqüentes mudanças do cronograma, estas podem dar origem a *replanejamentos do projeto* com reflexos em outras gestões, como a do pessoal, dos recursos, dos custos etc.

O controle de cronograma de projeto foi pioneiro no emprego de *softwares* em gerenciamento de projetos, destinados a automatizar os trabalhos manuais anteriores.

8.5.3. Saídas

O principal resultado deste processo são as *atualizações do cronograma*, dando origem às atualizações dos cronogramas subsidiários do projeto. Outras saídas são as *ações corretivas e preventivas* e as valiosas *lições aprendidas*, como já enfatizado.

8.6. Bibliografia

FLEMING, Q. W., BRONN, J. & HUMPHREYS, G. C. *Project and Production Scheduling.* Quentin W. Fleming, 1987. 272 p.

MULVANEY, John. *Analysis Bar Charting.* Management Planning & Control Systems, 1980. 100 p.

9

Gestão dos Recursos

Introdução

A **gestão dos recursos**[1] é de importância capital para que o projeto alcance seus objetivos de desempenho do produto dentro dos custos admitidos e dos prazos previstos. Esta gestão incumbe-se do levantamento de todos os recursos necessários (pessoal, equipamentos, matéria-prima, peças, ferramentas, documentos, softwares etc.), suas quantidades e requisitos. Esta gestão só se incumbe de pessoal e de finanças quanto à determinação das necessidades para o projeto. As demais providências, em relação a estes recursos são objeto das gestões do pessoal e dos custos, além da gestão do suprimento, incumbida da obtenção de recursos fora da organização.

Várias outras gestões dependem criticamente desta gestão dos recursos: pessoas e materiais mal definidos ou recebidos extemporaneamente vão criar problemas durante a execução e podem prejudicar a qualidade, além de acarretarem custos adicionais, atrasos nos cronogramas, podendo mesmo inviabilizar a obtenção dos resultados do projeto. Negociações entre o gerente de projeto e os gerentes funcionais serão necessárias para obtenção de pessoal, de materiais, equipamentos, espaços físicos etc. levantados nesta gestão dos recursos e que devem ser providos pela organização. Os demais deverão ser objeto da gestão do suprimento, por meio de contratos.

A gestão dos recursos compreende os processos mostrados no Conteúdo que se segue, nos itens de 9.1 a 9.4.

---

1. Conforme Nota (d) da Figura 5.2 — Gestões constitutivas da gerência de projetos, o PMBOK *Guide* não inclui a "Gestão dos recursos". Trata apenas do "planejamento dos recursos", como parte da "Gestão dos custos" e que serve ainda para a aquisição do pessoal e para contratos. Por outro lado, a ISO 10006, em sua Gestão dos recursos, não aborda importantes responsabilidades do projeto sobre os recursos que utiliza, como guarda, manutenção, utilização, seguro, desmobilização, devolução etc., assuntos tratados neste livro.

Conteúdo

9.1 — Planejamento dos recursos
9.2 — Recebimento e distribuição dos recursos
9.3 — Controle dos recursos
9.4 — Desmobilização

Objetivos gerais

◆ Estudar a gestão dos recursos
◆ Compreender cada um dos processos desta gestão

9.1. Planejamento dos Recursos

O processo de planejamento dos recursos tem os elementos mostrados na Figura 9.1.

Componentes do processo	Elementos do processo	Referências
Entradas	Estrutura de decomposição do trabalho — EDT	7.6; 7.6.8
	Declaração do escopo	7.2.3
	Dados históricos	5.2.2.2
	Descrição dos recursos disponíveis	9.1.1
	Políticas organizacionais	5.2.2.8
Recursos e atividades	Habilidades e conhecimentos	5.2.2.3
	Opinião de especialistas	5.2.2.4
Saídas	Recursos necessários e seus requisitos	9.1.3
	Plano da gestão dos recursos	9.1.3

Figura 9.1 Processo de planejamento dos recursos.

9.1.1. Entradas

A *estrutura de decomposição do trabalho*, a *declaração do escopo*, os *dados históricos* e as *políticas organizacionais* são vistos nos itens de referência e a *descrição dos recursos disponíveis* é documento integrante da gestão dos recursos da organização mencionada em 3.2.1 e 8.3.1. Este documento informa quais os recursos existentes na organização.

9.1.2. Recursos e Atividades

Este processo está fortemente baseado nas *habilidades e conhecimentos* dos diversos intervenientes e na *opinião de especialistas*, para que sejam corretamente definidas as qualificações das pessoas necessárias ao projeto, os requisitos dos materiais, processos, instrumentos e ferramentas. Além disso, será preciso avaliar quando deverão estar disponíveis no projeto e por quanto tempo. Sem dúvida, é uma tarefa crucial e de cujos resultados muito dependerão os caminhos futuros do projeto.

9.1.3. Saídas

Uma das saídas consiste na definição dos *recursos necessários e seus requisitos*. Estes requisitos deverão qualificar os insumos com suficiente detalhes para que possam ser obtidos na própria organização, por negociação com os chefes ou gerentes funcionais ou fora dela, por compras, contratações de pessoal e serviços, objeto da gestão do suprimento (Capítulo 16).

A outra saída é o *plano da gestão dos recursos*, no qual estão definidos, para cada recurso, as épocas de entrada no projeto, seus destinatários ou usuários e demais providências, em especial sobre guarda, conservação, manutenção, seguro, condições de emprego etc. e devolução, se aplicável.

9.2. Recebimento e Distribuição dos Recursos

Este processo trata da obtenção, do recebimento da distribuição dos recursos (exceto recursos humanos, objetivo da gestão do pessoal) e tem os elementos mostrados na Figura 9.2.

Componentes do processo	Elementos do processo	Referências
Entradas	Recursos necessários e seus requisitos	9.1.3
	Plano da gestão dos recursos	9.1.3
Recursos e atividades	Negociações	9.2.2
	Contratações	9.2.2; Cap. 16
	Políticas organizacionais	5.2.2.8
Saídas	Recebimento dos recursos	9.2.3
	Distribuição dos recursos	9.2.3
	Matriz de responsáveis/tarefas	9.2.3; Figura 7.10

Figura 9.2 Processo de recebimento e distribuição dos recursos.

9.2.1. Entradas

São entradas a relação dos *recursos necessários* e seus requisitos e o *plano da gestão dos recursos*, elaborados no processo anterior.

9.2.2. Recursos e Atividades

Os recursos provenientes da própria organização são obtidos por meio de *negociações* com seus detentores e aqueles a serem providos por outras fontes serão objeto de tratamento pela *gestão do suprimento*, por contratações, tudo de acordo com as *políticas organizacionais*.

9.2.3. Saídas

Qualquer que seja a fonte, o *recebimento dos recursos* pelo projeto será seguido da *distribuição* às pessoas ou às partes do projeto que os utilizarão, de acordo com o plano da gestão dos recursos. Para permitir o controle dos recursos será organizada a *matriz de responsáveis/tarefas* (ver Figura 7.10), na qual devem constar as responsabilidades quanto a guarda, conservação, manutenção, seguro, condições de emprego, documentação, acessórios e ferramentas que acompanham o material etc.

9.3. Controle dos Recursos

O processo de controle dos recursos tem os elementos mostrados na Figura 9.3.

Componentes do processo	Elementos do processo	Referências
Entradas	Matriz de responsáveis/tarefas	9.2.3, Figura 7.10
	Plano da gestão dos recursos	9.1.3
Recursos e atividades	Relatórios de desempenho	5.2.2.9
	Softwares de gerenciamento de projeto	3.6; 9.3.2
Saídas	Remanejamento dos recursos	9.3.3
	Ações corretivas e preventivas	5.2.2.7
	Documentação complementar	5.2.2.5
	Lições aprendidas	3.2.2

Figura 9.3 Processo de controle dos recursos.

9.3.1. Entradas

São entradas a *matriz de responsáveis/tarefas* e o *plano da gestão dos recursos*, elaborados nos processos anteriores.

9.3.2. Recursos e Atividades

Todos os detalhes estabelecidos no plano da gestão dos recursos e na matriz de responsáveis/tarefas são verificados por meio de *relatórios de desempenho* para confrontar o realizado com o planejado, identificando desvios, faltas ou incorreções. Estas atividades podem ser feitas com o emprego de *softwares de gerenciamento de projeto*.

9.3.3. Saídas

As saídas constituem-se em *remanejamento dos recursos*, de uma atividade para outra, especialmente em benefício do cronograma, em tomada de *ações corretivas e preventivas*, tudo acompanhado da *documentação complementar*. Como em vários processos, este pode proporcionar valiosas *lições aprendidas*.

9.4. Desmobilização

O processo de desmobilização consiste em providenciar a devolução dos recursos não consumidos no projeto e aqueles que lhe tenham sido distribuídos: máquinas, equipamento, material permanente, material de consumo, documentos, *softwares* etc.

O processo de desmobilização dos recursos tem os elementos mostrados na Figura 9.3.

Componentes do processo	Elementos do processo	Referências
Entradas	Matriz de responsáveis/tarefas Plano da gestão dos recursos	9.2.3; Figura 7.10 9.1.3
Recursos e atividades	Relatórios finais de desempenho *Softwares* de gerenciamento de projeto	5.2.2.9 3.6; 9.3.2
Saídas	Devolução dos recursos Documentação complementar	9.3.3 5.2.2.7

Figura 9.4 Processo de desmobilização dos recursos.

9.4.1. Entradas

O processo toma como base a *matriz de responsáveis/tarefas* e o *plano da gestão dos recursos*.

9.4.2. Recursos e Atividades

Os responsáveis por recursos a serem devolvidos elaboram *relatórios finais de desempenho* referentes aos recursos com base nos documentos de entrada deste processo e, geralmente, tais providências são auxiliadas por *softwares de gerenciamento de projeto* convenientes.

9.4.3. Saídas

As saídas consistem na *devolução dos recursos* remanescentes aos locais e às organizações, conforme previsto no plano da gestão dos recursos e toda a *documentação* gerada nesta gestão.

10

Gestão dos Custos

Introdução

A **gestão dos custos** visa assegurar que o projeto seja completado com observância de seu orçamento. Como as demais gestões, a gestão dos custos interage e tem interfaces com inúmeras outras.

Mais que em outros casos, esta gestão dos custos deve ser baseada nos custos de atividades[1], diferentemente dos custos de operações, geralmente baseados nos custos por departamentos. Como mencionado várias vezes, os projetos atravessam as fronteiras departamentais, sendo necessário, portanto, que os custos ou valores agregados ao projeto sejam aqueles referentes às atividades e materiais realmente debitados.

A gestão dos custos compreende os processos mostrados no Conteúdo que se segue, nos itens de 10.1 a 10.3.

Conteúdo

10.1 — Estimativa de custos

10.2 — Orçamentação

10.3 — Controle dos custos

10.4 — Bibliografia

---

1. É comum referir-se a este processo de levantamento de custos pelas iniciais em inglês, da expressão *activity-based costs — ABC*. Ver referência na bibliografia, Seção 10.4.

Objetivos gerais
- Estudar a gestão dos custos
- Compreender cada um dos processos desta gestão
- Obter informações adicionais sobre bibliografia

10.1. Estimativa de Custos

O processo de estimativa de custos tem os elementos mostrados na Figura 10.1.

Componentes do processo	Elementos do processo	Referências
Entradas	Estrutura de decomposição do trabalho — EDT	7.6; 7.6.8
	Recursos necessários e seus requisitos	9.1.3
	Taxas de custos dos recursos	10.1.1
	Estimativas de durações das atividades	8.3.3
	Dados históricos	5.2.2.8
	Plano de contas	10.1.1
Recursos e atividades	Estimativas análogas	10.1.2
	Modelagem	10.1.2
	Estimativas ascendentes	10.1.2
	Ferramentas computadorizadas	10.1.2
Saídas	Estimativas de custos	10.1.3
	Documentação complementar	5.2.2.5
	Plano da gestão dos custos	10.1.3

Figura 10.1 Processo de estimativa de custos.

10.1.1. Entradas

Os custos são originados dos recursos necessários (pessoal, equipamentos, material, serviços etc.) e das durações deles esperadas (tempo de uso de equipamento, horas de serviço etc.). Estas informações constam do levantamento dos *recursos necessários e seus requisitos,* das *estimativas de durações de atividades* (8.3.3), resultado de trabalho das duas gestões anteriores (escopo e tempo, respectivamente).

As *taxas de custos dos recursos* devem ser conhecidas ou levantadas. Elas indicam os custos por unidade de tempo de determinados profissionais, de serviços ou de uso de determinado equipamento, o custo de unidade de material (peso, área, comprimento) etc. Na falta dos valores reais, são empregadas estimativas, o que introduz riscos. Devem ser consideradas taxas de inflação, variações cambiais, manutenção, seguro etc. sempre que aplicáveis. O *plano de contas*[2] da organização deve ser tomado como referência para classificação dos itens de despesas a que se referem as partes do orçamento, com vistas às respectivas prestações de contas e à contabilidade de custos e outras conseqüências (impostos, recolhimentos, encargos trabalhistas etc.).

A *estrutura de decomposição do trabalho* e os *dados históricos* são vistos nos itens de referência.

Tem sido crescentemente empregado o processo denominado de "custo baseado em atividades", brevemente descrito no Item 3.2.5, em que se considera o valor dos materiais e do esforço associado a cada atividade discreta (inclusive despesas indiretas) a fim de se obter o custo total de um produto ou serviço proporcionado pela atividade. Isto permite introduzir aperfeiçoamentos e maior precisão na apropriação de custos de projetos.

10.1.2. Recursos e Atividades

Para se obter as estimativas de custos, objeto deste processo, usam-se correntemente *estimativas análogas* de projetos ou atividades anteriores. A *modelagem paramétrica*, outra técnica empregada, consiste em utilizar modelos matemáticos para avaliar custos empregando parâmetros conhecidos ou estimados, como custo de transporte por tonelada, por quilômetro, custos de volume de concretagem, de terraplanagem etc. A *composição de custos* (ou estimativa ascendente de custos) baseia-se em tomar os custos dos blocos elementares do projeto e adicionar sucessivamente os custos para formar os custos dos blocos intermediários até se chegar à estimativa de custo do projeto (ver 7.6.1). Estas tarefas geralmente são executadas por meio de *ferramentas computadorizadas*, possantes *softwares* para estimar custos.

10.1.3. Saídas

As principais saídas são as *estimativas de custos* e o *plano da gestão dos custos*, acompanhados pela *documentação complementar*. As estimativas de custos das atividades devem considerar todos os recursos necessários ao projeto. É prudente incluir nestas estimativas uma **reserva de contingência**, valor à disposição do gerente de projeto, para cobrir imprevistos, riscos incorridos, erros de estimativas etc. Um valor típico para a reserva é de 10% do custo total estimado, mas deve variar para mais ou para menos em função da complexidade e pioneirismo dos trabalhos, dos tipos de riscos envolvidos etc.

O *plano da gestão dos custos* descreve como os custos serão administrados, como agir em face de variações em relação ao planejado e definição das autoridades e res-

---

2. O plano de contas recebe diferentes denominações conforme a organização. Ele classifica os recursos financeiros por categorias e subcategorias. No serviço público o plano de contas estabelece elementos de despesa.

ponsabilidades para efetuar mudanças. Como todos os planos das gestões, este plano da gestão dos custos é um documento subsidiário do plano do projeto (6.1.3).

10.2. Orçamentação

A orçamentação consiste em distribuir as estimativas totais dos custos às atividades do projeto e estabelecer as linhas de base de custos para possibilitar o controle.

O processo de orçamentação tem os elementos mostrados na Figura 10.2.

Componentes do processo	Elementos do processo	Referências
Entradas	Estimativas de custos	10.1.3
	Estrutura de decomposição do trabalho — EDT	7.6; 7.6.8
	Cronograma do projeto	8.4.3
Recursos e atividades	Recursos e atividades de estimativa de custos	10.1.2; 10.2.2
Saídas	Orçamento-mestre do projeto	10.2.3
	Linhas de base de custos	10.2.3

Figura 10.2 Processo de orçamentação.

10.2.1. Entradas

As entradas consistem nas *estimativas de custos*, obtidas no processo anterior, na *estrutura de decomposição do trabalho*, resultado da gestão do escopo e no *cronograma do projeto*, um dos resultados principais da gestão do tempo.

10.2.2. Recursos e Atividades

Os recursos e atividades de estimativa de custos foram brevemente descritos em 10.1.2. Estes meios tratam as informações dos elementos das entradas deste processo para elaborar a orçamentação. Assim, elas tomam a EDT como base para a distribuição dos custos nas partes constitutivas do projeto segundo as respectivas estimativas de custos e os escalona no cronograma do projeto.

10.2.3. Saídas

Uma das saídas é o *orçamento-mestre do projeto* (geralmente desdobrado em orçamentos parciais e setoriais de projeto), segundo os quais os custos (e os recursos financeiros) devem estar previstos para o projeto e suas partes constitutivas. O conceito de *linhas de base* está exposto, em relação às linhas de base da configuração do produto no Subitem 6.5.2.2 — Configurações básicas. Estas linhas de base formam o suporte para acompanhamento e controle dos custos do projeto, objeto do processo seguinte.

O custo do projeto geralmente toma a forma de uma curva em S, quando representado em um diagrama de custos acumulados *versus* tempo (ver Figura 6.5).

10.3. Controle dos Custos

O processo de controle dos custos tem os elementos mostrados na Figura 10.3.

Componentes do processo	Elementos do processo	Referências
Entradas	Linhas de base de custos	10.2.3
	Relatórios de desempenho	5.2.2.9
	Pedidos de mudanças	6.5.3.2
	Plano da gestão dos custos	10.1.3
Recursos e atividades	Sistema de controle de mudanças dos custos	10.3.2
	Medidas de desempenho	5.2.2.1; 7.4.2
	Replanejamento	10.3.2
	Ferramentas computadorizadas	10.3.2
Saídas	Estimativas de custos revisadas	10.3.3
	Atualização do orçamento	10.3.3
	Ações corretivas e preventivas	5.2.2.7
	Estimativas ao término do projeto	10.3.3
	Encerramento do projeto	10.3.3
	Lições aprendidas	3.2.2

Figura 10.3 Processo de controle dos custos.

O processo de controle dos custos consiste em:

- acompanhar a evolução dos custos no projeto;
- levantar e medir os desvios em relação ao previsto nas linhas de base;
- prevenir mudanças nas linhas de base sem as devidas autorizações;
- efetuar as correções e mudanças necessárias conforme plano da gestão dos custos; e
- informar as mudanças formais às partes interessadas.

10.3.1. Entradas

As *linhas de base dos custos* são as referências para o controle dos custos, com as quais os *relatórios de desempenho* devem ser confrontados para levantamento de desvios em relação ao especificado no orçamento e conseqüentes correções. Os *pedidos de mudanças* devem ser analisados também sob o enfoque em custos, pois podem acarretar modificações nos custos previstos e no orçamento. Todos os procedimentos a serem feitos neste processo de controle dos custos devem estar de acordo com o previsto no *plano da gestão dos custos*, objeto do processo de estimativa de custos.

10.3.2. Recursos e Atividades

O *sistema de controle de mudanças dos custos* aplica os procedimentos de mudanças estabelecidos no plano da gestão dos custos. Este sistema inclui os documentos apropriados, as pessoas autorizadas a participar das mudanças, e procede ao rastreamento das mudanças. Ele é parte integrante do sistema geral de controle de mudanças do projeto (ver 6.3).

As *medidas de desempenho dos custos* são os principais fatores para o controle pois eles fornecem as variações dos custos em relação ao planejado e permitem efetuar as necessárias correções. Um importante método para aferição de afastamentos ou desvios não só dos custos, mas também de tempo e de desempenho do projeto é o "Sistema do valor agregado", objeto do Apêndice A do Capítulo 6 (6.4).

Como ocorre em todos os processos de controle, também este em pauta pode dar origem a *replanejamentos*. As atividades de controle dos custos normalmente são apoiadas por *ferramentas computadorizadas*.

10.3.3. Saídas

Como referido anteriormente, os principais produtos deste processo são as *estimativas dos custos revisadas*, incluindo a decorrente *atualização do orçamento*. Estas modificações podem acarretar revisões nos planos de outras gestões, como a de tempo, de escopo etc. e podem dar origem a *ações corretivas e preventivas* convenientes.

Outro importante elemento obtido neste processo são as *estimativas ao término do projeto*, que consistem em uma previsão dos custos totais ao fim do projeto. Este aspecto é tratado no Apêndice do Capítulo 6. Será necessário prever e desenvolver procedimentos a serem ativados por ocasião do cancelamento ou *encerramento do projeto*.

Por fim, esta gestão pode proporcionar *lições aprendidas*, como em todas as outras gestões.

10.4. Bibliografia

Custos baseados em atividades:

COKINS, Gary. *Activity-Based Cost Management*. New York, Mc Graw-Hill, 1996. 248 p.

O'GUINN, Michael. *The Complete Guide to Activity-Based Costs*. Prentice Hall, 1991. 400 p.

11

Gestão da Qualidade

Introdução

A **qualidade**, segundo sua definição de âmbito internacional, é a totalidade das características de uma entidade que lhe confere a capacidade de satisfazer as necessidades explícitas e implícitas. Decorre daí, um aspecto importante que é o de transformar e expressar as qualidades implícitas em explícitas. Como decorrência desta definição, a qualidade constitui-se no mais importante atributo de uma entidade, seja esta uma pessoa, uma instituição, um produto ou um serviço. Ela dirige o foco dos empreendimentos, por mais importantes que sejam, para todas as partes neles interessadas, em especial, para o cliente, por mais humilde que se apresente. E mais, os níveis de qualidade explícita e implícita devem ser alcançados não somente por força de concorrência de mercado mas também por imposições legais. São exigências de importância tal que têm determinado o êxito e a ruína de empreendimentos de todas as formas e naturezas.

A **gestão da qualidade** trata de assegurar que o projeto satisfará todas as necessidades para as quais ele foi encetado. Inclui todas as atividades, em todos os níveis da gerência, que determinem a política, os objetivos e responsabilidades e os implementam por meio do planejamento da qualidade, do controle da qualidade, da garantia da qualidade e da melhoria da qualidade.

O projeto, sendo uma organização transitória dentro de outra maior, terá forçosamente seus padrões de qualidade em conformidade com aqueles da organização hospedeira. Assim, a qualidade no projeto utiliza as normas, os processos e a sistemática, as ferramentas e as técnicas, os conhecimentos e as habilidades pessoais já existentes na sua organização.

Este Capítulo trata, em linhas gerais, da gestão da qualidade na organização como apoio à compreensão da qualidade no projeto. Para melhor aproveitamento, *o leitor deverá ter em mãos as normas referidas neste Capítulo, fazendo a leitura atenta dos tópicos em estudo para, ao final, ler com cuidado todos os trechos de interesse imediato para a gerência do projeto.*

Para uma eficiente gestão da qualidade são necessários conhecimentos e habilitações específicos, especialmente aqueles que decorrem das normas da família ISO 9000 e que devem ser conhecidos e praticados pela organização e pelo projeto.

A gestão da qualidade compreende os processos mostrados no Conteúdo que se segue, nos itens de 11.1 a 11.3.

Conteúdo

11.1 — Planejamento da qualidade

11.2 — Garantia da qualidade

11.3 — Controle da qualidade

11.4 — Bibliografia

Objetivos gerais

- Estudar a gestão da qualidade
- Compreender cada um dos processos desta gestão
- Indicar bibliografia para leitura suplementar e normas de referência

11.1. Planejamento da Qualidade

Nota   *As transcrições existentes neste capítulo, sempre entre aspas, foram extraídas das normas da família NBR ISO 9000, citadas na Bibliografia (Seção 11.4).*

O processo tem por finalidade elaborar o plano da gestão da qualidade, documento básico da gestão. O processo de planejamento da qualidade tem os elementos mostrados na Figura 11.1.

11.1.1. Entradas

Segundo as normas para a gestão da qualidade, a **política da qualidade** é a parte da política geral da organização que fixa as "intenções e diretrizes globais relativas à qualidade, formalmente expressas pela Alta Administração". É, portanto, o documento que guia todas as ações da organização referentes à qualidade. Para implantar e conduzir a política da qualidade, os meios administrativos, humanos e materiais são organizados como um **sistema da qualidade** e que consiste em "estrutura organizacional, procedimentos, processos e recursos necessários para implementar a gestão da qualidade. Ele é estabelecido, implementado e operado para satisfazer as necessidades gerenciais de uma organização visando ao cumprimento das políticas estabelecidas e à consecução dos objetivos".

Se, entretanto, a organização não dispuser de um documento formal com estas características e intenções, o projeto deverá providenciar um equivalente para operar no âmbito do projeto. Outras entradas essenciais para este processo são a *declaração do escopo* e a *descrição do produto*, em que deverão estar formalizados os requisitos de qualidade do produto. Os *padrões e regulamentação* vigentes devem ser observados, o que varia grandemente com a natureza do projeto, do produto, dos locais onde serão utilizados etc.

As *saídas de outros processos* são importantes elementos a serem considerados, especialmente aqueles que dizem respeito à qualidade, como, por exemplo, os relativos ao pessoal a ser incorporado ao projeto, os fornecedores e contratados etc.

Componentes do processo	Elementos do processo	Referências
Entradas	Política da qualidade	5.2.2.8
	Declaração do escopo	7.2.3
	Descrição do produto	7.1.1
	Padrões e regulamentação	5.2.2.6; 5.2.2.8
	Saídas de outros processos	11.1.1
Recursos e atividades	Análise custo/benefício	11.1.2
	Benchmarking	11.1.2
	Diagramação	5.2.2.6; 1.8
	Desdobramento da Função Qualidade - DFQ	11.1.2
	Planejamento de avaliações experimentais	11.1.2
	Custos da qualidade	11.1.2
Saídas	Plano da gestão da qualidade	11.1.3
	Definições operacionais	11.1.3
	Listas de verificação	5.2.2.8; 11.1.3
	Entradas para outros processos	11.1.3

Figura 11.1 O processo de planejamento da qualidade.

11.1.2. Recursos e Atividades

A *análise custo/benefício* é um importante instrumento, pois a mesma qualidade pode ser obtida por vários meios e modos e, além disso, deve-se ter em vista a obtenção da qualidade requerida e esperada, e não mais que isso, sob pena de delongar e encarecer o projeto com preciosismos desnecessários.

As comparações do corrente projeto com outros anteriores ou com os de outras organizações (*benchmarking*) são importantes fontes orientadoras de procedimentos e decisões. Expressões e instrumentos gráficos podem ser úteis, como, por exemplo os *diagramas* de causa e efeito (diagramas de Ishikawa) estudados na Seção 1.8 — Resolução de problemas.

O *Desdobramento da Função Qualidade* — *DFQ*[1] é um possante instrumento que, por meio de sucessivos mapeamentos, traduz os requisitos para a qualidade, tal como definidos pelo próprio cliente, em requisitos técnicos balizadores de todo o ciclo de obtenção do produto ou do serviço, desde a fase conceptual até a utilização, incluindo a verificação da qualidade do produto ou serviço. A adoção do DFQ implica, necessariamente, na orientação de toda a empresa para a satisfação e atendimento do cliente e no emprego de equipe multidisciplinar, com participação conjunta de pessoal de *marketing*, de *design*, de projeto, desenvolvimento, "engenharias" diversas, produção, ensaios, vendas, manutenção, treinamento etc.

Avaliações experimentais são planejadas pois servirão para orientar os ensaios ou modelagens de situações para avaliações, orientação e tomada de decisões.

São levantados os *custos da qualidade* que devem compreender todos os esforços para se atingir a qualidade do produto/serviço, segundo seus requisitos, bem como todas as despesas ocorrentes com as não-conformidades (retrabalho, sucateamento etc.).

11.1.3. Saídas

A principal saída do processo é o *plano da gestão da qualidade*, documento que estabelece como a equipe do projeto implementará a política da qualidade, isto é, qual é a estrutura organizacional, quais são as responsabilidades, os procedimentos, os processos e os recursos necessários para implementar a gestão da qualidade. Várias *definições operacionais* podem ser necessárias para complementar o plano, ao estabelecerem claramente *o que* deve ser feito, *como* e *quando* tarefas, obrigações e procedimentos serão executados. *Listas de verificação* (*check-lists*) são organizadas para uso atual e futuro, e geralmente vêm sendo elaboradas e refinadas durante a execução de projetos, como uma das expressões da aprendizagem no trabalho. O planejamento da qualidade pode ensejar *entradas para outros processos* (custos, prazos etc.), seja alterando condições estabelecidas, seja introduzindo novas considerações ou restrições.

11.2. Garantia da Qualidade

A **garantia da qualidade** consiste em um "conjunto de atividades planejadas e sistemáticas, implementadas no sistema da qualidade e demonstradas como necessárias para prover confiança adequada de que uma entidade atenderá os requisitos definidos da qualidade". A garantia da qualidade no projeto visa duplo objetivo:

---

1. Ver, por exemplo: SULLIVAN, L. P. Quality Function Deployment. *Quality Progress*, June 1986, p. 39-50; HAUSER, John R. & CLAUSING, Don. The House of Quality. *Harvard Business Review*, May/June 1988, p. 63-73 e VALERIANO, Dalton. *Gerência em Projetos — Pesquisa, Desenvolvimento, Engenharia*. São Paulo, Makron Books, 1998. p. 129-138.
Vários softwares de controle e garantia da qualidade incluem o DFQ, havendo, ainda, vários outros exclusivamente dedicados ao DFQ.

- o externo, ao prover confiança aos clientes e às outras partes interessadas, de que o projeto é capaz de fornecer produtos e serviços com a qualidade desejada; e
- o interno, ao prover confiança à equipe do projeto de que ela é capaz de atingir e manter a qualidade desejada a um custo ótimo.

O processo de garantia da qualidade tem os elementos mostrados na Figura 11.2.

Componentes do processo	Elementos do processo	Referências
Entradas	Plano da gestão da qualidade	11.1.3
	Definições operacionais	11.1.3
	Resultados do controle da qualidade	11.2.1
Recursos e atividades	Recursos e atividades de planejamento da qualidade	11.1.2
	Auditorias da qualidade	11.1.2; 11.2.2
Saídas	Melhoria da qualidade	11.2.3

Figura 11.2 Processo de garantia da qualidade.

11.2.1. Entradas

O *plano da gestão da qualidade* e as *definições operacionais*, oriundos do processo anterior são documentos de base para a garantia da qualidade. Os *resultados do controle da qualidade* refluem para este processo e devem ser registrados para comparações, análises e avaliações.

11.2.2. Recursos e Atividades

Os *recursos e atividades de planejamento* da qualidade foram descritos em 11.1.2 e este processo deve contar adicionalmente com *auditorias da qualidade* para identificar erros, desvios e acertos, seja para a tomada de medidas preventivas e corretivas, seja para enriquecer o acervo das lições aprendidas na execução de projetos.

11.2.3. Saídas

A saída do processo é a *melhoria da qualidade*, resultado do esforço feito pela equipe do projeto para superar padrões atingidos não só quanto à qualidade do produto mas também nos aspectos de segurança, meio ambiente, produtividade etc., refletindo na eficácia e na eficiência, levando benefícios a todos os interessados.

11.3. Controle da Qualidade

O **controle da qualidade** consiste no "emprego das técnicas operacionais e atividades utilizadas na monitorização de um processo para atender aos requisitos da qualidade" e estas técnicas e atividades compreendem exames, medições, ensaios etc. e a comparação dos resultados com requisitos especificados. O controle da qualidade deverá estar voltado mais para as ações preventivas da ocorrência destas não conformidades do que para as ações corretivas e retrabalho, durante todo o ciclo da qualidade. O processo tem os elementos mostrados na Figura 11.3.

11.3.1. Entradas

Os resultados do trabalho incluem aqueles relacionados com o produto e todos os relativos a atividades e processos desenvolvidos pela equipe. As demais entradas provêm de processos anteriores: o *plano da gestão da qualidade*, as *definições operacionais* e as *listas de verificação*.

11.3.2. Recursos e Atividades

As principais atividades deste processo são as *inspeções*, amostragens estatísticas e análises de tendências. Uma **inspeção** pode compreender medição, exame, ensaio e verificação com calibres ou padrões, de uma ou mais características de uma entidade, e a comparação dos resultados com requisitos especificados, a fim de determinar se a conformidade para cada uma dessas características é obtida. As amostragens estatísticas envolvem a coleta de uma população de produtos para serem inspecionados, como partes representativas de um todo e as análises de tendências geralmente usam métodos matemáticos para estabelecer previsões de futuro comportamento quanto a qualidade/desempenho, custos ou prazos.

As ferramentas são variados modelos de mapas de controle, que mostram a evolução de um processo ao longo de um período de tempo, sejam como dispositivos gráficos ou como partes de *softwares*, bem como diagramas de Pareto, um histograma que permite visualizar as causas que produzem maior número de defeitos ou falhas.

Componentes do processo	Elementos do processo	Referências
Entradas	Resultados do trabalho	6.2.3
	Plano da gestão da qualidade	11.1.3
	Definições operacionais	11.1.3
	Listas de verificação	5.2.2.8; 11.1.3
Recursos e atividades	Inspeções	7.4.2; 11.3.2
	Mapas de controle, diagramas de Pareto, amostragem estatística, diagramas	8.3.2; 11.3.2
	Análise de tendências	11.3.2
Saídas	Melhoria da qualidade	11.3.3
	Decisões de aceitação	11.3.3
	Retrabalho	11.3.3
	Listas de verificação	5.2.2.8; 11.3.3
	Ajustes no processo	11.3.3

Figura 11.3 Processo de controle da qualidade.

11.3.3. Saídas

As saídas são a *melhoria da qualidade* e *decisões de aceitação,* nos casos em que a conformidade é atingida ou então o *retrabalho* sobre os itens não-conformes. As *listas de verificação* elaboradas conforme 11.3.1 devem ser corrigidas e atualizadas, para registro e utilizações posteriores. Freqüentemente são necessários *ajustes no processo,* sejam por medidas corretivas ou preventivas.

11.4. Bibliografia

Leitura recomendada:

BROCKA, Bruce e BROCKA, M. Suzanne. *Gerenciamento da Qualidade.* São Paulo, Makron Books, 1995.

Normas do sistema de gestão da qualidade[2]:

ISO 9000, Sistemas de gestão da qualidade — Fundamentos e vocabulário. 2000

ISO 9001, Sistemas de gestão da qualidade — Requisitos. 2000.

ISO 9004, Sistemas de gestão da qualidade — Diretrizes para a melhoria do desempenho. 2000.

NBR ISO 10013, Diretrizes para o desenvolvimento de manuais da qualidade

---

2. Até a ocasião da edição deste livro, a ISO/EC estava ultimando a edição de novas normas, razão pela qual não consta o indicativo de norma brasileira, oriunda de norma internacional: NBR ISO.

Notas:

A norma ISO 9000-2000 substitui as normas:

- ISO 9000, Gestão da qualidade e garantia da qualidade. Parte 1: Diretrizes para seleção e uso. 1994.
- ISO 8402, Gestão da qualidade e garantia da qualidade — Terminologia, 1994.

A norma ISO 9001-2000 substitui as normas:

- ISO 9001, Sistemas da gestão da qualidade — Modelo para garantia da qualidade em projeto, desenvolvimento, produção, instalação e serviços associados. 1994.
- ISO 9002, Sistemas da qualidade — Modelo para garantia da qualidade em produção, instalação e serviços associados. 1994.
- ISO 9003, Sistemas da qualidade — Modelo para garantia da qualidade em inspeção e ensaios finais. 1994.
- Parte da ISO 10005 NBR ISO 10005, Diretrizes para planos da qualidade. 1996.

A norma ISO 9004-2000 substitui as normas:

- ISO 9004-1, Gestão da qualidade e elementos do sistema da qualidade — Parte 1: Diretrizes. 1994.
- ISO 9004-2, Gestão da qualidade e elementos do sistema da qualidade — Parte 2: Diretrizes para serviços. 1991.
- ISO 9004-3, Gestão da qualidade e elementos do sistema da qualidade — Parte 3: Diretrizes para materiais processados. 1993.
- ISO 9004-4, Gestão da qualidade e elementos do sistema da qualidade — Parte 4: Guia para a gestão do programa de dependabilidade. 1994.
- Parte da ISO 10005 NBR ISO 10005, Diretrizes para planos da qualidade. 1996.

Softwares:

As revistas especializadas publicam regularmente as relações de *softwares* disponíveis no mercado (ver também 3.6 — *Softwares*. No caso de *softwares* para garantia da qualidade e controle da qualidade, ver, por exemplo, uma compilação de 255 empresas produtoras de *softwares* e seus produtos:

- KLAUS, Leigh Ann. 14th Annual QA/QC Software Directory. *Quality Progress*, vol. 30, n. 4, Apr. 1997, p. 31-66.

12

Gestão Ambiental

Introdução

A gestão ambiental é introduzida aqui como parte do gerenciamento de projeto como decorrência da edição da família de normas 14000, em fins de 1996[1]. A gestão ambiental segue os passos da gestão da qualidade com um decênio de diferença.

A **gestão ambiental** tem muito maior amplitude que a gestão da qualidade pois abrange outros participantes que não os diretamente envolvidos nas relações fornecedor/cliente e que são pessoas, grupos sociais, comunidades e Estados afetados ou ameaçados pelos impactos negativos sobre o meio ambiente e preocupados com a utilização racional de energia e dos recursos naturais. Daí, as normas ambientais vêm tendo aceitação, adoção e implantação muito rápidas em virtude de já contarem com a experiência e a aplicação das ISO 9000, como suas precursoras. Além disso, elas podem dar origem a restrições comerciais e barreiras não alfandegárias (selo verde, por exemplo), imposições e sanções legais e regulamentares, pressões econômicas, sociais (inclusive emocionais), políticas etc.

A gestão ambiental, como a gestão da qualidade, sobrevive ao projeto, pois acompanha o produto em todo o **ciclo de vida**, já conceituado ("do berço ao túmulo", na expressão da norma 14040), monitorando seus impactos no ambiente. Como na gestão da qualidade, a gestão ambiental é uma via de duas mãos: tanto verifica o impacto do produto ou serviço sobre o ambiente, como ajusta e corrige os efeitos do ambiente sobre estes.

---

1. Conforme Nota (f) da Figura 5.2 - "Gestões constitutivas da gerência de projeto" a gestão ambiental é tratada neste livro, embora ainda não faça parte da ISO 10006 nem do PMBOK. Adota-se aqui o mesmo padrão de estudo das outras gestões, tomando por base as normas da família ISO 14000.

Para uma eficiente gestão da qualidade são necessários conhecimentos e habilitações específicos, entre os quais, aqueles decorrentes das normas da família ISO 14000, bem como da legislação e regulamentos referentes ao meio ambiente. Ao fim da exposição dos processos da gestão ambiental, é apresentado um resumo do sistema de gestão ambiental na organização e no projeto, considerando sua recente introdução no gerenciamento de projeto.

A gestão ambiental compreende os processos mostrados no Conteúdo que se segue, nos itens 12.1 e 12.2.

Conteúdo

12.1 — Planejamento ambiental

12.2 — Verificação e ações corretivas

12.3 — Um resumo da gestão ambiental

12.4 — Conclusão

12.5 — Bibliografia

Objetivos Gerais

- Estudar a gestão ambiental
- Compreender cada um dos processos desta gestão
- Indicar bibliografia para leitura suplementar e normas de referência

12.1. Planejamento Ambiental

O processo de planejamento ambiental tem por finalidade elaborar o plano da gestão ambiental e comporta os elementos mostrados na Figura 12.1.

12.1.1. Entradas

Esta gestão é decorrente da **política ambiental** da organização responsável pelo projeto, podendo, como em vários outros casos, sofrer influências de fatores externos, como exigências do cliente, localização de uso do produto etc. Para tanto, *requisitos legais, normas e regulamentos* devem ser observados, em virtude de sua forçosa exigência quanto aos processos empregados pelo projeto e quanto ao uso do produto.

Completam as entradas a *declaração do escopo*, a *descrição do produto* e as *hipóteses e restrições* aplicáveis e adotadas pelo projeto.

Componentes do processo	Elementos do processo	Referências
Entradas	Política ambiental	12.1.1
	Declaração do escopo	7.2.3
	Descrição do produto	7.1.2
	Requisitos legais, normas e regulamentos	12.1.1
	Hipóteses e restrições	1.8.1.2
Recursos e atividades	Análise custo/benefício	12.1.2
	Benchmarkings	12.1.2
	Análise de especialistas	5.2.2.4
	Diagramação	12.1.2
Saídas	Plano da gestão ambiental	12.1.3
	Listas de verificação	5.2.2.8; 12.1.3

Figura 12.1 Processo de planejamento ambiental.

12.1.2. Recursos e Atividades

Um recurso aplicado é a *análise custo/benefício* para determinar quais as mais eficientes maneiras de satisfazer os requisitos ambientais. Análises comparativas ou *benchmarkings* são efetuadas a fim de fornecerem elementos para a elaboração do plano da gestão ambiental, complementados por *análises de especialistas* e por recursos visuais, como *diagramações* etc.

12.1.3. Saídas

Uma das saídas do processo é o **plano da gestão ambiental**, documento que deve determinar as responsabilidades nas diversas áreas da gestão ambiental, as auditorias, os procedimentos preventivos e as medidas corretivas, na ocorrência ou na iminência de deterioração ambiental, bem como toda a documentação da gestão.

Como em outras gestões, *listas de verificação* enfocadas na gestão ambiental são empregadas e atualizadas em todos os processos.

12.2. Verificação e Ações Corretivas

Este processo tem por objetivo acompanhar o projeto durante sua execução bem como o produto resultante, durante seu ciclo de vida, para verificar a conformidade com o plano da gestão ambiental e adotar as ações corretivas (ver 12.3.1, nº 4).

O processo de verificação e ações corretivas tem os elementos mostrados na Figura 12.2.

Componentes do processo	Elementos do processo	Referências
Entradas	Plano da gestão ambiental	12.1.3
	Resultados do trabalho	6.2.3
Recursos e atividades	Verificações e inspeções	12.2.2
	Auditorias ambientais	12.2.2
Saídas	Ações corretivas	12.2.3
	Melhoria contínua	12.2.3
	Documentação complementar	12.2.3
	Lições aprendidas	3.2.2

Figura 12.2 Processo de verificação e ações corretivas.

12.2.1. Entradas

O *plano da gestão ambiental* é o instrumento guia do processo, com o qual os *resultados do trabalho* e os das auditorias serão comparados.

12.2.2. Recursos e Atividades

Durante o projeto e ao longo do ciclo de vida de seu produto, devem ser procedidas *auditorias ambientais* do desempenho ambiental como processo sistemático e documentado de *verificações e inspeções*, a fim de determinar a conformidade dos processos do projeto e do emprego do produto com os requisitos da gestão ambiental.

12.2.3. Saídas

Como conseqüência deste processo, são tomadas *ações corretivas* dos desvios observados e deve ser procurada a *melhoria contínua* dos procedimentos referentes à gestão ambiental. A *documentação complementar* da gestão integra as saídas deste processo, bem como as *lições aprendidas*.

12.3. Um Resumo da Gestão Ambiental

Nota   *As transcrições existentes nesta Seção, sempre entre aspas, foram extraídas das normas NBR ISO 14001 — Sistemas de Gestão Ambiental — Especificação e diretrizes para uso e NBR ISO 14004 — Sistemas de Gestão ambiental — Diretrizes gerais sobre princípios, sistemas e técnicas de apoio.*

Tal como no Capítulo referente à gestão da qualidade, é necessário, inicialmente, conceituar os relevantes termos e expressões referentes à gestão ambiental para melhor compreensão dos assuntos que aqui são tratados.

Define-se o **meio ambiente** como sendo a "circunvizinhança em que uma organização opera, incluindo ar, água, solo, recursos naturais, flora, fauna, seres humanos e suas inter-relações". A esta definição segue uma nota esclarecendo que, "neste contexto, a circunvizinhança estende-se do interior das instalações para o sistema global".

Aspecto ambiental vem a ser qualquer "elemento das atividades, produtos ou serviços de uma organização que pode interagir com o meio ambiente" e **impacto ambiental** é "qualquer modificação do meio ambiente, adversa ou benéfica, que resulte, no todo ou em parte, das atividades, produtos e serviços de uma organização". Ou seja: o *aspecto é o agente*, um produto não intencional, por exemplo, e *impacto é o resultado* ou conseqüência sobre o ambiente.

Política ambiental é uma "declaração da organização, expondo suas intenções e princípios em relação a seu desempenho ambiental global, que prevê uma estrutura para a ação e definição de seus objetivos e metas ambientais".

A **gestão ambiental** é definida como "a parte do sistema de gestão global que inclui estrutura organizacional, atividades de planejamento, responsabilidades, práticas, procedimentos, processos e recursos para desenvolver, implementar, atingir, analisar criticamente e manter a política ambiental".

Objetivo ambiental "é o propósito ambiental global, decorrente da política ambiental, que uma organização se propõe a atingir, sendo quantificado sempre que exeqüível" e **meta ambiental** é um "requisito ambiental detalhado, quantificado sempre que exeqüível, aplicável à organização ou partes dela, resultante de objetivos ambientais e que necessita ser estabelecido e atendido para que tais objetivos sejam atingidos".

A **rotulagem/declaração ambiental** consiste na indicação dos atributos de um produto ou serviço que pode ter a forma de textos, símbolos ou gráficos aplicados no produto, em rótulos de embalagens, na literatura do produto, boletins técnicos, publicidade etc. Um exemplo conhecido é o símbolo de material radioativo.

E, finalmente, entende-se por **melhoria contínua** "o processo de aprimoramento do sistema de gestão ambiental, visando atingir melhorias no desempenho ambiental global de acordo com a política ambiental da organização".

12.3.1. Gestão Ambiental na Organização — Requisitos

Tal como já visto quanto ao estudo da gestão da qualidade, regulado pelas normas ISO 9000, a família 14000 preconiza, para a gestão ambiental, em cada organização, o estabelecimento de:

- política ambiental;
- Sistema de Gestão Ambiental (SGA);
- planejamento ambiental e programas de gestão ambiental;
- acompanhamento do ciclo de vida (aqui, o ambiental, lá, o da qualidade);
- auditorias; certificações etc.

A gestão da qualidade na organização é responsabilidade de todos os níveis da administração mas tem de ser liderada pela Alta Administração.

A ISO 14001 estabelece cinco *requisitos* para o **sistema de gestão ambiental** e os desenvolve, detalhando-os e especificando as exigências a serem comprovadas por auditorias. Estes requisitos aplicam-se a todos os tipos de organizações e em diferentes condições geográficas, culturais e sociais.

A ISO 14004, por sua vez, apresenta cinco *princípios,* cada um deles correspondendo a um requisito do sistema de gestão ambiental, para orientar e dar assistência às organizações na implementação ou no aperfeiçoamento de sistema de gestão ambiental.

Um breve resumo destes requisitos é apresentado a seguir, com o objetivo de permitir uma compreensão geral do sistema de gestão ambiental. Por sua importância, o primeiro requisito é transcrito na íntegra.

1. Política ambiental:

A alta administração deve definir a política ambiental, e assegurar que ela:

a) seja apropriada à natureza, escala e impactos ambientais de suas atividades, produtos ou serviços;

b) inclua o comprometimento com a melhoria contínua e com a prevenção de poluição;

c) inclua o comprometimento com o atendimento a legislação e normas ambientais aplicáveis, e demais requisitos subscritos pela organização;

d) forneça a estrutura para o estabelecimento e revisão dos objetivos e metas ambientais;

e) seja documentada, implementada, mantida e comunicada a todos os empregados;

f) esteja disponível para o público.

De forma semelhante à política da qualidade, é da política ambiental que decorre o estabelecimento de objetivos e metas da organização com relação ao ambiente. No caso de organizações hierarquicamente vinculadas, recomenda-se que as políticas ambientais sejam integradas num mesmo contexto, de forma harmônica.

2. Planejamento:

Este requisito é desdobrado em alguns itens:

Aspectos ambientais — A organização deve estabelecer e manter atualizados procedimentos para identificar os aspectos ambientais, determinando seus impactos, para fins de controle, devendo considerá-los na definição de seus objetivos.

Requisitos legais e outros requisitos — A organização deve estabelecer e manter procedimentos para identificar e ter acesso à legislação e outros requisitos aplicáveis a suas atividades, produtos e serviços.

Objetivos e metas — A organização deve estabelecer e manter objetivos e metas ambientais documentadas, compatíveis com a política ambiental, incluindo o comprometimento com a prevenção da poluição.

Programa(s) de gestão ambiental — A organização deve estabelecer e manter programa(s) para atingir seus objetivos e metas, devendo incluir: atribuição de responsabilidades, os meios e prazos para alcançá-los.

3. Implementação e operação:

Estrutura e responsabilidade — A administração deve definir a estrutura, funções e responsabilidades, fornecendo recursos para implementação e controle do sistema de gestão ambiental. Deve nomear representante para assegurar que os requisitos sejam estabelecidos, implementados e mantidos e para relatar à administração o desempenho do sistema para fins de análise crítica e melhoria contínua.

Treinamento, conscientização e competência — A administração deve proporcionar treinamento para que todos estejam conscientes:

- da importância da conformidade com os requisitos referentes à gestão ambiental;
- dos impactos ambientais de suas atividades e dos benefícios quanto à melhoria contínua;
- de suas funções e responsabilidades, quanto à conformidade com os requisitos do sistema de gestão ambiental; e
- das potenciais conseqüências da inobservância de procedimentos operacionais especificados.

Comunicação — A organização deve estabelecer e manter procedimentos para comunicação interna e para a comunicação com as partes interessadas externas.

Documentação do sistema de gestão ambiental — A organização deve estabelecer e manter informações descrevendo os elementos do sistema de gestão ambiental e suas interações.

Controle de documentos — A organização deve estabelecer e manter procedimentos para o controle de todos os documentos exigidos pela norma.

Controle operacional — A organização deve identificar as atividades associadas aos aspectos ambientais significativos e planejar tais atividades de forma a assegurar cumprimento à política e obtenção de objetivos e metas, inclusive procedimentos a serem atendidos por fornecedores e prestadores de serviços.

Preparação e atendimento a emergências — A organização deve estabelecer e manter procedimentos para identificar potenciais causadores de acidentes e emergências e prevenir e mitigar os impactos ambientais resultantes.

4. Verificação e ação corretiva:

Monitoramento e medição — A organização deve estabelecer e manter procedimentos para monitorar e medir as características de suas operações que possam ter impacto significativo sobre o meio ambiente. Os equipamentos de monitoramento devem ser calibrados com os registros desse processo sob controle da organização.

Não-conformidade e ação corretiva e preventiva — A organização deve estabelecer e manter procedimentos para definir responsabilidades e autoridade para investigar não-conformidades e tomar medidas quanto a redução de impactos e ações corretivas e preventivas, devendo a organização registrar alterações conseqüentes destas ações.

Registros — A organização deve estabelecer e manter procedimentos para a identificação, manutenção e descarte de registros ambientais.

Auditoria do sistema de gestão ambiental — A organização deve estabelecer e manter programa(s) e procedimentos para auditorias periódicas do sistema de gestão ambiental para determinar se este está em conformidade com as disposições planejadas, se foi devidamente implementado e tem sido mantido e se fornece à administração as informações sobre os resultados das auditorias.

5. Análise crítica pela administração:

A alta administração, em intervalos por ela predeterminados, deve proceder à análise crítica do sistema de gestão ambiental para assegurar sua conveniência, adequação e eficácia contínuas. Esta análise deve considerar eventual necessidade de alterações na política, objetivos e outros elementos do sistema de gestão ambiental, à luz dos resultados das auditorias, das mudanças das circunstâncias e do comprometimento com a melhoria contínua.

Estes requisitos encerram a idéia de melhoria contínua, fechando o círculo, com um resultado do Requisito nº 5 remetendo ao Requisito 1.

12.3.2. Gestão Ambiental no Projeto

Há uma certa correspondência entre os princípios do sistema de gestão ambiental e do sistema da qualidade (11.1.1) e estes sistemas devem coexistir podendo compartilhar filosofias de trabalho, processos administrativos, recursos etc. Porém, quanto à aplicação, eles variam em função das próprias naturezas dos dois sistemas, pois o de gestão da qualidade está voltado para as necessidades dos clientes, enquanto o sistema de gestão ambiental, como já referido, visa às necessidades de uma enorme gama de entidades e ao atendimento dos interesses da sociedade com relação à proteção ambiental.

A seguir, são transcritos dois itens da Carta Empresarial para o Desenvolvimento Sustentável, da Câmara de Comércio Internacional[2], por relacionarem diretamente a gestão ambiental com projetos:

6. Produtos e serviços:

> Desenvolver e fornecer produtos e serviços que não produzam impacto indevido sobre o ambiente e sejam seguros em sua utilização prevista, que apresentem o melhor rendimento em termos de consumo de energia e dos recursos naturais e que possam ser reciclados, reutilizados ou cuja disposição[3] final não seja perigosa.

7. Instalações e atividades:

> Desenvolver, projetar e operar instalações, tendo em conta a eficiência no consumo da energia e dos materiais, a utilização sustentável dos recursos renováveis, a minimização de impactos ambientais adversos e da produção de rejeitos (resíduos e o tratamento da disposição final destes resíduos de forma segura e responsável.

Diferentemente das normas ISO 9000, as ISO 14000 descem quanto a projetos (lembre-se que a ISO 9001 aborda diretamente a fase de projeto e a 10006 trata da qualidade em genericamente "as atividades produtos ou serviços da organização"). Como exemplo, o Anexo A da ISO 14001, Diretrizes para uso da especificação, ao tratar do requisito "Programa de gestão ambiental" recomenda:

> O programa pode incluir, onde apropriado e exeqüível, considerações sobre as etapas de planejamento, projeto, produção, comercialização e disposição final. Isto pode ser efetuado tanto para atividades e produtos como serviços atuais e futuros. No caso de produtos, podem ser abordados projetos, materiais, processos produtivos, uso e disposição final.

Assim, o gerente de projeto, da mesma forma que deve elaborar um Plano da Qualidade para seu projeto, com base no Manual da Qualidade da organização, ao fazer o planejamento do projeto, organiza também um Programa de Gestão Ambiental do projeto, de acordo com o programa de gestão ambiental de sua organização conforme recomendações da ISO 14004.

Os aspectos dominantes para o gerente de projeto e sua equipe, com relação à gestão ambiental são:

1. No âmbito da organização, devendo proceder como por ela previsto, enquanto nas seguintes situações:

   ♦ como participantes do programa de gestão ambiental da organização, do qual eles têm pleno conhecimento;

---

2. O texto da Carta Empresarial para o Desenvolvimento Sustentável, com 16 itens, é um Anexo da NBR ISO 14004.
3. A norma brasileira traduziu *disposal* por "disposição", quando deveria ser "deposição": ato de pôr de parte, pôr de lado (algo que se trazia); deixar, depositar, colocar, pôr. Este livro emprega "descarte", por cobrir outros destinos do material após uso. (Ver fase F, em 4.2.3.3).

- como participantes de programas de treinamento e conscientização (e também como treinadores e monitores);
- como operadores de processos, máquinas e equipamentos (atentando para os aspectos ambientais e seus impactos); e
- como agentes de relacionamento com outras entidades externas (sendo portadores de estímulos para melhoria contínua).

2. No âmbito do projeto, atentando para os mesmos aspectos relacionados com o meio ambiente e já indicados para considerações ao se estabelecer o sistema de gestão ambiental:
- emissões na atmosfera;
- liberações de resíduos nas águas;
- administração de rejeitos;
- contaminação do solo;
- impacto sobre as comunidades;
- uso de matéria-prima e recursos naturais; e
- outros aspectos ambientais locais.

Estes aspectos deverão ser considerados em todas as fases do ciclo de vida do projeto: na concepção e planejamento, na execução e controle do projeto, evitando os aspectos indesejáveis ou minimizando-os e prevendo ações corretivas dos efeitos se eles forem inevitáveis.

Devem ser considerados, especialmente quanto ao produto ou serviço:
- uso racional dos recursos naturais:
  - matéria-prima;
  - energia;
- economia de energia:
  - na produção/construção/instalação do produto;
  - na operação do produto (como requisito para o produto);
- identificação de aspectos ambientais do produto e seus impactos relevantes, medidas preventivas e corretivas para todas as fases do ciclo de vida:
  - no desenvolvimento;
  - na produção;
  - na operação/manutenção; e
  - no descarte.
- Identificação, documentação e rastreabilidade das informações referentes ao caráter ambiental do produto.

12.4. Conclusão

O gerente de projeto e sua equipe são estimulados a verificar que, agora, a proteção ambiental e o desenvolvimento acham-se indissoluvelmente ligados, não podendo ser considerados, jamais, dois universos distintos. Com isto em mente, o gerente e a equipe deverão acrescentar a preocupação com o ambiente como mais uma dimensão em suas responsabilidades, durante o planejamento, a execução e o controle do projeto.

12.5. Bibliografia

Leitura adicional:

DONAIRE, Denis *Gestão Ambiental na Empresa*. 2ª ed. São Paulo, Atlas, 1999. 169 p.

Normas básicas:

ASSOCIAÇÃO BRASILEIRA DE NORMAS TÉCNICAS. *NBR ISO 14001: Sistemas de gestão ambiental — Especificação e diretrizes para uso.* 1996

NBR ISO 14004: Sistemas de gestão ambiental — Diretrizes gerais sobre princípios, sistema e técnicas de apoio. 1996.

Diretrizes para a auditorial: ambiental

NBR ISO 14010 — Diretrizes para auditoria ambiental — Princípios gerais. 1996.

NBR ISO 14011- Diretrizes para auditoria ambiental — Procedimentos de auditoria — Auditorias de sistema de gestão ambiental. 1996.

NBR ISO 14012 — Diretrizes para auditoria ambiental — Critérios para qualificação de auditores ambientais. 1996.

13

Gestão do Pessoal

Introdução

A **gestão do pessoal** trata do recurso humano do projeto focalizando a pessoa, como entidade viva, isolada, sob o aspecto de seu progresso profissional e também a equipe, como um conjunto harmonioso devotado ao trabalho cooperativo. É um tratamento diferente dos demais recursos, como máquinas, equipamentos, finanças, materiais de consumo, serviços etc.

Esta gestão está intimamente ligada à gestão dos recursos, porque sob aquela administração as necessidades de pessoal e seus requisitos são determinados. Ela está também dependente da gestão do suprimento, pois serviços de pessoas que não pertencem à organização responsável pelo projeto estão a cargo daquela gestão, por ser incumbida dos contratos. Até serem individualizadas, as pessoas são tratadas como "recursos" necessários, "custos" a serem despendidos. Uma vez individualizadas e postas a trabalhar no projeto, elas passam a ser objeto da gestão do pessoal.

Vários aspectos tratados anteriormente, como tipos de equipes, gerenciamento simultâneo, equipes autodirigidas, formas de organizá-las, potencialização, liderança, resolução de conflitos, estão intimamente relacionados com esta gestão.

A gestão do pessoal compreende os processos mostrados no Conteúdo que se segue, nos itens de 13.1 a 13.4.

Conteúdo

13.1 — Planejamento da organização do projeto

13.2 — Aquisição do pessoal

13.3 — Desenvolvimento da equipe

13.4 — Dissolução da equipe

Objetivos gerais
- Estudar a gestão do pessoal
- Compreender cada um dos processos desta gestão

13.1. Planejamento da Organização do Projeto

O processo de planejamento da organização do projeto trata da identificação e documentação da quantidade de pessoas necessárias, da atribuição de funções, de responsabilidades e das vinculações funcionais no projeto. O planejamento organizacional pode ser inteiramente completado nas fases iniciais do projeto mas também pode ser progressivamente desenvolvido à medida que este evolui, especialmente naqueles projetos planejados e executados em fases seqüenciais, em que uma depende dos resultados anteriores.

O processo de planejamento organizacional tem os elementos mostrados na Figura 13.1.

Componentes do processo	Elementos do processo	Referências
Entradas	Interfaces do projeto	4.1.9; 7.6.8; 13.1.1
	Requisitos de pessoal	9.1.3; 13.1.1
	Restrições	1.8.1.2; 13.1.1
Recursos e atividades	Modelos	5.2.2.6; 13.1.2
	Práticas em recursos humanos	5.2.2.8; 13.1.2
	Teoria organizacional	13.1.2
	Análise das partes interessadas	13.1.2
Saídas	Atribuições de funções e responsabilidades	13.1.3
	Plano da gestão do pessoal	13.1.3
	Estrutura de decomposição organizacional	7.6; 13.1.3

Figura 13.1 Processo de planejamento da organização do projeto.

13.1.1. Entradas

São entradas para este processo as *interfaces do projeto* (conceituadas em 4.1.9) e determinadas para cada bloco de trabalho do projeto (7.6.8). Os *requisitos de pessoal* foram obtidos na gestão dos recursos, como integrantes do levantamento dos *recursos necessários e seus requisitos* (9.1.3). Outra importante entrada para esta gestão são as *restrições*, dentre as quais sobressaem:

- as relacionadas com a forma de organização, especialmente quanto ao grau de departamentalização e a cultura, o que pode acarretar ampla liberdade ao gerente de projeto ou, ao contrário, restringir seu alcance, com fortes dependências dos gerentes funcionais;
- as restrições legais, trabalhistas, acordos sindicais etc.;
- as provenientes de cultura local, etnias, religiões etc.

13.1.2. Recursos e Atividades

Com o passar do tempo, as organizações criam *modelos* de formulários, tabelas, padrões de comportamento etc. que servem para uso comum ou como base de partida para elaborar aqueles mais apropriados para cada projeto.

Evidentemente, as políticas, os procedimentos, as diretrizes, enfim, todas as *práticas em recursos humanos* da organização são aplicadas ao projeto, o que vem em auxílio ao gerenciamento, por serem normas já estabelecidas.

Sem dúvida, um adequado conhecimento de *teoria organizacional* por parte da gerência do projeto é necessário para o desenvolvimento desta gestão e isso deve ter sido previamente absorvido para não acarretar atrasos nem disfunções no projeto.

É necessário considerar as necessidades das *partes interessadas* para verificar se, quanto ao pessoal especificado, elas serão satisfeitas (custos, prazos, qualificações, disponibilidades etc.).

13.1.3. Saídas

Uma das saídas desta gestão consiste na fixação de *atribuições de funções e responsabilidades*. A descrição de funções e responsabilidades pode já ser parte dos modelos da organização ou terá de ser elaborada ou adaptada pelo projeto. Estas atribuições podem ser sintetizadas na matriz de responsáveis/tarefas ou matriz linear de responsabilidades, uma tabela que relaciona as pessoas e suas responsabilidades nas diferentes fases do projeto (ver Figura 7.10).

Como nas demais gestões, é necessário elaborar um *plano da gestão do pessoal*, que deve descrever como e quando o pessoal será obtido e quando cada pessoa será necessária juntamente com todas as outras condicionantes para a gestão do pessoal.

Uma *estrutura de decomposição organizacional* — EDO precisa ser elaborada para, em uma apresentação gráfica, mostrar as ligações funcionais dos membros da equipe. Nesta estrutura, na forma de organograma, deverão estar representados os diversos componentes e equipes, com a visualização das vinculações entre eles (quem se reporta a quem).

A *documentação complementar* contém todas as providências, condicionantes e outros dados referentes a pessoal, tais como respostas a situações contingenciais ou de emergência, necessidades de treinamento, de deslocamentos, restrições, hipóteses etc.

13.2. Aquisição do Pessoal

Este processo trata da aquisição do pessoal, seja na própria organização seja fora dela. A maior preocupação deve ser a de obter as pessoas com os exatos requisitos fixados na gestão dos recursos (9.1.3).

O processo de aquisição do pessoal tem os elementos mostrados na Figura 13.2.

Componentes do processo	Elementos do processo	Referências
Entradas	Plano da gestão do pessoal	13.1.3
	Descrição de disponibilidade de pessoal	13.2.1
	Práticas de recrutamento	5.2.2.8; 13.2.1
Recursos e atividades	Negociações	13.2.2
	Contratações	13.2.2
Saídas	Designação do pessoal	13.2.3
	Relação do pessoal	13.2.3

Figura 13.2 Processo de aquisição do pessoal.

13.2.1. Entradas

O *plano da gestão do pessoal* elaborado no processo anterior é o documento que guiará as tarefas restantes desta gestão. Será necessário dispor, ainda, de uma *descrição de disponibilidade de pessoal*, que consiste na relação do pessoal da organização e das respectivas áreas de trabalho, e especializações, habilidades, experiências anteriores etc. Estas informações são integrantes do Plano de recursos empresariais, referido em 3.2.1. Com este documento o gerente de projeto deverá confrontar os requisitos de pessoal contidos no plano da gestão do pessoal e procurar obter o melhor ajuste. Devem ser observadas as *práticas de recrutamento* usuais nas organizações envolvidas com o projeto.

13.2.2. Recursos e atividades

As ações deste processo consistem em obter o pessoal necessário, com as características definidas pelos requisitos. Se as pessoas pertencerem à organização, o gerente do projeto deverá proceder a *negociações* com os chefes ou gerentes funcionais e com as próprias pessoas para obter o consentimento e a conseqüente participação no projeto. Nos casos em que a organização não disponha do perfil necessário, o pessoal deverá ser suprido mediante *contratações*, a serem efetivadas pela gestão do suprimento (Capítulo 16).

13.2.3. Saídas

A principal saída deste processo é a *designação do pessoal* para o projeto, com o comprometimento assegurado para as épocas previstas no plano da gestão do pessoal, obtido como conseqüência de negociações e contratações. Uma *relação do pessoal* deverá ser organizada com o nível de detalhamento necessário a cada caso.

13.3. Desenvolvimento da Equipe

Deve-se relembrar que os problemas relacionados a pessoal no projeto têm início na gestão dos recursos, enquanto considerados insumos, sendo avaliados e dimensionados juntamente com os recursos físicos. Quanto aos aspectos financeiros, os recursos humanos são tratados na gestão dos custos, como os demais insumos do projeto. Entretanto, por ser um patrimônio especial da organização, o pessoal é objeto de tratamento específico, como já mencionado, merecendo considerações apropriadas para se obter os melhores resultados. E isso é objeto do presente processo que trata do desenvolvimento de pessoal, com foco no trabalho em equipe e no progresso profissional. Este assunto é tratado na Seção 4.4 — Equipe.

O desenvolvimento de pessoal não está restrito aos membros da equipe do projeto mas inclui todos aqueles integrantes das partes interessadas no projeto, desde os mais altos administradores, aos clientes, fornecedores e participantes, de qualquer forma.

O processo de desenvolvimento de equipe tem os elementos mostrados na Figura 13.3.

13.3.1. Entradas

As entradas *designação do pessoal*, *plano do projeto* e *plano da gestão do pessoal* foram obtidas em processos anteriores. Os *relatórios de desempenho* fornecem elementos para comparações entre o planejado e o realizado, quanto aos membros da equipe. As *retroalimentações externas* (especialmente as opiniões e informações dos interessados) são elementos adicionais a serem considerados neste processo.

13.3.2. Recursos e Atividades

As *atividades de construção da equipe* (estudadas em 4.4.2) e o exercício das *habilidades gerenciais* (4.3.1) são as principais atividades deste processo. O *sistema de reconhecimento e de premiação* de que dispõe a organização é um possante instrumento para a formação e o crescimento da qualidade das equipes (4.4.3.2 e 5.2.2.8). A localização da equipe é um fator que deve ser considerado, proporcionando adequado lugar de trabalho e dispondo de meios e modos para que a comunicação (formal e, principalmente, a informal) seja favorecida para que a equipe possa sentir-se reunida e em um ambiente de franca cooperação (3.4.2.9). O *treinamento*, quando necessário, é outra atividade a ser considerada neste processo (3.3.5). O treinamento pode ser formal ou informal, técnico, gerencial ou de compreensão do trabalho em equipe etc.

Componentes do processo	Elementos do processo	Referências
Entradas	Designação do pessoal	13.2.3
	Plano do projeto	6.1.7
	Plano da gestão do pessoal	13.2.3
	Relatórios de desempenho	5.2.2.9
	Retroalimentações externas	13.3.1
Recursos e atividades	Atividades de construção da equipe	4.4.2; 13.3.3
	Habilidades gerenciais	4.3.1; 5.2.2.3
	Sistema de reconhecimento e de premiação	4.4.3.2; 5.2.2.8; 13.3.2
	Localização	13.3.2
	Treinamento	5.2.2.8; 13.3.2
Saídas	Melhoramento de desempenho	13.3.3
	Dados para avaliação de desempenho	13.3.3

Figura 13.3 Processo de desenvolvimento da equipe.

13.3.3. Saídas

A saída principal do processo é a *melhoria do desempenho* individual e, principalmente, o do trabalho em equipe. Colhem-se, também, *dados para avaliação de desempenho* e que serão usados nos sistemas de avaliação de desempenho de pessoal e nas tomadas de ações preventivas e corretivas, quanto ao trabalho em equipe.

13.4. Dissolução da Equipe

Este processo incumbe-se de devolver as pessoas às respectivas origens à medida que terminam suas tarefas e tem os elementos constantes da Figura 13.4.

Componentes do processo	Elementos do processo	Referências
Entradas	Plano do projeto	6.1.3
	Plano da gestão do pessoal	13.2.3
Recursos e atividades	Habilidades gerenciais	4.3.1; 5.2.2.3
	Relatórios finais de desempenho	5.2.2.9; 14.4.2
	Softwares de gerenciamento de projeto	3.6
Saídas	Dispensa do pessoal	13.4.3
	Documentação complementar	13.4.3
	Lições aprendidas	3.2.2; 13.4.3

Figura 13.4 Processo de dissolução da equipe.

13.4.1. Entradas

As entradas do processo são provenientes de processos anteriores.

13.4.2. Recursos e Atividades

Mais uma vez, o exercício das *habilidades gerenciais* é atividade essencial, neste processo de desmobilização de uma equipe. Os *relatórios de desempenho* indicarão a ocasião da dispensa de pessoas que terminaram suas tarefas no projeto, devendo ser desligadas com retorno a suas posições iniciais. Os *softwares de gerenciamento de projeto* são recursos comumente empregados neste processo, com fontes de obtenção indicadas em 3.6.

13.4.3. Saídas

Nas ocasiões adequadas, ocorre a *dispensa do pessoal*, o que deve ser feito com critério, sem traumas nem ressentimentos, a fim de não prejudicar futuras formações de equipe. Muitas vezes, como referido, equipes bem formadas relutam em se desfazer, especialmente quando trabalharam harmoniosamente durante muito tempo.

O processo ainda tem como saídas toda a *documentação complementar* referente a pessoal, para arquivos e avaliações futuras bem como as *lições aprendidas* durante todos os processos de gestão do pessoal.

14

Gestão das Comunicações

Introdução

Convém trazer algumas conceituações relacionadas com a gestão das comunicações, a partir do próprio termo que define a gestão. **Comunicações** é um conjunto de técnicas que trata da geração, coleta, armazenamento, recuperação, disseminação e descarte da informação. **Informação** é o resultado obtido da avaliação, interpretação, análise e organização de dados. **Dado** é um elemento factual usado para obter informação. A informação está contida em **documento**, nome genérico de qualquer meio que contém informação (impressos, não impressos e objetos). Por fim, **documentação** é um conjunto organizado de documentos.

A informação pode ser recebida pelo projeto, quando gerada em alguma parte de seu ambiente (uma lei, uma norma técnica, ou uma política da organização, por exemplo), mas também é produzida no âmbito do projeto, com destino a outra parte ou componente do projeto (um resultado de um ensaio, um processo técnico ou administrativo etc.) ou pode ser destinada a uma entidade externa (um relatório de desempenho para o cliente ou o patrocinador do projeto). Ao se difundirem as informações, observa-se, de um lado, um fornecedor, do outro, um cliente. As informações geradas pelo projeto, ao circularem, cumprem três finalidades:

- comunicação no âmbito do projeto, destinando-se aos "clientes internos";
- comunicação com fornecedores e clientes do projeto, "clientes externos"; e
- repositório de informações: "cliente institucional".

A Figura 14.a esquematiza as comunicações em um projeto, desde a obtenção de dados, a transformação em informações (muitas vezes pela mesma pessoa ou mesma equipe que obteve os dados), o registro para gerar documentos e o fluxo de documentos entre o projeto e seu ambiente.

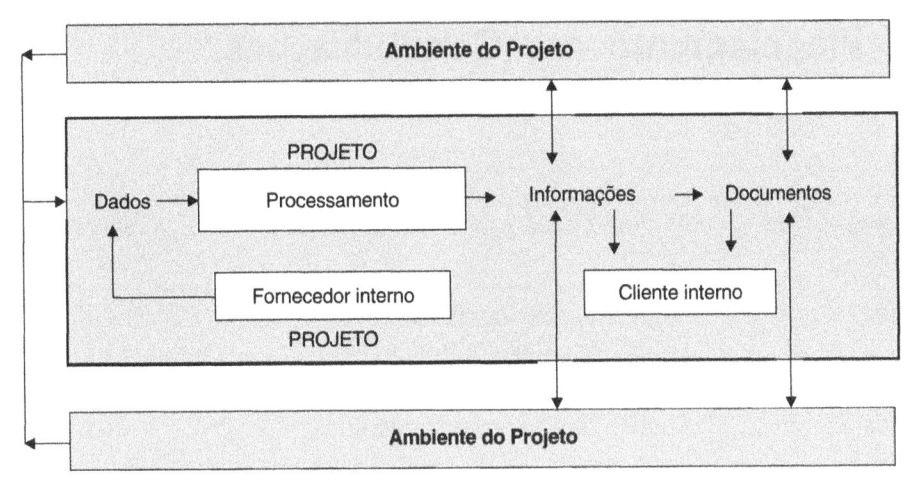

Figura 14.a As comunicações em um projeto.

A comunicação pode ser formal ou informal, pode ser oral (pessoalmente, em reuniões, em comissões, grupos de trabalho, "ao vivo" ou em videoconferências etc.), pode ser de forma escrita, por meio eletrônico, em filmes, como objetos (amostras, modelos físicos etc. etc.).

No projeto, a comunicação deve fluir de forma franca, clara e dirigida. A informação deve ser orientada para quem vai usá-la e não pode ser indiscriminadamente difundida para não entupir os meios de comunicações, os arquivos e, assim, dificultar ou impedir o uso de quem precisa apenas de parte do que lhe é remetido. A **gestão das comunicações** visa assegurar que, no tempo oportuno, as informações de interesse do projeto sejam geradas, coletadas, disseminadas armazenadas e descartadas. Ela compreende os processos mostrados no Conteúdo que se segue, nos itens de 14.1 a 14.4.

Conteúdo

14.1 — Planejamento das comunicações

14.2 — Disseminação das informações

14.3 — Relatórios de desempenho

14.4 — Encerramento administrativo

14.5 — Bibliografia

Objetivos Gerais

- Estudar a gestão das comunicações
- Compreender cada um dos processos desta gestão
- Indicar normas de referência

14.1. Planejamento das Comunicações

O processo de planejamento das comunicações tem os elementos mostrados na Figura 14.1.

Componentes do processo	Elementos do processo	Referências
Entradas	Requisitos das comunicações Tecnologia das comunicações Hipóteses e restrições	14.1.1 14.1.1 1.8.1.2; 14.1.1
Recursos e atividades	Análise das partes interessadas	14.1.2
Saídas	Plano da gestão das comunicações	14.1.3

Figura 14.1 Processo de planejamento das comunicações.

14.1.1. Entradas

Os *requisitos das comunicações* expressam o conjunto das necessidades de informações das partes interessadas (internas ao projeto ou externas a ele) sejam indivíduos, grupos de indivíduos ou entidades. Para estabelecer os requisitos, devem ser considerados:

- a organização do projeto o relacionamento entre as partes, suas responsabilidades e suas necessidades de informações (interfaces técnicas e gerenciais);
- os departamentos, as áreas e especializações envolvidas com o projeto;
- a logística e os meios pelos quais as pessoas envolvem-se com o projeto e suas localizações; e
- as necessidades de informações externas.

Para bem realizar o planejamento, deve-se atentar para a *tecnologia das comunicações* (disponíveis e/ou necessárias), isto é, os meios e os modos pelos quais as informações fluem, variam extensamente, desde o intercâmbio informal até sofisticados equipamentos e *softwares* especializados. A tecnologia deve ser compatível com a natureza do projeto, sua complexidade, rapidez da difusão, extensão geográfica de abrangência do projeto etc.

Como em outras gestões, as *hipóteses e restrições* levantadas devem ser consideradas neste processo de planejamento.

14.1.2. Recursos e Atividades

A peça de maior importância para o planejamento das comunicações é *a análise das partes interessadas*, que deve partir da definição das necessidades de cada uma delas, das fontes apropriadas para supri-las, formas e conteúdo dos documentos, meios de acesso etc.

14.1.3. Saídas

A única saída é o *plano da gestão das comunicações*, documento regulador desta gestão. Os principais tópicos do plano são:

- uma estrutura de *coleta* e de *arquivamento* das informações, de suas atualizações e modificações, inclusive as informações já distribuídas;
- uma estrutura de *disseminação*, definindo a quem cada informação deve ser dirigida e por que meio;
- a *descrição da informação* a ser distribuída (formato, conteúdo, nível de detalhamento etc.);
- *cronograma, freqüência* ou *prazos limites* para cada tipo de informação a ser gerada;
- *métodos de acesso* à informação em períodos intermediários aos da disseminação; e
- *métodos de atualização* e de refinamentos durante a execução do projeto.

14.2. Disseminação das Informações

O processo de disseminação das informações visa assegurar que elas cheguem aos usuários nas condições previstas, especialmente quanto aos prazos e ao conteúdo.

O processo de disseminação das informações tem os elementos mostrados na Figura 14.2.

Componentes do processo	Elementos do processo	Referências
Entradas	Resultados do trabalho Plano do projeto Plano da gestão das comunicações	5.2.2.11; 14.2.1 6.1.3 14.1.3
Recursos e atividades	Habilidades em comunicações Sistema de recuperação das informações Sistema de disseminação das informações	5.2.2.3; 14.2.2 14.2.2 14.2.2
Saídas	Documentação do projeto	14.2.3

Figura 14.2 Processo de disseminação das informações.

14.2.1. Entradas

Dos *resultados dos trabalhos* executados de acordo com o *plano do projeto* saem as informações produzidas no projeto e que devem observar o *plano da gestão das comunicações*.

14.2.2. Recursos e Atividades

As *habilidades em comunicações* cobrem diversos aspectos. Para aquele responsável pela geração e remessa, vai desde a qualidade e a clareza da redação, passando pela forma de organizar uma tabela, um desenho ou estruturar um modelo, indo até a capacidade de usar os meios de comunicações apropriados. Quanto ao recebedor e usuário das informações, este deve ser capaz de reconhecer se ela foi recebida de forma completa e de entendê-la com correção.

Os recursos empregados neste processo são um *sistema de recuperação das informações* (arquivos manuais, bancos de dados eletrônicos, *softwares* diversos etc.) e um *sistema de disseminação das informações*, que pode compreender diversas formas de documentos (cópias impressas, fax, banco de dados compartilhados, intranet, Internet, videoconferências, modelos físicos etc.).

14.2.3. Saídas

A saída do processo é a *documentação do projeto*, formada pelo conjunto organizado de toda a informação por ele produzida. Desta documentação fazem parte os documentos de planejamento do projeto, os que registram a execução e os resultados das diversas tarefas, a correspondência interna e externa, relatórios técnicos, financeiros etc. etc.

14.3. Relatórios de Desempenho

O processo consiste em coletar e distribuir relatórios de desempenho para que os interessados saibam como os recursos e atividades estão sendo empregados para atingir os objetivos traçados. Os relatórios são dos seguintes tipos:

- *relatórios de situação*, que informa onde o projeto se encontra;
- *relatórios de progresso*, que informa o que a equipe produziu; e
- *prognósticos*, uma previsão do progresso e da situação futura.

Qualquer dos tipos geralmente contém informações sobre o escopo, cronograma, custos e qualidade ou desempenho. Quando destinado àqueles que dispõem dos planos, o relatório pode ser do tipo conhecido "por exceção", forma resumida que se limita a informar aquilo que se afastou do planejado, ficando implícito que o restante correu como esperado.

O processo de relatórios de desempenho tem os elementos mostrados na Figura 14.3.

Componentes do processo	Elementos do processo	Referências
Entradas	Plano do projeto	6.1.7
	Resultados do trabalho	5.2.2.11; 14.3.1
	Informações de outros projetos	14.3.1
Recursos e atividades	Revisões de desempenho	1.2.4: 14.3.2
	Análise das variações	14.3.2
	Análise de tendências	14.3.2
	Análise de valores agregados	6.4; 14.3.2
	Recursos e atividades de disseminação das informações	14.3.2
Saídas	Relatórios de desempenho	14.3.3
	Pedidos de mudanças	6.5.3.2, 14.3.3

Figura 14.3 Processo de relatórios de desempenho.

14.3.1. Entradas

As entradas são o *plano do projeto*, os *resultados do trabalho* que decorrem da fase de execução do projeto (4.1.7) e *informações de outros projetos*, caso estas últimas tenham conexão com o presente projeto.

14.3.2. Recursos e Atividades

Os elementos contidos nas entradas devem ser confrontados por meio de *revisões de desempenho*, geralmente em reuniões periódicas ou ao término de fase do projeto. Em seguida, devem ser procedidas uma *análise das variações* que consiste em comparar os resultados com o que foi planejado e uma *análise de tendências*, uma projeção para verificar se o projeto progride com sucesso ou seus resultados podem deteriorar.

Com os dados obtidos, procede-se a uma *análise do valor agregado*, para avaliar os resultados integrados de escopo, custos e prazos, como sinteticamente mostrado no Apêndice A do Capítulo 6 — "Sistema do valor agregado".

Para difundir os resultados deste processo, empregam-se os *recursos e atividades de disseminação das informações*, referidos no processo anterior.

14.3.3. Saídas

As saídas consistem em duas vertentes. De um lado, os *relatórios de desempenho*, com os resultados obtidos neste processo e, de outro, os *pedidos de mudanças* de dados e informações contidos em documentos emitidos e que serão considerados nas gestões apropriadas: tempo, custos, escopo, qualidade etc. A Seção 6.5 trata da gestão da configuração e contém informações sobre o mecanismo de pedidos, aprovação e execução de mudanças que podem ser aplicadas a qualquer parte do projeto.

14.4. Encerramento Administrativo

Este processo trata de documentar formalmente o término de partes significativas do projeto, como seus subsistemas, componentes maiores e fases do projeto, tão logo ocorram, e, finalmente, o término do próprio projeto.

O processo de encerramento administrativo tem os elementos mostrados na Figura 14.4.

Componentes do processo	Elementos do processo	Referências
Entradas	Documentação de medidas de desempenho	5.2.2.1: 14.4.1
	Documentação do produto do projeto	14.4.1
	Outras informações do projeto	14.4.1
Recursos e atividades	Os mesmos recursos e atividades do processo anterior de relatórios de desempenho	14.3.2
Saídas	Termo de aceitação	14.4.3
	Arquivos do projeto	14.4.3
	Lições aprendidas	3.2.2; 14.4.3

Figura 14.4 Processo de encerramento administrativo.

14.4.1. Entradas

Uma das entradas é a *documentação de medidas de desempenho*, com as respectivas avaliações. Ela é acompanhada da *documentação do produto do projeto*, formada pelos planos, especificações, desenhos, listas diversas etc. e de *outras informações do projeto* que sejam de interesse.

14.4.2. Recursos e Atividades

São empregados neste processo os mesmos *recursos e atividades de relatórios de desempenho do processo anterior*.

14.4.3. Saídas

O documento que caracteriza o encerramento do projeto é o *termo de aceitação* firmado pelo cliente ou pelo patrocinador do projeto atestando que recebeu seu produto.

Outras saídas são os *arquivos do projeto* que consistem na classificação e indexação dos documentos gerados no projeto, incluindo modelos, protótipos, maquetes etc., que tenham caráter documental, além das *lições aprendidas* (3.2.2).

14.5. Bibliografia

ASSOCIAÇÃO BRASILEIRA DE NORMAS TÉCNICAS:

ABNT ISO/IEC Guia 2: Termos gerais e suas definições relativas à normalização e atividades correlatas.

ABNT ISO/IEC Diretiva Parte 3 — Redação e apresentação de normas brasileiras

NBR 6021: Apresentação de publicações periódicas

NBR 6022: Apresentação de artigos periódicos

NBR 6023: Referências bibliográficas

NBR 6024: Numeração progressiva das seções de um documento

NBR 6025: Revisão tipográfica

NBR 6026: Legenda bibliográfica

NBR 6027: Sumário

NBR 6028: Resumos

NBR 6029: Apresentação de livros e folhetos

NBR 6031: Correções datilográficas

NBR 6033: Ordem alfabética

NBR 6034: Preparação de índices de publicações

NBR 10719: Apresentação de relatórios técnico-científicos

15

Gestão dos Riscos

Introdução

A **Gestão dos riscos** consiste em processos sistemáticos de identificação, de análise e avaliação dos riscos e no estabelecimento de respostas adequadas aos mesmos.

Risco, no entendimento comum, é a possibilidade de ocorrência de um resultado indesejável, como conseqüência de um evento qualquer. Mas, por estar sempre monitorando o ambiente externo e interno ao projeto, esta gestão pode detectar oportunidades e determinar como aproveitá-las. Assim, "a gestão dos riscos tem por objetivo minimizar o impacto de potenciais eventos negativos e obter plena vantagem de oportunidades com vistas a melhoramentos"[1].O projeto, por se tratar de um conjunto único de ações, e, devido às incertezas que encerra, tem no risco um fator que lhe é inerente.

O risco tem duas dimensões, no caso de sua ocorrência:

- ◆ a probabilidade de sua ocorrência; e
- ◆ o impacto sobre o projeto (a severidade do dano ou a grandeza do benefício).

É necessário que estas dimensões sejam compreendidas e avaliadas para que se possa administrar o risco e trabalhar com ele, caso se concretize. É oportuno recordar que, desde o início do gerenciamento estratégico, vêm-se levantando oportunidades e ameaças reais ou potenciais no ambiente da organização, bem como as forças e fraquezas desta. Agora é o momento de aplicar estes conhecimentos ao projeto, já que ele é influenciado a estes fatores, aos quais adiciona outros, próprios da natureza do projeto e de suas condições de execução.

---

1. INTERNATIONAL ORGANIZATION FOR STANDARDIZATION — ISO. ISO 10006. Quality management — Guidelines to quality in project management, 1997. p 15.

A severidade do dano, que poderá ser de maior ou menor intensidade para o projeto, pode afetar;

- *o desempenho, pela impossibilidade de atingir determinado requisito;*
- *o custo, por promover despesas acima das orçadas;*
- *o cronograma, por acarretar atrasos; ou*
- *uma combinação destes.*

Dificilmente as chances de risco podem ser eliminadas inteiramente sem que o projeto seja totalmente reformulado, podendo não caracterizar seus propósitos iniciais. Assim, um certo grau de risco deve ser conscientemente admitido para ser "administrado".

A gestão dos riscos compreende os processos mostrados no Conteúdo, nos itens de 15.1 a 15.6.

Conteúdo

15.1 — Planejamento da gestão dos riscos

15.2 — Identificação dos riscos

15.3 — Avaliação dos riscos

15.4 — Quantificação dos riscos

15.5 — Planejamento de respostas a riscos

15.6 — Controle de riscos

Objetivos gerais

- Estudar a gestão dos riscos
- Compreender cada um dos processos desta gestão

15.1. Planejamento da Gestão dos Riscos

Este processo trata de decidir quanto à abordagem da gestão dos riscos, expressá-la em um plano de gestão dos riscos, executá-lo e controlá-lo. A abordagem pode incluir a organização e a equipe da gestão dos riscos, a seleção da metodologia apropriada, as fontes de dados para identificação dos riscos e o tempo disponível para análises. O processo de planejamento da gestão dos riscos tem os elementos mostrados na Figura 15.1

Componentes do processo	Elementos do processo	Referências
Entradas	Plano do projeto	6.1.3
	Habilidades e experiências em gestão dos riscos	5.2.2.3
	Atribuições e responsabilidades predefinidas	1.2.1
	Modelos e padrões para o planejamento da gestão dos riscos	5.2.2.6
	Tolerâncias (das partes interessadas) a riscos	2.1.3.1; 15.1.1
Recursos e atividades	Reuniões de planejamento	15.1.2
Saídas	Plano da gestão dos riscos (conteúdo): • Metodologia • Atribuições e responsabilidades • Cronograma • Parâmetros e interpretações • Limiares • Modelos de relatórios • Rastreamento	15.1.3

Figura 15.1 Processo de planejamento da gestão dos riscos.

15.1.1. Entradas

As entradas consistem no *plano do projeto*, em habilidades e *experiências em gestão dos riscos*, nas *atribuições e responsabilidades predefinidas* e em *modelos e padrões para o planejamento da gestão dos riscos*.

Outra entrada são as *tolerâncias (das partes interessadas) a riscos*, a fim de servir de elemento para avaliação e quantificação dos riscos. Deve-se considerar que diferentes partes interessadas têm diferentes níveis de tolerância (rever 2.1.3.1 e considere este fato).

15.1.2. Recursos e Atividades

São procedidas *reuniões de planejamento* para adaptar as entradas do projeto corrente à gestão dos riscos. Devem participar destas reuniões, sob coordenação do gerente de projeto ou do gestor dos riscos por ele designado, todas as pessoas da organização com responsabilidade de participar do planejamento dos riscos, de atividades de execução e controle. Isto pode incluir as partes interessadas externas ao projeto (2.1.3.1).

15.1.3. Saídas

Como referido, este processo objetiva organizar o *plano da gestão dos riscos*. Tipicamente, este plano tem como conteúdo:

- *Metodologia* — Contém os métodos, processos e fontes de dados a utilizar.
- *Atribuições e responsabilidades* — Define as funções ou atribuições e conseqüentes responsabilidades de todos aqueles que tomam parte nesta gestão. (Rever 1.3.1.3).
- *Reciclagens* — Define a freqüência da reciclagem da gestão dos riscos durante a execução do projeto. Todos os aspectos importantes do projeto devem ser revistos, analisados e avaliados.
- *Pontuações e interpretações* — São fixados parâmetros, pontuações ou valores de risco (ver Figuras 15.3a e 15.3b) para serem posteriormente utilizados. Agora, além de se estabelecer o sistema de pontuação, deve-se verificar a sua consistência: se os valores são coerentes, se não há conflitos e se são bem compreendidos.
- *Limiares* — Estabelece os limites dos riscos, além dos quais devem ser tomadas providências cabíveis. Cada parte interessada pode ter diferente limiar de aceitabilidade dos riscos (2.1.3.1).
- *Modelos de relatórios* — Fixa modelos e formatos dos relatórios a serem expedidos nesta gestão. Define como os riscos serão documentados, analisados e comunicados às partes interessadas.
- *Rastreamento* — Define como todos os aspectos da gestão serão registrados com a finalidade de serem levantados para utilização futura e para se extraírem as lições aprendidas (3.2.2).

15.2. Identificação dos Riscos

O processo consiste no levantamento das possibilidades de ocorrência de riscos, sua identificação e documentação. Trata-se de um processo contínuo, desde os primeiros momentos do projeto até seu término cabal.

O processo de identificação dos riscos tem os elementos mostrados na Figura 15.2.

15.2.1. Entradas

Constituem entradas do processo o *plano da gestão dos riscos*, proveniente do processo anterior, os *dados históricos* e as *saídas de outros planos*, tais como a descrição do produto (7.1.1), a estrutura de decomposição do trabalho (7.6), os cronogramas (8.4.3), os orçamentos (10.2.3), o plano da gestão dos recursos (9.1.3), plano da gestão do suprimentos (16.1.3), a relação das hipóteses (1.8.1.2 e 6.1.3).

Componentes do processo	Elementos do processo	Referências
Entradas	Plano da gestão dos riscos	15.1.3
	Dados históricos	5.2.2.2
	Saídas de outros planos	Ref. em 15.2.1
	Categorias de risco	15.2.1
Recursos e atividades	Revisões da documentação	15.2.2
	Técnicas de obtenção de informações	15.2.2
	Listas de verificação	15.2.2
	Análises das hipóteses e restrições	1.8.1.2
	Análises de forças/fraquezas e de oportunidades/ameaças	2.5
	Técnicas de diagramação	15.2.2
Saídas	Riscos ou condições de riscos	15.2.3
	Gatilhos e sintomas de risco	1.8.1.1; 15.2.3
	Entradas para outros processos	15.2.3

Figura 15.2 Processo de identificação dos riscos.

Os riscos são agrupados por *categorias de risco*, segundo possíveis fontes: riscos técnicos, de qualidade, de execução, de gerenciamento, de organização, riscos externos etc.

15.2.2. Recursos e Atividades

A primeira providência deve ser a execução de *revisões da documentação*, especialmente planos, hipóteses e restrições. (Ver 2.2.1.2, no que se refere a revisões.)

As *técnicas de obtenção de informações* geralmente incluem *brainstorming*, entrevistas e técnicas Delphi, que são coletas de informações por escrito, a especialistas, procedendo-se à elaboração de histogramas, para algumas reciclagens aos especialistas, até se obter um consenso. É aconselhável, com o desenvolvimento desta gestão, a elaboração e aperfeiçoamento de *listas de verificação*, para emprego em projetos subseqüentes. Procede-se ainda a uma *análise das hipóteses e das restrições* para verificar sua atualidade, consistência e seus fatores de risco. Tal como mostrado no Capítulo 2, seguem-se as *análise de forças/fraquezas e de oportunidades/ameaças*. São empregadas diversas *técnicas de diagramação*, como diagramas causa-efeito e árvore de decisão (1.8), fluxogramas, diagramas de barras etc.

15.2.3. Saídas

Riscos ou condições de riscos: em que os riscos identificados são apresentados e descritos e as condições descrevem as práticas ou os aspectos do projeto e de seu ambiente que podem tornar os riscos mais prováveis. Muitas vezes os riscos causam efeitos que denunciam sua existência ou seu prenúncio sob a forma de *gatilhos e sintomas de riscos* que devem ser analisados para chegar à identificação das causas. Os sintomas podem se manifestar em quaisquer das partes interessadas e em quaisquer tarefas ou atividades e, por esta razão, elas devem estar permanentemente sob observação em busca de sintomas de risco, como mostrado em 1.8.1 (diagrama causa-efeito).

As atividades deste processo podem indicar necessidade de revisão, detalhamentos ou melhoramentos no projeto, constituindo-se em *entradas para outros processos*.

15.3. Avaliação dos Riscos

Precedendo o processo seguinte, de quantificação dos riscos, este processo consiste na execução de uma análise qualitativa dos riscos identificados, para priorizá-los conforme os potenciais efeitos sobre o projeto, com base na avaliação da probabilidade, do impacto sobre o projeto e de tendências de evolução, fazendo uso de métodos e ferramentas de análise qualitativa. Trata-se, em suma, de determinar a importância dos riscos identificados para orientar sua quantificação e as conseqüentes medidas de respostas a riscos.

O processo de avaliação dos riscos tem os elementos mostrados na Figura 15.3.

Componentes do processo	Elementos do processo	Referências
Entradas	Plano da gestão dos riscos	15.1.3
	Riscos identificados	15.2.3
	Status do projeto	6.1.3; 6.3
	Tipo do projeto	6.1.3; 15.3.1
	Confiabilidade da precisão e dos dados	15.3.1
Recursos e atividades	Escala de probabilidade e impacto	15.3.2
	Matriz probabilidade/riscos	15.3.2
	Tendências dos riscos	15.3.2
	Avaliação das hipóteses e restrições do projeto	1.8.1.2; 15.3.2
	Graduação da precisão dos dados	15.3.2
Saídas	Graduação geral dos riscos	15.3.3
	Relação dos riscos priorizados	15.3.3
	Relação de outros riscos	15.3.3

Figura 15.3 Processo de avaliação dos riscos.

15.3.1. Entradas

As entradas compreendem os documentos e informações básicas, como o *plano da gestão dos riscos*, a relação dos *riscos identificados*, o conhecimento do *status do projeto* (sua situação no decorrer do ciclo de vida[2]), o *tipo do projeto* (se complexo ou não, se pioneiro ou recorrente, se isolado ou competidor, se há restrições de prazos, custos, qualidade etc). A *confiabilidade da precisão e dos dados* é outra entrada, proveniente das informações obtidas, das condições técnicas de identificação e da avaliação dos dados.

15.3.2. Recursos e Atividades

Fixa-se uma hierarquia ou uma *escala de probabilidade e de impacto*, as duas dimensões básicas dos riscos. Esta classificação determinará os níveis de rigor do tratamento de cada risco. Normalmente o valor da *probabilidade* varia de 0,0 (inexistência do risco) até 1,0 (certeza). O do *impacto* deve refletir sua severidade, também variando de 0,0 (inofensivo) até 1,0 (destrutivo). Em uma escala linear, o valor 0,6 indica o dobro do impacto de um valor 0,3. Um exemplo de escala, é o que estabelece critérios qualitativos, atribuindo-lhes valores lineares como se vê abaixo:

muito baixo → 0,1; baixo → 0,2; moderado → 0,4; alto → 0,6 e muito alto → 0,8.

O produto da probabilidade (P) pelo valor do impacto (I) dá o valor do risco (R): $R = P \times I$.

Podem ser organizados diversos tipos de *matriz probabilidade/impacto* de riscos. Um exemplo é o que fornece os valores do risco, segundo valores de probabilidade e de impacto (Figura 15.3a).

Valores de risco (R= P x I)					
Prob (↓) Imp. (→)	0,05	0,10	0,20	0,40	0,80
0,9	0,05	0,09	0,18	0,36	0,72
0,7	0,04	0,07	0,14	0,28	0,56
0,5	0,03	0,05	0,10	0,20	0,40
0,3	0,02	0,03	0,06	0,12	0,24
0,1	0,01	0,01	0,02	0,04	0,08

Figura 15.3a Matriz probabilidade x impacto (valores de risco).

Outro tipo de matriz é o que trata da graduação dos impactos de riscos segundo o valor (R), sobre aspectos críticos do projeto, como a da Figura 15.3b.

---

2. Convém lembrar mais uma vez que todas as gestões são cíclicas, repassando seus processos durante o ciclo de vida do projeto.

Avaliação do impacto de um risco sobre aspectos selecionados do projeto					
Aspectos	Muito baixo R = 0,1	Baixo R = 0,2	Moderado R = 0,4	Alto R = 0,6	Muito alto R = 0,8
Custos	Insignificante	<5%	5 - 10%	10 - 20 %	>20%
Cronograma	Insignificante	<5%	5 - 10%	10 - 20 %	>20%
Qualidade	Mal percebida	Afeta exigentes demandas	Requer aprovação do cliente	Inaceitável pelo cliente	Efetivamente sem uso

Figura 15.3b Matriz de graduação de impactos.

A *tendência dos riscos* deve ser levantada e monitorada para ajustar as saídas segundo a urgência/relaxamento e gravidade/afrouxamento das respostas. Uma *constante avaliação das hipóteses e restrições do projeto* deve ser procedida para determinar seus impactos sobre o projeto, se são verdadeiras ou falsas e se variaram. Por fim, estabelece-se uma *graduação da precisão dos dados* segundo critérios que considerem o grau de compreensão de um risco, os dados disponíveis sobre o risco, a qualidade dos dados e sua confiabilidade.

15.3.3. Saídas

A *graduação geral dos riscos* pode indicar a posição de um projeto em relação a outros, como base para fluxo de recursos entre eles, análise custo/benefício ou mesmo extinção do projeto.

A *relação dos riscos priorizados* pode considerar seus níveis (alto, mediano, baixo), com os detalhes convenientes nos diversos níveis da EDT. Pode ser organizada segundo prioridades (resposta imediata, médio prazo ou longo prazo). Uma relação de outros riscos deve ser organizada, contendo aqueles a serem submetidos a análises adicionais ou tratamentos especiais.

15.4. Quantificação dos Riscos

O processo de quantificação dos riscos consiste na medida da probabilidade e do impacto de um risco sobre os objetivos do projeto, possibilitando a tomada de decisões ante incertezas.

O processo de quantificação dos riscos tem os elementos mostrados na Figura 15.4.

15.4.1. Entradas

Todas as entradas do processo já foram obtidas e discutidas nas referências dadas na Figura 15.4.

Componentes do processo	Elementos do processo	Referências
Entradas	Plano da gestão dos riscos Relação dos riscos priorizados Dados históricos Análise de especialistas Saídas de outros planos	15.1.3 15.3.3 5.2.2.2 5.2.2.4 15.2.1
Recursos e atividades	Entrevistas Análise de sensibilidade Processo decisório Simulação	15.4.2 15.4.2 1.8.2 15.4.2
Saídas	Relação dos riscos quantificados e priorizados Análise probabilística do projeto Probabilidade de variações de custos e prazos Reserva de contingência	15.4.3 15.4.3 15.4.3 10.1.3; 15.4.3

Figura 15.4 Processo de quantificação dos riscos.

15.4.2. Recursos e Atividades

Devem ser programadas *entrevistas* com pessoas experientes em cada aspecto a ser avaliado. A *análise de sensibilidade* levanta a extensão que uma incerteza, tomada isoladamente, e se existente em cada parte do projeto, pode afetar o objetivo. A incerteza é decorrente de um dado risco potencial. Esta análise ordena hierarquicamente os riscos segundo a severidade de seus máximos impactos sobre o objetivo. Outros recursos empregados neste processo são *processo decisório* (estudado em 1.8.2) e *simulação* (como a análise Monte Carlo, uma técnica matemática em que uma distribuição de resultados prováveis é atribuída a cada elemento sob análise e um *software* calcula os resultados para todo o projeto, simulando inúmeras combinações). Não está no escopo deste livro o estudo de processos estatísticos.

15.4.3. Saídas

A principal saída deste processo é uma *relação dos riscos quantificados e priorizados*, complementada pela probabilidade de variações de riscos e prazos, *análise probabilística do projeto* com as tolerâncias associadas. Uma *reserva de contingência* deve ser prevista com vistas a reduzir o impacto dos riscos sobre objetivo, custos e prazos.

15.5. Planejamento de Respostas a Riscos

O presente processo trata da definição de meios e modos para ampliar e aproveitar as oportunidades e do estabelecimento de respostas a riscos. O planejamento inclui definição de pessoas e atribuição de funções, providências, técnicas e meios a empregar, e responsabilidades perante cada risco identificado.

As respostas a riscos, em geral, envolvem uma das três atitudes:

- *esquiva*, quando se puder eliminar as causas do risco, o que nem sempre é possível;
- *transferência*, quando se transmite o impacto do risco e a responsabilidade da resposta a terceiro. Isto geralmente é feito mediante um custo financeiro e pode envolver seguros, cláusulas contratuais penalizando atrasos etc.
- *atenuação*, quando se reduz impacto do risco abaixo do limiar aceitável.
- *aceitação*, que consiste em absorver o impacto do risco e suas conseqüências.

O processo de planejamento de respostas a riscos tem os elementos mostrados na Figura 15.5.

Componentes do processo	Elementos do processo	Referências
Entradas	Plano da gestão dos riscos	15.1.3
	Relação dos riscos quantificados e priorizados	15.4.3
	Relação de potenciais respostas a riscos	15.5.1
	Limiares de riscos	15.5.1
	Responsáveis pelos riscos	15.5.1
	Respostas comuns a riscos	15.5.1
Recursos e atividades	Esquiva	15.5; 15.5.2
	Transferência	15.5; 15.5.2
	Atenuação	15.5; 15.5.2
	Aceitação	15.5; 15.5.2
Saídas	Plano de respostas a riscos	15.5.3
	Riscos residuais e secundários	15.5.3
	Instrumentos contratuais	15.5.3
	Entradas para outros processos	15.5.3

Figura 15.5 Processo de desenvolvimento de respostas a riscos.

15.5.1. Entradas

O *plano da gestão dos riscos* e a *relação dos riscos quantificados e priorizados* são produtos de processos anteriores. Para elaborar o plano de respostas a riscos, organiza-se uma *relação de potenciais respostas* a cada risco identificado ou a categorias de risco. Estabelecem-se *limiares de riscos*, isto é, os níveis de risco aceitáveis pelas partes interessadas (2.1.3.1), o que será levado em consideração no planejamento das respostas. São identificados os *responsáveis por risco*, pessoas que estarão envolvidas no desenvolvimento de respostas. São identificadas *respostas comuns a riscos*, por meio das quais dois ou mais riscos podem ser objeto de mesma resposta.

15.5.2. Recursos e Atividades

A *esquiva* é buscada ao se alterar o plano do projeto a fim de eliminar o risco ou sua causa de ocorrência, o que nem sempre será possível. Melhora de informações, de monitorização, de comunicações e de competência são fatores que contribuem para se evitar risco. Reduzir exigência do escopo, evitar linhas de atuação complexas, adotar contratados já conhecidos são outros fatores. A *transferência* não evita o risco mas apenas transfere sua gestão a terceiro, geralmente mediante custos adicionais. A *atenuação* é obtida diminuindo a probabilidade de ocorrência do risco ou seu impacto, contratando empresa, serviço ou pessoa mais competente, fornecedor mais estável, usando melhor material, empregando tecnologia comprovada etc. A *aceitação* pode ocorrer de forma ativa (criando situações alternativas ou um plano da contingência) ou de forma passiva, isto é, arcando com as conseqüências de prejuízos, atrasos, menor qualidade etc.

15.5.3. Saídas

Uma das saídas do processo é o *plano de respostas a riscos*, com o nível de detalhe até onde as ações serão executadas. Ele deve incluir:

- riscos identificados, suas descrições, causas, conseqüências e áreas afetadas (referidas à EDT);
- responsáveis por risco e suas responsabilidades;
- resultados da avaliação e quantificação dos riscos;
- respostas a cada risco;
- limiares de risco esperados após aplicação das respostas;
- plano de contingências.

Os *riscos residuais* são aqueles remanescentes após os processos de esquiva, transferência ou atenuação e *riscos secundários* são os que surgem após aplicação de uma resposta. Conforme o caso, eles devem ser aceitos ativa ou passivamente ou desenvolvem-se respostas específicas.

Providências no âmbito de instrumentos contratuais são tomadas, seja formalizando novo contrato, seja alterando contrato existente para usar um ou mais dos quatro tipos de respostas a risco. Como em muitos processss,o este produz também entradas para outros processos, especialmente com vistas a ajustar os diferentes planos à gestão dos riscos.

15.6. Controle de Riscos

O processo de controle de riscos[3] acompanha e verifica se a implementação de respostas a riscos e os procedimentos foram feitos como planejado, se há necessidade de novas respostas e a ocorrência de alterações (ambiente, hipóteses, restrições, execução do projeto etc) que possam mudar o estabelecido no plano da gestão dos riscos. Além disso o processo pode envolver escolha de linhas de ação, emprego do plano de contingência, tomada de ação corretiva ou replanejamento do projeto nas partes necessárias.

O processo de controle de riscos tem os elementos mostrados na Figura 15.6

Componentes do processo	Elementos do processo	Referências
Entradas	Plano da gestão dos riscos	15.1.3
	Plano de respostas a riscos	15.5.3
	Comunicações	15.6.1
	Adicionais identificação e análises de riscos	15.6.1
	Auditorias	1.2.4; 15.6.1
Recursos e atividades	Listas de verificação	15.6.2
	Revisões periódicas de riscos	15.6.2
	Análise do valor agregado	6.4; 15.6.2
	Planejamento adicional de respostas a riscos	15.6.2
	Análise independente de riscos	1.2.4; 15.6.2
Saídas	Planos de emergência	15.6.3
	Pedidos de mudança	6.5.3.2; 15.6.3
	Atualizações do plano da gestão dos riscos	5.2.2.10; 15.6.3
	Ações corretivas	5.2.2.7; 15.6.3
	Relatórios de risco	15.6.3

Figura 15.6 Processo de controle de riscos.

---

3. É comum encontrar a expressão "acompanhamento e controle" ou "monitoração e controle". O autor prefere empregar apenas "controle" pois quando há tomada de medidas corretivas ou replanejamento (como é o presente caso), trata-se de controle — processo ativo — do qual faz parte o acompanhamento ou a monitorização — processo passivo (ver 1.2.4).

15.6.1. Entradas

O *plano da gestão dos riscos* e o *plano de respostas a riscos* provêm de processos anteriores. A gestão dos riscos, como as demais gestões, trocam informações vitais para seu desempenho. No que se refere a *comunicações* e às outras gestões, esta recebe, entre outros, os relatórios de desempenho (14.3) e emite diversos documentos referentes a riscos, a ações tomadas ou a tomar, avisos de alerta, iminência de riscos (ameaças e oportunidades) etc. Como processo contínuo, podem ocorrer *adicionais identificação e análises de riscos*, determinadas por potenciais riscos não identificados anteriormente. Devem ser procedidas auditorias nos documentos para detectar possíveis fontes de riscos, sendo que as revisões e as auditorias do projeto devem contar com a participação de auditores de risco.

15.6.2. Recursos e Atividades

As *listas de verificação* elaboradas em gestões dos riscos anteriores e naquelas da corrente gestão fornecem itens para levantamentos de potenciais riscos (não limitados apenas aos itens da lista) bem como para o controle neste processo. Outro recurso consiste em *revisões periódicas de riscos* sobre todo o trabalho planejado e executado nesta gestão para levantar possibilidades ou existência de mudanças e conseqüente reciclagem ou replanejamento. Se na *análise do valor agregado* grandes variações ocorrerem (ou sua tendência), isto deve indicar a necessidade de atualização dos processos de identificação, avaliação e quantificação dos riscos. Para riscos não identificados anteriormente e para aqueles que produzem maiores impactos que os previstos, será necessário executar um *planejamento adicional de respostas a riscos*. Outro recurso útil recurso é a *análise independente de riscos*, que consiste em inspeção feita por equipe estranha ao projeto, com vistas a avaliar processos e resultados da gestão dos riscos, levantar deficiências e propor correções.

15.6.3. Saídas

Alguns riscos não identificados anteriormente podem não ter tido respostas desenvolvidas com antecedência e pode haver riscos emergentes. Nestes casos, respostas de emergência (não contidas nos planos) devem ser trabalhadas na ocorrência do risco ou na sua iminência, tão logo detectado. Estas devem ser documentadas em *planos de emergência* a serem incluídos nos documentos apropriados desta gestão. Como resultado de diversas soluções e decisões, são elaborados *pedidos de mudança*, não referentes apenas à gestão dos riscos mas a todo o projeto e conseqüente. Em conseqüência, são procedidas *atualizações do plano da gestão dos riscos*. Outras saídas são as *ações corretivas*. Aquelas não referentes a esta gestão serão executadas sob responsabilidade das áreas apropriadas. Ainda como saída, são feitas emissões de *relatórios de risco* segundo os padrões, modelos e periodicidade contidos no plano de gestão dos riscos.

16

Gestão do Suprimento

Introdução

A **gestão do suprimento** trata da obtenção dos recursos a partir de fontes externas à organização. Os recursos incluem equipamentos, materiais processados, serviços, softwares ou uma combinação destes. Quanto a serviços, esta gestão abrange a contratação de serviços de pessoas, inclusive aquelas que devem integrar a equipe de projeto. (Ver 13.2.2).

Os processos desta gestão podem ser executados por unidades funcionais da organização mas também podem ser atribuídos ao projeto, no todo ou em parte, caso em que este receberá a respectiva delegação de competência (ver 4.1.5). Esta delegação poderá estar institucionalizada em documento da organização ou poderá ser estabelecida caso a caso.

Sempre que possível, os fornecedores devem participar dos processos, pois são importantes partes interessadas e, geralmente, colaboram nos processos; como bons conhecedores de seus produtos, serviços e campos correlatos, muitas vezes oferecem melhores soluções que aquelas especificadas pelo projeto, seja quanto a qualidade, a prazos ou a custos.

Esta gestão, como muitas outras, varia enormemente conforme a natureza e a complexidade do projeto, com os tipos e quantidades dos recursos a obter: bens e serviços, que vão desde "itens de prateleira" até complicados arranjos de participação externa no projeto, com os riscos decorrentes. Dependendo de diversos fatores (localidade, acesso, volume de serviços), o suprimento de um recurso pode ser atendido pela contratação do mesmo, mas pode ser necessário adquirir um equipamento para executar o serviço no âmbito do projeto.

Não é objeto do presente Capítulo descer a detalhes quanto a aspectos legais e regulamentares sobre contratos. Estes aspectos, na realidade, são objeto de tratamento jurídico específico, não só para organizações governamentais, que têm legislação específica, como para organizações privadas.

O correto levantamento das necessidades, das características do projeto, suas restrições e limitações existentes, hipóteses adotadas e a identificação dos recursos para supri-las depende fortemente das informações e experiências pregressas e da análise e opiniões de especialistas.

A gestão do suprimento compreende os processos mostrados no Conteúdo que se segue, nos itens de 16.1 a 16.6.

Conteúdo

16.1 — Planejamento do suprimento

16.2 — Planejamento das solicitações

16.3 — Solicitações

16.4 — Seleção de fontes

16.5 — Administração de contratos

16.6 — Encerramento de contratos

Objetivos gerais

- Estudar a gestão do suprimento
- Compreender cada um dos processos desta gestão

16.1. Planejamento do Suprimento

A finalidade deste processo é levantar as necessidades que serão melhor supridas por fontes externas ao projeto. Além de identificar *o que* obter, o planejamento deve estabelecer, para cada item, *quantos* (quantidade), *como* (modalidades), *onde* e *quando*.

O processo de planejamento do suprimento tem os elementos mostrados na Figura 16.1.

16.1.1. Entradas

Da *declaração do escopo* e da *descrição do produto* são levantados os bens e serviços necessários ao projeto. Os *serviços de contratação* podem ser proporcionados pela organização e/ou podem ser executados pelo projeto e isto deverá ser estabelecido claramente neste processo. As *condições de mercado* (disponibilidades, locais de oferta etc.), *outras saídas de planejamentos* (prazos, requisitos, disponibilidades financeiras ou fluxo de caixa, riscos etc.), as *restrições* levantadas e as *hipóteses* adotadas traçam os contornos para o planejamento do suprimento.

Componentes do processo	Elementos do processo	Referências
Entradas	Declaração do escopo	7.2.3
	Descrição do produto	7.1.2
	Serviços de contratação	16.1.1
	Condições de mercado	16.1.1
	Outras saídas de planejamentos	16.1.1
	Hipóteses e restrições	1.8.1.2
Recursos e atividades	Análise "fazer-ou-comprar"	16.1.2
	Análise de especialistas	5.2.2.4
	Seleção do tipo de contratos	16.1.2
Saídas	Plano da gestão do suprimento	16.1.3
	Declarações de trabalho de itens a suprir	7.6.8; 16.1.3

Figura 16.1 Processo de planejamento do suprimento.

16.1.2. Recursos e Atividades

Com a relação de bens e serviços necessários, procede-se à *análise "fazer-ou-comprar"*, pois certamente vários itens serão melhor supridos externamente do que providos pelo projeto e, para isso, a *análise de especialistas* é um recurso valioso. Dependendo das condições do projeto, e, principalmente, da natureza do suprimento, deve-se proceder a uma *seleção de tipos de contrato*. Estes ocorrem, de forma geral, segundo três tipos:

a) Preço fixo, em que um determinado produto ou serviço deve ser fornecido por um preço previamente fixado entre as partes, o que envolve risco de ambos os lados (o contratante pode não receber aquilo esperado ou o fornecedor pode incorrer em custos adicionais para satisfazê-lo).

b) Preço variável, quando o contratante paga o custo real do contrato, podendo incluir um *premium* ou valor adicional se o fornecedor exceder objetivos do projeto, como antecipação de prazos, melhor qualidade e menores custos.

c) Preço unitário, em que o valor do contrato está referido a unidade de serviços a serem proporcionados pelo contratante, como horas de serviço, volume de terraplanagem, tempo de ocupação de área, de máquina etc.

16.1.3. Saídas

Uma das saídas é o *plano da gestão do suprimento*, documento que fixa as condições do suprimento: o que adquirir, em que quantidade, quando, onde e como. A outra saída são as *declarações de trabalho* que, como se viu no Item 7.6.8, é a parte de um contrato que descreve o produto, estabelece e define todos os requisitos não contidos em especificações e exigidos para os trabalhos de contratados, seja diretamente, seja por meio do uso de documentos específicos citados.

16.2. Planejamento das Solicitações

O planejamento das solicitações visa ao preparo da documentação necessária ao processo de solicitações. Este processo tem os elementos mostrados na Figura 16.2.

16.2.1. Entradas

As entradas são provenientes de processos anteriores. Em particular, as *saídas de outros planos* podem afetar os processos de aquisições (os resultados das gestões dos custos e do tempo são exemplos típicos).

16.2.2. Recursos e Atividades

As *formas padronizadas* são existentes em maior ou menor quantidade nas organizações e incluem contratos típicos ou cláusulas padrões, modelos de convites ou solicitações etc. Como em vários processos, a *análise de especialistas* é um recurso útil.

Componentes do processo	Elementos do processo	Referências
Entradas	Plano da gestão do suprimento	16.1.3
	Declarações de trabalho	7.6.8
	Saídas de outros planos	16.1.3
Recursos e atividades	Formas padronizadas	5.2.2.6
	Análise de especialistas	5.2.2.4
Saídas	Documentação para solicitações	16.2.3
	Critérios de avaliações	16.2.3
	Atualizações das declarações de trabalho	7.6.8; 16.2.3

Figura 16.2 Processo de planejamento das solicitações.

16.2.3. Saídas

A *documentação para solicitações* variará conforme a natureza da organização (pública ou privada, grande ou pequena) e a modalidade da contratação. Para cada caso ou grupo de itens devem ser escolhidos ou estabelecidos *critérios de avaliação* para orientar a seleção de fontes de suprimento, a ser feita no processo seguinte. Como por exemplo: menor preço (custo de aquisição), menor custo do ciclo de vida (aquisição mais manutenção, seguro etc.), credenciais do fornecedor (técnicas, gerenciais, financeiras etc.).

Como no processo anterior, poderá haver *atualizações das declarações de trabalho*.

16.3. Solicitações

O processo de solicitações visa obter propostas de fornecedores em perspectiva. Este processo tem os elementos mostrados na Figura 16.3.

Componentes do processo	Elementos do processo	Referências
Entradas	Documentação para solicitações	16.2.3
	Relação de fornecedores qualificados	16.3.1
Recursos e atividades	Reuniões de esclarecimento	16.3.2
	Divulgação	16.3.2
Saídas	Propostas	16.3.3

Figura 16.3 Processo de solicitações.

16.3.1. Entradas

A *documentação para solicitações* foi elaborada no processo anterior. Muitas organizações dispõem de relação de fornecedores qualificados ou credenciados. Como ocorre em outros processos, o projeto poderá ter que organizar uma *relação de fornecedores credenciados* se a organização não dispuser deste documento.

16.3.2. Recursos e Atividades

As *reuniões de esclarecimento* são atividades úteis e instrumentos importantes para estreitar o relacionamento fornecedor/organização. Não apenas para esclarecer os fornecedores sobre pontos obscuros ou mal expressos, mas também para que estes levem suas contribuições à organização o que muitas vezes resulta em melhores condições contratuais para ambas as partes.

A *divulgação* pode ser dirigida ou pública, dependendo de várias circunstâncias: organização pública ou privada, valor da contratação, grau de sigilo, urgência etc.

16.3.3. Saídas

Resultam deste processo as *propostas* apresentadas pelos pretendentes fornecedores e que devem observar prazos, forma, conteúdo, preços, condições de fornecimento e de pagamento etc.

16.4. Seleção de Fontes

O processo de seleção de fontes consiste em analisar e avaliar as propostas segundo critérios preestabelecidos e formalizar a seleção por meio de contratos[1]. O processo pode ser muito simples, como escolher um produto padronizado e corrente no mercado, segundo critério de menor preço, ou pode exigir sucessivas análises, sistemas

---

1. Em geral, as organizações dispõem de critérios adotados segundo sua prática corrente. O serviço público brasileiro tem legislação que regula o assunto e estabelece diversos tipos de licitação, conforme a natureza do objeto do contrato e seu valor: concorrência, tomada de preços, convite, concurso e leilão. (Lei nº 8.666 de 21 de julho de 1993, *Diário Oficial da União* nº 127, de 6 de julho de 1993, Seção 1, p. 10149-10160).

de ponderação, negociações e estimativas paralelas, passando por laboriosos processos iterativos de pré-seleção e seleção final.

O processo de seleção de fontes tem os elementos mostrados na Figura 16.4.

Componentes do processo	Elementos do processo	Referências
Entradas	Propostas	16.3.3
	Critérios de avaliação	16.2.3
	Políticas organizacionais	5.2.2.8
Recursos e atividades	Negociação	16.4.2
	Sistema de ponderação	16.4.2
	Pré-requisitos	16.4.2
	Estimativas independentes	16.4.2
Saídas	Documentos contratuais	16.4.3

Figura 16.4 Processo de seleção de fontes

16.4.1. Entradas

As entradas provêm dos processos anteriores. No caso particular das *políticas organizacionais*, estas devem ser consultadas e verificadas para levantar possíveis influências sobre as contratações, sejam elas restrições ou orientações preferenciais.

16.4.2. Recursos e Atividades.

A seleção pode contar com vários recursos e atividades, como a *negociação* dos termos e condições dos contratos a fim de ajustar interesses mútuos, esclarecer pontos duvidosos, aprimorar redação, fixar bases legais etc. Muitas organizações empregam um *sistema de ponderação* que serve para orientar a seleção segundo atributos valorizados pela organização. Em geral, ele consiste em atribuir um "peso" para cada item a ser avaliado (competência gerencial, competência técnica, tradição no mercado etc.) e atribuir um "valor" a cada pretendente em cada um dos itens e, depois, multiplicar o peso do item pelo valor dado ao concorrente. Assim, se competência gerencial tem peso 3 e os fornecedores A, B, C e D tiveram valores 2, 5, 3 e 1, os resultados, quanto a este item são: A → 6; B → 15; C → 9 e D → 3.

Outro recurso é o da fixação de *pré-requisitos* que os candidatos a fornecedor devem satisfazer para se habilitarem aos contratos, o que vai desde posições gerenciais (indicar um gerente qualificado para administrar o contrato) até áreas financeiras, como garantias, cauções, seguros etc.

Um outro recurso consiste em se fazer *estimativas independentes* (feitas pela organização contratante ou a seu pedido) para serem confrontadas com as dos fornecedores, o que pode fazer emergir grandes desentendimentos entre o que está sendo pedido e o que se oferece.

16.4.3. Saídas

O resultado deste processo consiste nos *contratos*, nome genérico de documentos legais que estabelecem os compromissos entre as partes. A rigor, o que resulta do processo deve ser chamado de documento contratual, pois sob este título "guarda-chuva" cabem diversos documentos, como pedidos de compra, ordem de compra, memorandos, subcontratos, convênios, acordos, contratos propriamente ditos etc., desde que tenham em vista suprir a organização em suas necessidades de pessoal, material, serviços ou finanças.

16.5. Administração de Contratos

Este processo exerce o controle de contratos para assegurar seus cumprimentos e reside, em larga margem, na gerência de interfaces das partes intervenientes, no controle de mudanças e no balanço fornecimento/pagamento.

O processo de administração de contratos tem os elementos mostrados na Figura 16.5.

Componentes do processo	Elementos do processo	Referências
Entradas	Contratos	16.5.1
	Resultados dos trabalhos	5.2.2.11
	Pedidos de mudanças	6.3.1, 6.4.3.2; 16.5.1
	Faturas	16.5.1
Recursos e atividades	Sistema de controle de mudanças de contratos	16.5.2
	Relatórios de desempenho	5.2.2.9; 16.5.2
	Sistema de pagamento	16.5.2
Saídas	Correspondência	16.5.3
	Mudanças em contratos	16.5.3
	Aprovações de pagamentos	16.5.3

Figura 16.5 Processo de administração de contratos.

16.5.1. Entradas

As peças principais de entrada do processo são os *contratos* (os compromissos assumidos), os *resultados do trabalho* (como eles estão sendo cumpridos, quanto a itens entregues, custos etc.) e os *pedidos de mudanças* (se os termos originais não estão de acordo com a obtenção dos objetivos). Complementam estes documentos, as *faturas* ou solicitações de pagamento, segundo as quais, os fornecedores requerem cumprimento de compromissos do contratante, muitas vezes mediante documentação complementar em que se apóiam.

16.5.2. Recursos e Atividades

Como nas outras gestões, este processo deve estar baseado em um *sistema de controle de mudanças de contratos*, que estabelece como os contratos podem ser modificados, e que faz parte do sistema geral de controle do projeto. Os *relatórios de desempenho* complementam os resultados do trabalho referidos no Item 16.5.1, reportando como cada contratado está cumprindo sua parte. Outro recurso é o *sistema de pagamento* da organização, baseado no completamento das obrigações do contratado e no processo de pagamento e documentação decorrente.

16.5.3. Saídas

Normalmente os contratos dão origem a *correspondência* entre as partes, o que deve ser objeto de atenção e documentação. As *mudanças em contratos* devem ser devidamente documentadas e realimentam o plano do projeto, outros planos e onde mais for necessário para atualizações. Finalmente, uma vez cumpridos todos os compromissos, o processo compreende as *aprovações de pagamentos*, sejam pelo próprio projeto, pela organização, por órgão externo ou pelo responsável pelo financiamento do projeto.

16.6. Encerramento de Contratos

Este processo compreende a verificação do cumprimento de todos os itens do contrato e documenta o encerramento dos compromissos entre as partes.

O processo de encerramento de contratos tem os elementos mostrados na Figura 16.6.

Componentes do processo	Elementos do processo	Referências
Entradas	Documentação de contratos	16.6.1
Recursos e atividades	Auditorias	16.6.2
Saídas	Arquivos de contratos	16.6.3
	Aceitação formal e encerramento	16.6.3

Figura 16.6 Processo de encerramento de contratos.

16.6.1. Entradas

A *documentação de contratos* inclui todos os registros feitos nesta gestão, desde os contratos propriamente ditos, suas modificações, relatórios de desempenho, faturas e comprovantes de pagamentos, correspondência etc.

16.6.2. Recursos e Atividades

Como o processo de administração dos contratos deve estar vigente desde o início da gestão, diversas *auditorias* devem ser programadas e realizadas para levantar erros e acertos, com vistas a correções e usos futuros.

16.6.3. Saídas

A gestão encerra com a remessa da documentação aos *arquivos de contratos* e o envio ao contratado de um termo de *aceitação formal do contrato* e *encerramento* emitido pelo responsável pelo contrato junto à organização, no qual ele atesta que todos os itens do contrato foram cumpridos.

Índice Analítico

Nota — Os termos e expressões grafados em **negrito** têm suas definições ou conceituações nas páginas indicadas também em **negrito**.
Exemplo: **Vantagem competitiva**, 51; **52**; 59; 73; 77

A

Ação participativa, 55
   de fornecedores na gestão do suprimento, 277
   e descentralização no projeto, 138
   integração de chefes e subordinados, 58
   na administração de conflitos, 153
   na administração por projetos, 94
   na avaliação de resultados, 31; 118
   na formulação de objetivos de longo prazo, 74
   no estabelecimento da missão, 7
   no processo decisório, 77; 95; 105
   no reconhecimento de competências essenciais, 53
Aceitação formal, 164
   do contrato, 285
   do produto, 199
Ações corretivas, 163
Ações preventivas, 163
Acompanhamento, 14

Administração, 11
   de conflitos, 149
   de contratos, 176; 283
   de projeto, 26
Administração por projetos, 29; 92
   escritório de projetos, 107
   implantação, 95
   plano geral da organização, 96
Administrar, 6; 9
Ambiente, 40
   componentes, 41
      atores, 41
      fatores, 41
   controle de entidade do, 41
   da organização, 40; 42; 66
      ambiente geral, 42
         avaliação, 67
         fatores, 42; 67
         setores, 42; 67
      ambiente organizacional, 42; 43
         avaliação, 68
         cinco forças competitivas, 68

componentes, 43
competidores, 45
partes interessadas, 43
macroambiente, 41
do projeto, 130
a organização hospedeira, 131
o ambiente externo à organização hospedeira, 130
o programa produto/serviços associados, 131
geral, 42
influência (entre entidades), 41
limites, 41
macroambiente, 41
organizacional, 42
Ameaças, 67
Ameaças e oportunidades, *Consulte* Oportunidades e ameaças
Análise
de especialistas, 57; 163
independente, 57
Anatomia, 5
Árvore
de decisão, 35; 37
de decomposição
de itens de configuração, 189
do produto, 188
do projeto, 201
do trabalho, 201
de especificações, 189
Aspecto ambiental, 242
Atividade, 3
Atualizações, 164
Auditoria, 14
ambiental, 241
diretrizes, 248
da qualidade, 234
de configuração, 183; 188; 189
do sistema de gestão ambiental, 245
formal ou oficial, 57
independente, 14; 57
interna, 14; 57
na gestão do suprimentos, 285
Autoridade, 16; 142
Avaliação, 14
da estratégia, 81

da organização, 71; 86
de alternativas (no processo decisório), 34
de desempenho da estratégia, 81; 88
de fatores externos, 69
de fatores internos, 69
de resultados (no processo decisório), 37
do ambiente da organização, 66
ambiente geral, 67
ambiente organizacional, 68
externa, *Consulte* Avaliação do ambiente da organização
interna, *Consulte* Avaliação da organização na gerência estratégica, 80
no controle, 14

C

Capacidade, 8
Certeza (de uma alternativa), **35**
Ciclo de vida, 126
do projeto, 126
do sistema produto/serviços associados, 134
Clientes (poder de barganha), 68
Comissão de Controle de Mudanças, 177
Competências essenciais, 52
atributos, 53
critérios de reconhecimento, 53
Competição, 50
biológica e socioeconômica, 50
interferência, 50
princípio da exclusão competitiva, 50
seleção natural das espécies, 51
Competidores, 45
fatores de competição, 49
potenciais, 68
rivalidade entre, 68
Competitividade, 52
Comunicações, 256
dado, 256
documentação, 256
documento, 256
informação, 256
Concessões, 185
Concordata, 64
Configuração, 182

Conflito, 149
  fontes, 150
  intergrupal, 152
    medidas preventivas, 155
  interpessoal, 151
    medidas preventivas, 155
  intrapessoal, 151
    medidas preventivas, 153
  medidas corretivas, 155
  na organização, 150
  no projeto, 152
    causas, 153
    modos de administrar, 155
  solução, 155
Conglomerado, 60
Consenso, 55
Contabilização da situação da configuração, 183; 187
Controle, 13
  ambiental, 176
  da configuração, 177; 183
  da qualidade, 176; 235
  de mudanças do escopo, 176; 199
  de respostas a riscos, 176
  de uma entidade do ambiente, 41
  do cronograma, 176; 216
  do plano do projeto, 174
  dos custos, 176; 228
  dos recursos, 176; 221
  fases
    acompanhamento, 14
    avaliação, 14
    decisão, 14
    retroalimentação, 14
  integrado de mudanças, 175
Cortes de despesas, 64
Cultura, 20
  da organização funcional, 17; 21
  das organizações, 20
Cursos à distância, 48
Custo baseado em atividades, 101; 207

D

Dado, 256
Dados históricos, 163

Decisão, 30
  na mudança de configuração, 187
  na resolução de problemas, 34
  no controle, 14
Decisões estratégicas, 55
Declaração do trabalho, 197; 205
Definição das atividades, 210
Definição do escopo, 196
Desdobramento da Função Qualidade - DFQ, 195
Desenvolvimento
  de equipe, 145
  de mercado, 63
  de produto, 63
  do cronograma, 214
Design, **134**
Desinvestimento, 64
Desmobilização (dos recursos), 222
Desvios, 185
Diagrama
  causa-efeito, de Ishikawa ou espinha de peixe, 32
  de rede (do projeto), 211
Diferenciação, 61
Diversificação, 63
  concêntrica, 64
  horizontal, 64
Documentação, 256
Documentação complementar, 163
Documento, 256

E

Eficácia, 24
Eficiência, 24
Enfoque
  em baixo custo, 62
  em custo/diferenciação, 62
  em diferenciação, 62
  processual, 4
  sistêmico, 6
Entrada (de processo), **3**
Envolvidos, *Consulte* Partes interessadas
Enxugamento ("*downsizing*", "*rightsizing*"), **54**
Equipe, 145
  autogerenciada, 102

características, 145
de operação corrente, 24
de projeto, 24
desenvolvimento, 253
   fase de desempenho, 146
   fase de formação, 146
   fase de normalização, 146
   fase de turbulência, 146
desenvolvimento de, 145
e grupo de pessoas, 145
motivação, 147
Escritório de projetos, 107; **108**
   atribuições, 108
   benefícios, 109
   como sistema de informações estratégicas, 110
   evolução histórica, 107
   instalação, 111
      comunicações, 116
      equipe, 114
      espaço físico, 116
      exemplo de um setor de infra-estrutura, 117
      fases, 111
      infra-estrutura, 113
      Manual de Gerenciamento de Projetos, 100
      parâmetros e padrões, 115
      processos gerenciais, 115
      recomendações gerais e fatores condicionantes, 112
      tipos de escritórios de projetos, 111
Estimativa das durações das atividades, 213
Estimativa de custos, 225
Estratégia, 54
   avaliação, 80
   critérios para a formulação, 76
   formulação, 75
   implementação, 78; 80
   seqüenciamento da implementação, 78
Estratégias corporativas, 59
   diversificação, 63
      concêntrica, 64
      horizontal, 64
   estratégias defensivas, 64
      concordata, 64
      cortes de despesas, 64
      desinvestimento, 64
      falência, 64
      joint venture, 64
      liquidação, 64
      redução de ativos, 64
      reestruturação, 64
   estratégias integrativas, 62
      integração a ré, 63
      integração avante, 62
      integração horizontal, 63
   estratégias intensivas, 63
      desenvolvimento de mercado, 63
      desenvolvimento de produto, 63
      penetração de mercado, 63
Estratégias de negócio, *Consulte* Estratégias setoriais
Estratégias defensivas, 64
Estratégias empresariais, *Consulte* Estratégias setoriais
Estratégias integrativas, 62
Estratégias intensivas, 63
Estratégias setoriais, 59;60
   diferenciação, 61
   enfoque em baixo custo, 62
   enfoque em custo/diferenciação, 62
   enfoque em diferenciação, 62
   liderança de custos, 61
Estrutura, 8; 124
Estrutura analítica do produto, *Consulte* Estrutura de decomposição do produto - EDP
Estrutura analítica do projeto, *Consulte* Estrutura de decomposição do trabalho - EDT
Estrutura de decomposição do produto - EDP, 201
   definição de processos e técnicas, 205
   estabelecimento de requisitos, 204
Estrutura de decomposição do trabalho - EDT, 125; 196; 201
   blocos constitutivos, 204
      bloco inicial, 204
      blocos elementares, 204
      blocos intermediários, 204

como organograma ou árvore de decomposição, 201
como relação ou tabela, 201
declaração do trabalho, 205
matriz de responsáveis/tarefas, 205
sistema de identificação, 202
Estrutura de decomposição organizacional - EDO, 251
Evento, 129
Evento-chave, 129
Evolução, 46
Execução (de um plano), **13**

F

Falência, 64
Fases da resolução de problemas, 11
Fases do projeto, *Consulte* Projeto:ciclo de vida
Fases do sistema produto/serviços associados, *Consulte* Sistema produto/serviços associados:ciclo de vida
Fatores críticos de sucesso -FCS, 98
Fatores externos, 66
    avaliação, 69
Fatores internos, 66
    avaliação, 72
Fisiologia, 5
Forças (da organização), **71**
Forças e fraquezas, 54; 68; **71**; 91
    avaliação, 71
    e riscos, 71
    na matriz de avaliação de fatores internos, 72
    na matriz de objetivos/estratégias, 75
Formalização do projeto, 194
Fornecedores (poder de barganha), 68
Fraquezas (da organização), **71**
Fraquezas e forças, *Consulte* Forças e fraquezas
Funcionamento, 9; 125

G

Ganhos
    abaixo da média, 45
    acima da média, 44; 73
    médios, 45
Garantia da qualidade, 233

Gerência, 10
    administrativa, 11
    de projeto, 27; 138
    e gerenciamento, 10
    e liderança, 142
    estilos de, 143
    operacional, 11
Gerência estratégica, 10; 11; 65
    fase de avaliação, 80
    fase de formulação, 66
    fase de implementação, 78
    roteiro para, 83
    seu processo, 65
Gerenciamento, 10
    de projeto, 26
        evolução, 26
            gerenciamento clássico ou tradicional, 27
            gerenciamento empírico, 27
            moderno gerenciamento de projetos - MGP, 27
    e gerência, 10
    estratégico, 10; 39; 54
    simultâneo, 103
Gerenciamento estratégico, 39
Gerenciar, 7; 9
Gerente, 9
    de projeto, 142
        atribuições, 140
        atributos, 138
    departamental, 15
    funcional, 15; 24
Gerir, 9
Gestão, 9
Gestão ambiental, 166; 238;242
    aspecto ambiental, 242
    auditoria ambiental, 241
    impacto ambiental, 242
    meio ambiente, 242
    metaambiental, 242
    na organização, 242
    no projeto, 245
    objetivo ambiental, 242
    plano da gestão ambiental, 240
    política ambiental, 242
    programa de gestão ambiental, 246

sistema de gestão ambiental, 243
verificação e ações corretivas, 240
Gestão da configuração, 177; **182**
  auditoria de configuração, **183**; 188
  Comissão de Controle da Configuração, 184; 186
  configuração básica, **183**
    do produto, **184**
    do projeto, **184**
    funcional, **184**
  contabilização da situação da configuração, **183**; 187
  controle da configuração, **183**; 184
  documentos de configuração, **183**
  identificação da configuração, **182**; 183
  interface, **183**
  item configurado, **182**
  mudanças da configuração, 185
    classificação das mudanças, 186
      Classe I, 186
      Classe II, 186
    concessões, **185**
    desvios, **185**
    mudanças de projeto, **185**
    pedido de mudança, **185**
  plano da gestão da configuração, 188
Gestão da integração, 165; **171**
  controle integrado de mudanças, 175
  desenvolvimento do plano do projeto, 172
  execução do plano do projeto, 174
  plano do projeto, **173**
Gestão da qualidade, 166; **230**
  controle da qualidade, **235**
  garantia da qualidade, **233**
  planejamento da qualidade, 231
  plano da gestão da qualidade, 233
  sistema da qualidade, **231**
Gestão das comunicações, 166; 256-257
  disseminação das informações, 259
  documentação do projeto, 260
  encerramento administrativo, 262
  planejamento das comunicações, 258
  plano da gestão das comunicações, 259
  relatórios de desempenho, 260
  sistema de disseminação das informações, 260

sistema de recuperação das informações, 260
Gestão do escopo, 165; **191**
  controle de mudanças do escopo, 199
  definição do escopo, 196
  iniciação, 192
  planejamento do escopo, 194
  plano da gestão do escopo, 196
  verificação do escopo, **198**
Gestão do pessoal, 166; **249**
  aquisição do pessoal, 252
  desenvolvimento da equipe, 253
  dissolução da equipe, 254
  estrutura de decomposição organizacional - EDO, 251
  planejamento da organização do projeto, 250
  plano da gestão do pessoal, 251
Gestão do suprimento, 167; **277**
  administração de contratos, 283
  auditorias, 285
  contratos, 283
  encerramento de contratos, 284
  planejamento das solicitações, 280
  planejamento do suprimento, 278
  plano da gestão do suprimento, 279
  seleção de fontes, 281
  solicitações, 280
Gestão do tempo, 165; **209**
  controle do cronograma, 216
  definição das atividades, 210
  desenvolvimento do cronograma, 214
  estimativa das durações das atividades, 213
  plano da gestão do cronograma, 215
Gestão do valor agregado, *Consulte* Sistema do valor agregado
Gestão dos custos, 166; **224**
  controle dos custos, 228
  estimativa de custos, 225
  orçamentação, 227
  plano da gestão dos custos, 226
Gestão dos recursos, 165; **218**
  controle dos recursos, 221
  desmobilização, 222
  planejamento dos recursos, 219
  plano de recursos empresariais, 97

recebimento e distribuição dos recursos, 220
Gestão dos riscos, 167; **264**
   avaliação dos riscos, 269
   controle de riscos, 275
   identificação dos riscos, 267
   planejamento de respostas a riscos, 273
   plano da gestão dos riscos, 266
   plano de respostas a riscos, 274
   quantificação dos riscos, 271
   sintomas de riscos, 268
Gestões específicas, 159
   abordagem processual, 161
   e as fases do projeto, 168
   uma visão de conjunto, 160
Grupo de pessoas
   e equipe, 145

H

Habilidades e conhecimentos (do gerente e equipe), 163
Hierarquia (nas organizações), 16
Hipóteses, 33

I

Impacto ambiental, 242
Incerteza (de uma alternativa), **35**
Influência (entre entidades do ambiente), 41
Informação, 256
Inspeção, 162; 199; 235
Instalação de um escritório de projetos, 111
Insumo (de processo), **3**
Integração, 62
   a ré, 63
   avante, 62
   horizontal, 63
Interessados, *Consulte* Partes interessadas
Interface, 130; 183
International Project Management Association - IPMA, 10
IPMA, *Consulte* International Project Management Association
Item configurado, 182

J

Joint venture, 64

L

Lições aprendidas, 23; 97
Líder, 142
Liderança, 142
   de custos, 61
   despertar de lideranças, 138
   e gerência, 142
   no moderno gerenciamento de projetos, 105
Liquidação, 64

M

Macroambiente, 41
Manual de Gerenciamento de Projeto, 100
   conteúdo, 100
   objetivos, 100
Marco, 129
Matriz
   de avaliação de fatores externos, 69
   de avaliação de fatores internos, 72
   de objetivos/estratégias, 74
Matriz de responsáveis/tarefas, 140; 203; 205; 208; 222
Matriz linear de responsabilidades, *Consulte* Matriz de responsáveis/tarefas
Medidas de desempenho, 162; 199
Meio ambiente, 242
Melhoria
   contínua (na gestão ambiental), **242**
   da qualidade, 234
Meta (em um projeto), **129**
Meta ambiental, 242
Método da curva S, *Consulte* Sistema do valor agregado
Missão
   da organização, 7; 39
      estabelecimento, 66
      redação, 66; 84
      revisão, 66
   do projeto, 122

Modelos (de documentos), 163
Moderno gerenciamento de projetos - MGP, 27; **28**; 92; 102
Monitorização, *Consulte* Acompanhamento
Motivação, 147
    teorias do conteúdo
        teoria da hierarquia das necessidades, 147
        teoria dos dois fatores, 148
        teoria X e teoria Y, 148
    teorias do processo
        teoria da equidade, 149
        teoria da expectativa, 149
Mudança, 46
Mudanças da configuração, *Consulte* Gestão da configuração:mudanças da configuração
Mudanças de engenharia, *Consulte* Mudanças de projeto
Mudanças de projeto, 185

N

Níveis gerenciais, 10
    nível administrativo, 11
    nível estratégico, 11
    nível operacional, 11

O

Objetivo, 129
    ambiental, 242
    critérios para a formulação, 76
    de curto prazo, 78; 79
    de longo prazo, 73; 86
    do projeto, 122
        redação, 122
    formulação, 75
    permanente (de uma organização), **59**
Operação corrente, 12
Oportunidades, 67
Oportunidades e ameaças, 28; 43; 54; **67**; 68; 71; 85; 110
    avaliação, 69
    e forças competitivas, 68
    e riscos, 67
    mudança de missão, 81

    na Matriz de avaliação de fatores externos, 69
    na matriz de objetivos/estratégias, 74
Orçamentação, 227
Organização, 6
    ambiente da, 40
    avaliação, 71
    departamental, 14
        departamentos, 15
        estrutura, 15
        funcionamento, 16
        projetos na, 17
    documentos e procedimentos diversos, 164
    estrutura, 8
    funcionamento, 9
    matricial, 19
    por projeto, 18
Organizar, 6

P

Partes envolvidas, *Consulte* Partes interessadas
Partes interessadas, 27; **43**
Pedido de mudança, 175; **185**
Penetração de mercado, 63
Planejamento, 93
    da gestão ambiental, 239
    da organização do projeto, 250
    da qualidade, 231
    das solicitações, 280
    detalhado (de projeto), **127**
    do escopo, 194
    do suprimento, 278
    dos recursos, 219
    preliminar (de projeto), **126**
Plano, 13
    da administração por projetos, 96
    da gestão ambiental, 240
    da gestão da configuração, 188
    da gestão da qualidade, 233
    da gestão das comunicações, 259
    da gestão do cronograma, 215
    da gestão do escopo, 196
    da gestão do pessoal, 251
    da gestão do suprimento, 279
    da gestão dos custos, 226

da gestão dos recursos, 220
da gestão dos riscos, 266
de contas, 226
de curto prazo, 54. Consulte Plano:operacional
de longo prazo, Consulte Plano:estratégico
de recursos empresariais, 97
de respostas a riscos, 274
do projeto, 161; **172**; **173**
   atualizações, 178
   conteúdo, 173
   controle, 174
   desenvolvimento, 172
   execução, 174
estratégico, 13; **78**; 80
geral da organização, 96
geral do projeto, Consulte Plano:do projeto
global do projeto, Consulte Plano:do projeto
operacional, 13; **78**; 96
PMBOK *Guide*, 12
PMI, *Consulte* Project Management Institute
Política, 7
   ambiental, 239; 242; 243
   da qualidade, 231
Potencialização, 102
Processo, 2
   da gerência estratégica, 65
   decisório, 30; 34
Produto, 3; 132
   aceitação formal, 199
   do projeto, 123
   estabelecimento de requisitos, 204
Produto/serviços associados, *Consulte* Sistema produto/serviços associados
Programa, 13; 133
Programa de gestão ambiental, 246
Programa produto/serviços associados, 133
   serviços associados, 133
   sistema produto/serviços associados, 133
Project Management Institute - PMI, 10
Projeto, 12
   ciclo de vida, 126
      fase de controle, 127
      fase de encerramento, 127
      fase de execução, 127
      fase de iniciação, 126
      fase de planejamento, 126
   como organização, 122
   ambiente, 130
   estrutura, 124; **196**
   estrutura de decomposição do trabalho, 201
   funcionamento, 125
   missão, 122
   objetivo, 122; 129
   produto, 123
   recursos, 126
diagrama de rede, 211
e o elemento humano, 102
fases, *Consulte* Projeto:ciclo de vida
formalização, 194
plano do, *Consulte* Plano:do projeto
Projetos *versus* operações correntes, 22
Psicologia organizacional, 48

Q

Qualidade, 230

R

Rastreamento, 267
Recebimento e distribuição dos recursos, 220
Recursos, 3
   intangíveis, 8
   tangíveis, 8
Redução de ativos, 64
Reengenharia, 54
Reestruturação, 54; 64
Relatórios de desempenho, 164
Replanejamento, 164
Requisitos, 123
Requisitos da sociedade, 44
Reserva de contingência, 226; 272
Resolução de problemas, 11; 30
   árvore de decisão, 35
   fases
      decisão, 34
      estruturação, 31
      solução, 37

Responsabilidade, 17
Restrições, 33
Resultados dos trabalhos, 164
Retroalimentação, 5; **14**
 na avaliação da estratégia, 82
 no controle, **14**
Revisão, 37; 57
 crítica, 38; 57
 da missão, 66
 independente, 14; 57
 interna, 14; 57
Risco, 264
 (de uma alternativa), 35
 conseqüências, 265
 dimensões, 264
  impacto, 264
  probabilidade, 264
Rotulagem/declaração ambiental, 242

S

Saída (de processo), 3
Serviço, 133
Serviços associados (a um produto), 133
Sintoma, 31; 93; 128
 de risco, 268
 de um problema, 31
Sistema, 5
 da qualidade, 231
 de controle de mudanças de contratos, 284
 de controle de mudanças do cronograma, 216
 de controle de mudanças do escopo, 200
 de identificação na EDT, 202
 integrado de controle de mudanças, 175; 177
Sistema de controle custos/prazos, *Consulte* Sistema do valor agregado
Sistema de gestão ambiental, 243
 auditoria, 245
 comunicação, 244
 documentação, 244
 requisitos
  análise crítica pela administração, 245
  implementação e operação, 244
  planejamento, 243
 política ambiental, 243
 verificação e ação corretiva, 245
Sistema de informações gerenciais, 128
Sistema do valor agregado, 178
 análise das variações, 181
 estimativa de custo no término, 180
 estimativa de prazo no término, 180
 valor agregado, 179
Sistema produto/serviços associados, 133
 ciclo de vida, 134
  fase de operação/serviços associados, 135
  fase de produção/construção/instalação, 135
  fase de projetos, 135
  fase de retirada de serviço e descarte, 135
  fase do "*design*" conceptual, 134
  fase do "*design*" detalhado, 135
Subprograma, 13

T

Tática, 55
Tecnologia, 8
 explícita, 8
 implícita, 8
Terceirização, 54
Transformações, 46
 evolução, 46
 mudança, 46
 nas pessoas, 47
 organizacionais, 46
 tecnológicas, 47
Treinamento (para a administração por projetos), 105

V

Valor (para o cliente), **52**; 53; 59;60
Valor agregado, 179
Valor do trabalho realizado, 179
Vantagem competitiva, 51; **52**; 59; 73; 77
Verificação do escopo, 198
Verificação e ações corretivas, 240